FONDS

FONDS

Basiswissen für Einsteiger

Thomas Luther

Stiftung Warentest

INHALT

7 GELDANLAGE FÜR JEDEN ZWECK
7 Fonds sind vielseitig
9 Wie funktioniert ein Fonds?
10 Klare Spielregeln
13 Die Sicherheit von Fondseinlagen

17 MIT FONDS ZUM VERMÖGEN
17 Die Grundregeln der Geldanlage
26 Der Weg zur Vermögensplanung
29 Für den langfristigen Vermögensaufbau: Fondssparpläne
32 Förderung für Fondssparer: Riester-Rente
37 Der zweite Fördertopf: Vermögenswirksame Leistungen

41 WIE WIRD DER FONDS GEMANAGT?
41 Zwei unterschiedliche Systeme
42 Indizes – die Fieberkurven der Börse
46 Die Vor- und Nachteile von Indexfonds (ETF)
50 Aktiv gemanagt oder Indexfonds (ETF)?

53 TYPKUNDE FÜR FONDSANLEGER
53 Fonds strategisch sortieren
55 Aktienfonds: Chancenreiches Investment
61 Rentenfonds: Solide Klassiker
65 Mischfonds: Von beidem etwas
68 „Grüne" Geldanlage mit Fonds
70 Spezielle Fondsstrategien

81 WO FONDS IHR GELD ANLEGEN
81 Die Märkte im Blick
82 Aktienfonds ist nicht gleich Aktienfonds
93 Mit Aktienfonds strategisch anlegen
95 Rentenfonds ist nicht gleich Rentenfonds
102 Mit Rentenfonds strategisch anlegen

105 AUSWAHL UND KAUF
105 Orientierungshilfe für Fondsanleger
113 Gute Beratung dringend gesucht
120 Die Kosten beim Fondskauf
125 Wo kann ich Fonds kaufen?

135 FONDSSPARER UND STEUERN
135 Steuerregeln für Anleger
139 So sinkt die Steuerlast
141 Kursverluste und Auslandserträge
144 Der leidige Papierkram

147 DER WEG ZUM ZIEL
147 Welcher Anlegertyp bin ich?
157 Beispiele für verschiedene Anlagesituationen
159 Regelmässig sparen
170 Vermögen systematisch anlegen

SERVICE
182 Adressen
184 Das bedeuten die Pfeile
185 Fachbegriffe erklärt
189 Register

GELDANLAGE FÜR JEDEN ZWECK

Wer heutzutage einen Geldbetrag möglichst rentabel anlegen will, kommt an Investmentfonds kaum vorbei. Denn Investmentfonds, kurz Fonds genannt, bieten gegenüber anderen Anlageformen eine Reihe von Vorteilen, die sie in vielen Fällen zu einer interessanten und – bei Beachtung einiger Punkte – auch sicheren Anlagealternative machen.

FONDS SIND VIELSEITIG

Fonds sind eine praktische und bequeme Anlageform, die auch für Einsteiger bestens geeignet ist. Die aktuelle Lage an den internationalen Finanzmärkten macht sie für Sparer und Anleger besonders attraktiv. Die Renditen sicherer Zinsanlagen wie Staatsanleihen sowie Tages- und Festgelder sind in den vergangenen Jahren auf historische Tiefstände gefallen. Bei zehnjährigen Bundesanleihen zum Beispiel haben die Anleger in der Spitze mitunter nur noch etwas mehr als ein Prozent Zinsen erhalten. Währenddessen haben die meisten Aktienbörsen seit Mitte 2009 eine der längsten und stärksten Aufwärtsbewegungen seit langem vollzogen. Der Deutsche Aktienindex Dax zum Beispiel hat sich in dieser Zeit mehr als verdoppelt – nachdem zuvor allerdings die Kurse durch die Pleite der US-Bank Lehman Brothers im Herbst 2008 und dem anschließenden Ausbruch der Finanzkrise an vielen wichtigen Aktienbörsen drastisch gesunken waren und sich mitunter sogar halbiert hatten. Zudem haben viele Anleger aufmerksam verfolgt, dass die Immobilienpreise hierzulande in zahlreichen Regionen geradezu sprunghaft angezogen haben, weil die Nachfrage nach wertstabilen Anlagen nicht nur an, sondern auch abseits der Börse so enorm gestiegen ist.

Für Sparer stellt diese Situation eine große Herausforderung dar. Denn die meisten Anleihen und Bankangebote werfen nun schon seit geraumer Zeit Zinsen ab, die unter der jährlichen Inflationsrate liegen. Folge: Das angelegte Geld ist zwar vergleichsweise sicher vor Verlusten, auf lange Sicht verliert es jedoch real gesehen an Kaufkraft und damit an Wert. Auf der anderen Seite trauen sich nur wenige Anleger an die chancenreichen Aktienmärkte heran. Meist fürchten sie das Auf und Ab der Kurse und schlimmstenfalls ein erneutes Aufflammen der Finanzkrise, was den Aufschwung jäh beendet und zu einem erneuten Absturz der Kurse führt. Ein direktes Immobilieninvestment als Alternative können sich jedoch nur wenige leisten, weil der Kauf oder Bau eine mindestens fünfstellige, wenn nicht sogar sechsstellige Anlagesumme erfordert. Dazu kommt, dass das Preisniveau vor allem in einigen deutschen Großstädten nach Ansicht der Bundesbank-Experten mittlerweile bedenklich gestiegen ist.

Mit Investmentfonds lässt sich ein Großteil dieser Anlageproblematik lösen, denn sie bieten Anlegern die Möglichkeit, mit kleineren Beträgen systematisch und mit vergleichsweise geringem Risiko etwa in die Aktien- oder Anleihemärkte zu investieren. Anders als beim Kauf eines einzelnen Wertpapiers gibt es bei einem Fonds jemanden, der die Entwicklung einzelner Märkte laufend verfolgt und vermeintlich günstige Gelegenheiten zum Einstieg nutzt, einen Profi, der sich um die Anlage des anvertrauten Geldes kümmert und das tut, was sich Einsteiger an der Börse nicht zutrauen: nämlich aus Tausenden von Papieren diejenigen herauszupicken, die gute Chancen versprechen und dabei eine Anlagestrategie verfolgen, die zu den Bedürfnissen und Vorstellungen der Geldgeber passt.

Dennoch haben sich viele Sparer in den vergangenen Jahren von ihren Fondsanteilen getrennt – oftmals deshalb, weil genau diese Erwartungen enttäuscht wurden oder ihr Fondsinvestment ihnen Verluste beschert hat. So haben die deutschen Privatanleger im Jahr 2013 paradoxerweise in Scharen ihre Aktienfonds verkauft und damit eine gute Anlagegelegenheit verpasst. Denn die Aktienkurse sind allein in diesem Zeitraum zweistellig gestiegen. Doch gerade deshalb sollten sie ihre mitunter ablehnende Haltung zu Fonds überdenken. Schließlich bieten Fonds genau das, was sich die meisten Sparer in der Phase niedriger Zinsen am meisten wünschen: dass sie ihr Geld einigermaßen rentabel investieren können, ohne sich intensiv mit den Themen Börse und Geldanlage beschäftigen zu müssen.

Fonds sind eine vielseitige Anlageform für den kleinen Geldbeutel, die in vielen Fällen bereits ab 50 Euro im Monat zu haben ist. Freilich sind auch sie keine Alleskönner. Es ist daher sinnvoll, am besten vor dem Einstieg zu schauen, welche Chancen sie realistischerweise bieten, aber auch, welche Risiken und Besonderheiten zu beachten sind, damit ein Fondsinvestment die Erwartungen und Wünsche am Ende auch erfüllen kann.

WIE FUNKTIONIERT EIN FONDS?

Die Idee, die hinter einem Investmentfonds steckt, ist ebenso einfach wie genial: Viele Kleinsparer schließen sich zusammen und werfen ihre Anlagegelder in einen Topf. Auf diese Weise entsteht ein großes Vermögen. In der Praxis funktioniert das so: Firmen, die als Kapitalanlage-, Investment- oder Fondsgesellschaften bezeichnet werden, gründen einen Fonds, man sagt auch, sie legen ihn auf. Verwaltet wird der Fonds von einem oder mehreren Fondsmanagern. Die Fondsanteile verkaufen die Gesellschaften direkt an interessierte Anleger, sie bieten diese aber auch über Banken und Finanzvermittler jedermann zum Kauf an. Von dem Geld, das durch den Verkauf der Anteile zusammenkommt, kauft der Fondsmanager dann zum Beispiel Aktien, Anleihen, Immobilien, Rohstoffe wie etwa Gold und Rohöl oder sogar andere Fonds.

Bei den meisten Fonds konzentrieren sich die Fondsmanager auf einen bestimmten Anlageschwerpunkt. So gibt es zum Beispiel Fonds, die ihr Geld ausschließlich in Aktien investieren, andere dagegen setzen eher auf Anleihen oder Immobilien. Aber natürlich werden auch Fonds angeboten, bei denen der Manager die unterschiedlichen Anlageformen nach Belieben mischen darf, während bei anderen der Anlageschwerpunkt extrem stark eingegrenzt wird – beispielsweise, indem der Manager nur Aktien aus einem bestimmten Land kaufen darf (siehe Seite 88).

Vorteile gegenüber der Einzelanlage

Fonds bieten einen entscheidenden Vorteil gegenüber der Einzelanlage, also dem direkten Kauf einer einzelnen Aktie oder Anleihe: Weil das Fondsmanagement eine große Summe verwaltet, kann es das Fondsvermögen auf viele unterschiedliche Märkte und Titel – dies ist eine andere Bezeichnung für ein Wertpapier – verteilen. Der positive Effekt für den Anleger: Durch diese Streuung des Anlagekapitals und die systematische Mischung vieler verschiedener Papiere ist das Verlustrisiko für ihn bei einem Fonds deutlich geringer, als wenn er selbst einzelne Wertpapiere erwirbt.

Beispiel: Ein Anleger, der 10 000 Euro sparen möchte, könnte sich theoretisch Dutzende verschiedener Aktien und Anleihen kaufen. Doch tatsächlich wird er sein Geld sinnvollerweise in kaum mehr als fünf bis sechs unterschiedliche Titel investieren. Warum?

Banken verlangen für jeden Wertpapierkauf und -verkauf teilweise hohe Mindestgebühren. Daher ist der Anleger praktisch gezwungen, pro Papier mindestens 1 500 bis 2 000 Euro zu investieren, damit die Kosten bezogen auf die Anlagesumme nicht zu hoch werden und dadurch das ganze Geschäft unrentabel wird. Außerdem wird nicht jeder private Anleger, der sich nur in seiner Freizeit um seine Geldgeschäfte kümmern kann, ein Interesse daran haben, alle wichtigen Informationen – etwa zu den Aktien in seinem Depot – zu sammeln und auszuwerten sowie die aktuelle Kursentwicklung laufend nachzuverfolgen.

Fatale Folge: Wer nur eine Handvoll Wertpapiere in seinem Depot versammelt, den trifft ein Verlust bei einem Papier ungleich härter als einen Anleger, der die gleiche Summe in Fonds anlegt. Ihm muss es keine schlaflosen Nächte bereiten, wenn eine einzelne Aktie oder Anleihe im Fondsdepot einbricht. Bei einer Vielzahl von Titeln und Emittenten – so werden die Herausgeber eines Wertpapiers genannt –, auf die der Fondsmanager die Gelder der Anleger verteilt hat, ist das Verlustrisiko gemessen am Gesamtvermögen deutlich niedriger als bei einem Depot, das nur aus wenigen Titeln besteht.

Auch Profis können irren

Dennoch wäre es ein Irrtum anzunehmen, dass ein Fonds automatisch vor Verlusten schützt, nur weil sich ein Profi ständig um die Anlage des Geldes kümmert. Schließlich sind auch die Fondsmanager keine Hellseher. Auch wenn der eine oder andere bei seinen Anlageentscheidungen immer mal wieder ein gutes Gespür beweist, kann niemand – und sei er noch so erfahren – die Trends an den Kapitalmärkten dauerhaft mit hundertprozentiger Sicherheit voraussehen. Brechen zum Beispiel die Aktienkurse weltweit ein, bekommen das auch die Käufer von Aktienfonds (siehe Seite 55) zu spüren. Die vergangenen Jahre sind das beste Beispiel dafür. Denn einige Fondsverwalter, die im Börsenaufschwung bis Mitte 2008 glänzende Ergebnisse erzielt hatten, enttäuschten ihre Anleger plötzlich mit herben Verlusten, die einige allerdings mittlerweile wieder wettgemacht haben.

Dennoch: Eine der wichtigsten Grundregeln bei der Geldanlage, nämlich sein Geld durchdacht auf viele verschiedene Investments zu verteilen, können Kleinsparer mit Fonds fast immer am besten in die Praxis umsetzen.

KLARE SPIELREGELN

Ein wichtiger Punkt für Anleger ist, dass Investmentfonds klaren gesetzlichen Vorschriften unterliegen. Geregelt ist beispielsweise, wann und wie die einzelnen Fondsanleger ein- und aussteigen können, in welcher Form sie ihre Vermögensansprüche gegenüber dem Fonds rechtlich geltend machen können und wie sie an den Erträgen, die das Fondsmanagement erwirtschaftet, beteiligt werden.

Anteilseigner mit Brief und Siegel

So ist vorgeschrieben, dass jeder Anleger für das Geld, das er in den Fonds einzahlt,

Anteile erhält, die wie bei einer Aktie oder Anleihe in einer Urkunde verbrieft werden. Durch den Kauf eines Anteils wird der Anleger aber weder Gläubiger – wie bei einer Anleihe (siehe Seite 61) – noch Aktionär (siehe Seite 55) der Fondsgesellschaft, sondern (Mit-)Eigentümer am Fondsvermögen. Das muss man sich in etwa so vorstellen, dass alle Fondssparer, die ihr Bargeld zusammenlegen, untereinander zu Teilhabern werden, die im Verhältnis zu ihrer Einlage am Gesamtvermögen beteiligt sind. Will ein Sparer aussteigen, verkauft er sein Miteigentum entweder an einen Dritten oder er lässt sich von der Fondsgesellschaft direkt auszahlen.

Ausstieg jederzeit möglich

Fachleute unterscheiden zwischen offenen und geschlossenen Investmentfonds. Der Zusatz „offen" bedeutet, dass die Zahl der Fondsanteile, die die Fondsgesellschaft ausgibt, und damit letztlich auch die Zahl der Anleger, die sich am Fonds beteiligen können, nicht begrenzt ist. Vorteil: Wenn Anleger Fondsanteile kaufen oder verkaufen möchten, können sie dies jederzeit tun. Daher schwankt die Zahl der Fondsanteile im Fondstopf in Abhängigkeit von den laufenden Ein- und Auszahlungen, die die Anleger tätigen. Überwiegen zum Beispiel an einem Tag die Einzahlungen, werden entsprechend mehr Anteile ausgegeben. Umgekehrt werden Anteile kurzfristig aus dem Verkehr gezogen, wenn Anleger mehr Anteile zurückgeben als neue kaufen.

Der Gegenwert der eingezogenen Papiere wird dem Barvermögen des Fonds entnommen. Daraus folgt: Nicht das gesamte Kapital, das die Anleger einzahlen, kann der Fondsmanager etwa eines Aktienfonds in Aktien anlegen. Einen Teil muss er als Liquiditätsreserve halten. Das heißt, er muss Geld in liquiden, also kurzfristig verfügbaren Anlageformen – zum

INFO

Offen oder geschlossen – ein wichtiger Unterschied

Ein viel riskanteres Investment als offene Fonds sind geschlossene Fonds. Diese Anlageangebote dürfen sich nach den Buchstaben des Gesetzes nicht offiziell „Investmentfonds" nennen, werden aber häufig als solche bezeichnet. Bei geschlossenen Fonds wird im Gegensatz zu den offenen Fonds die Zahl der Anteile bei der Auflage des Fonds von vornherein begrenzt. Sie wird auch dann nicht mehr weiter heraufgesetzt, wenn alle Anteile an die Anleger verkauft worden sind. Wer danach einsteigen will, kann das nur tun, indem er von einem Alteigentümer Anteile erwirbt. Umgekehrt müssen diejenigen Anleger, die ihr Investment zu Geld machen wollen, jemanden suchen, der ihnen ihre Anteile abkauft.

So funktioniert ein Fonds

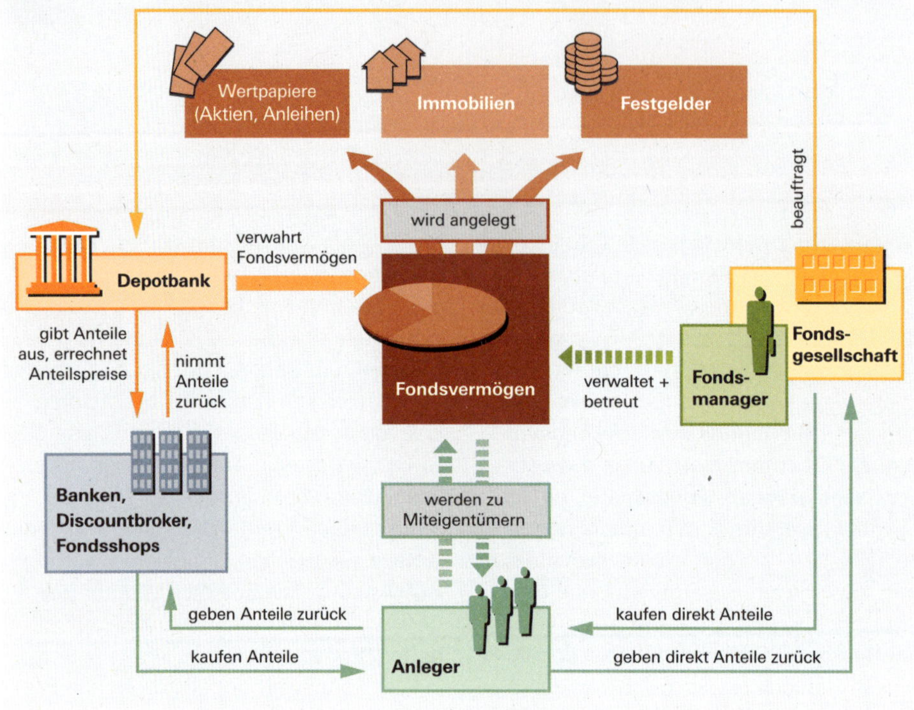

Beispiel täglich fällige Gelder auf einem Bankkonto – „parken", die er von heute auf morgen zu Geld machen kann, um damit Anleger auszahlen zu können.

Allerdings hat die Fondsgesellschaft eines offenen Fonds die Möglichkeit, die Ausgabe und Rücknahme von Anteilen zu stoppen. Zu einem solchen Schritt sahen sich zum Beispiel einige Anbieter offener Immobilienfonds (siehe Seite 71) während der Finanzkrise gezwungen. Denn nach dem Einbruch an den weltweiten Finanzmärkten wollten viele Anleger aus Furcht vor weiteren Verlusten kurzfristig einen Großteil ihrer Anteile zurückgeben. Die Liquiditätsreserven der Fonds, die bei mindestens 5 Prozent des Fondsvermögens liegen, meist aber höher, reichten allerdings nicht aus, alle Anleger von heute auf morgen auszuzahlen. Sie mussten warten, bis der Fonds wieder für Rückgaben geöffnet wurde. Die Alternative war, die Anteile an der Börse mit einem Preisabschlag zu verkaufen.

Gleiches Recht für alle

Bei allen offenen Fonds gilt, dass jeder Fonds-(mit-)eigentümer seiner Einlage entsprechend am Anlageerfolg teilnimmt, sodass es vollkommen unerheblich ist, ob er 50 Euro oder gar eine halbe Million Euro in den Fonds gesteckt hat.

Beispiel: Eine Fondsgesellschaft hat insgesamt 1 000 Anteile ausgegeben. Ein Anleger, der 100 Anteile gekauft hat, ist dementsprechend mit 10 Prozent am Fondsvermögen beteiligt. Ein zweiter dagegen kauft nur 10 Anteile und hält demnach nur 1 Prozent am Fonds. Bei der Verteilung der Erträge, die der Fonds erzielt, haben beide gemäß ihrem Anteilsbesitz Anspruch auf Beteiligung. Angenommen, das Fondsmanagement erzielt in einem Jahr Erträge von einer Million Euro, so stehen dem ersten Anleger davon 10 Prozent zu, also 100 000 Euro, und der andere wird zu 1 Prozent am Jahresgewinn beteiligt. Das heißt, er bekommt 10 000 Euro. Vorausgesetzt, beide Anleger haben ihre Anteile zum gleichen Preis erworben, ist die Rendite bezogen auf das jeweils eingesetzte Kapital also in beiden Fällen gleich.

Dies ist ein großer Vorteil für Sparer, die nur kleinere Beträge investieren können. Denn über einen Fonds bekommen sie wie Großanleger bei den Banken viel bessere Zinskonditionen als Normalsparer.

DIE SICHERHEIT VON FONDSEINLAGEN

Sein Geld einem Unbekannten, nämlich dem Fondsmanager beziehungsweise der Fondsgesellschaft, anzuvertrauen, mag vielen Sparern mit Blick auf die Bankenpleiten der vergangenen Jahre nicht sonderlich sympathisch erscheinen. So verständlich dieses Misstrauen grundsätzlich ist, so unbegründet ist es jedoch in Sachen Fonds. Mit einer Reihe gesetzlicher Vorschriften und Regelungen ist ausreichend dafür gesorgt, dass das Kapital von Fondskunden vor Manipulationen sowie missbräuchlichen Zugriffen geschützt ist.

Der gesetzliche Schutz

Die wichtigste Absicherung besteht im Investmentgesetz (InvG). Nach dem InvG ist ein Fonds ein „Sondervermögen". Dieses Sondervermögen muss die Investmentgesellschaft vom eigenen Betriebsvermögen getrennt halten. Eine Vermischung von Anlagegeldern und eigenen Mitteln ist somit verboten. Zudem gelten die Fondsgesellschaften als Spezialkreditinstitute. Sie müssen daher die gleichen Anforderungen erfüllen wie eine Geschäftsbank – zum Beispiel in Form einer ausreichenden Ausstattung mit Eigenkapital.

Und sie unterliegen der Aufsicht durch die Bundesanstalt für Finanzdienstleistungsaufsicht (Bafin, siehe Seite 15). Außerdem fungiert die Fondsgesellschaft nur als Treuhänder und hat keinen direkten Zugriff auf das Kapital der Fondsanleger. Das wird von einer externen Bank, der Depotbank, auf einem Sperrkonto verwahrt. Die Depotbank ist rechtlich und personell unabhängig von der Fondsgesellschaft und muss von der Finanzaufsicht Bafin genehmigt werden. Wegen der besonderen Vertrauensstellung gegenüber den Fondsanlegern akzeptiert sie nur Geldhäuser mit tadellosem Ruf als Depotbank (siehe nachfolgender Abschnitt).

Die Aufgaben der Depotbank

Die Depotbank hat die Aufgabe, neue Anteilsscheine auszugeben und sie von Anlegern, die verkaufen, zurückzunehmen. Dazu ermittelt sie börsentäglich den Nettoinventarwert. Dieser Preis für einen Fondsanteil entsteht, anders als bei börsengehandelten Papieren wie Aktien und Anleihen, nicht durch Angebot und Nachfrage. Er wird von der Depotbank errechnet und ergibt sich, indem sie den Wert sämtlicher im Fonds enthaltenen Vermögensgegenstände ermittelt, davon die anteiligen Kosten (siehe Seite 122) abzieht und den errechneten Wert durch die Zahl aller ausgegebenen Anteile dividiert.

Da sich die Kurse der im Fonds enthaltenen Aktien oder Anleihen während eines Tages laufend ändern, wird der „offizielle" Nettoinventarwert in der Regel nur einmal pro Tag festgestellt und dann zum Beispiel im Kursteil der Tageszeitung und auf der Homepage der Fondsgesellschaft veröffentlicht. Parallel dazu werden mittlerweile jedoch immer mehr Fonds wie Aktien und Anleihen an der Börse gehandelt (siehe Seite 46). In diesem Fall ergeben sich parallel zum „offiziellen" Rücknahmepreis laufende Handelskurse, die davon mehr oder weniger abweichen – je nach aktueller Börsensituation.

Willkür der Manager ist kaum möglich

Als zusätzlichen Schutzmechanismus gibt es im InvG eine Reihe von Grundsätzen zur Risikostreuung des Fondsvermögens und zu den Informationspflichten der Fondsgesellschaft. Zwar ist das Fondsmanagement für die Anlage der Kundengelder zuständig, aber die Aufteilung des Fondsvermögens kann es nicht nach eigenem Gutdünken vornehmen. Jeder Fonds wird nach bestimmten Grundsätzen gemanagt. Sie sind im InvG und dem Ver-

INFO **Wichtig für Fondsanleger: Informationsmöglichkeiten im Netz**

Mittlerweile sind weit mehr als 10 000 verschiedene Fonds in Deutschland erhältlich. Die beste Möglichkeit, sich einen Überblick über das große Fondsangebot zu verschaffen und aktuelle Kurse abzufragen, bietet das Internet. Anlaufstellen sind:

- www.comdirect.de Menüpunkt „Informer", „Fonds"
- www.finanzen.net Menüpunkt „Fonds"
- www.fondscheck.de
- www.fondsweb.de
- www.onvista.de Menüpunkt „Fonds"
- www.test.de/fonds

Weitere interessante Adressen und Surftipps finden Sie im Serviceteil (siehe Seite 182).

kaufsprospekt (siehe Seite 114), den die Fondsgesellschaft mit der Auflage eines Fonds erstellen muss, ausdrücklich aufgeführt. In diesen Anlagegrundsätzen wird die Ausrichtung des Fonds festgelegt. Dort ist zum Beispiel geregelt, ob er sein Geld überwiegend in Aktien, Anleihen, Rohstoffen oder Immobilien investiert und in welchen Märkten und Regionen er anlegen darf. Außerdem werden die laufenden Verwaltungskosten (siehe Seite 120), die dem Fondsvermögen belastet werden, im Fondsprospekt ausgewiesen.

Der Segen der Finanzaufsicht

Nicht zuletzt prüft die Finanzaufsicht Bafin bei jedem neuen Fonds Prospekt und Anlagekonzept, bevor er zum Kauf angeboten werden darf. Erst wenn sie sich mit beidem einverstanden erklärt, ist der Fonds zum öffentlichen Vertrieb zugelassen. Zudem ist die Anlagegesellschaft verpflichtet, zum Ende eines jeden Geschäftsjahres für jeden Fonds einen Rechenschaftsbericht sowie dazwischen einen Halbjahresbericht zu erstellen – also sozusagen eine Bilanz beziehungsweise eine Zwischenbilanz.

Ausländische Fonds

Für ausländische Fonds gelten darüber hinaus noch ein paar Sonderregelungen. Sie müssen zusätzlich einen Repräsentanten bestellen, der sie in Deutschland vertritt, und eine inländische Bank als Zahlstelle benennen. Außerdem müssen sämtliche Unterlagen wie Verkaufsprospekt oder Jahresbericht in deutscher Sprache vorliegen. Ausnahme: Der Fonds kommt aus einem Land der Europäischen Union. In diesem Fall reicht es, wenn er in seinem Heimatland zugelassen ist. Damit besitzt er automatisch auch die Vertriebszulassung für Deutschland und jedes andere EU-Land. Die Fondsgesellschaft muss der Bafin lediglich den Vertrieb anzeigen und eine Prüfbescheinigung der zuständigen Aufsichtsbehörde einreichen.

Bei ausländischen Fonds ist zwar zu beachten, dass jedes Land seine eigenen Regelungen hat, was die Sicherheit und Beaufsichtigung von Fonds angeht. Allerdings unterscheidet sich der Sicherheitsstandard in den meisten Ländern der Europäischen Union oder in den USA aufgrund verschiedener Richtlinien qualitativ nicht sehr von dem in Deutschland.

MIT FONDS ZUM VERMÖGEN

Nicht alle Eier in einen Korb legen – dies ist, sinnbildlich gesprochen, eine der wichtigsten Regeln der Geldanlage. Diesen Grundsatz halten Fonds von ihrer Grundidee her besonders gut ein. Dennoch ist es wichtig, dass der Anleger beim Aufbau seines Fondsdepots mit System vorgeht und seine Anlageziele im Blick behält.

DIE GRUNDREGELN DER GELDANLAGE

Fast jeder Sparer hat bestimmte Vorstellungen davon, wie er sein Geld anlegen will. Wenn es dann darum geht, diese Vorstellungen in der Praxis umzusetzen, lassen sich jedoch immer wieder die gleichen grundlegenden Fehler beobachten. Viele Sparer legen zum Beispiel den Großteil ihres Geldes bei Banken an, etwa auf Tagesgeldkonten, Sparbüchern oder Sparbriefen. Damit gehen sie auf den ersten Blick ganz auf Nummer sicher. Die meisten vergessen allerdings dabei, dass sie sich mit dieser Strategie sehr abhängig vom Auf und Ab der Zinsen machen. Sinken die Zinsen so wie in den vergangenen Jahren auf immer neue Rekordtiefs, müssen sie sich mit sehr niedrigen Renditen zufriedengeben. Wer sein Geld für einen längeren Zeitraum bindet, etwa fünf oder zehn Jahre, bekommt zwar etwas höhere Zinssätze geboten. Doch dann besteht die Gefahr, dass die Inflation in der Zwischenzeit den realen Wert des angelegten Geldes aufzehrt – zumal der Anleger seine niedrigen Zinserträge auch noch versteuern muss (siehe Seite 135).

Steigen dagegen die Börsenkurse sehr stark wie beispielsweise zu Zeiten des Internetbooms Ende der 1990er Jahre, neigen viele Anleger zum entgegengesetzten Extrem: Sie investieren ihr Geld hauptsächlich in Aktien oder noch spekulativeren Anlageformen, um von deren hohen Gewinnchancen zu profitieren. Brechen dann die Kurse wie während der Finanzkrise im Jahr 2008 gewaltig ein, wird ihnen bewusst, welch hohe Verlustrisiken sie mit dieser Strategie eingehen.

Die Kunst des Vermögensaufbaus besteht also darin, sein Geld nach einer langfristig durchdachten Strategie anzulegen, um genau die zuvor beschriebenen Fehler zu vermeiden. Dabei ist der erste Schritt ganz einfach: Es kommt darauf an, das Geld gezielt auf unterschiedliche Anlageformen zu verteilen.

Bausteine für den Erfolg

Für diese systematische Verteilung gibt es einen einfachen Grund: Jedes Investment bietet bestimmte Chancen, birgt aber auch gewisse Risiken. Dabei gilt die Grundregel, dass die Aussicht auf eine hohe Rendite fast immer eng mit hohen Risiken verknüpft ist – und umgekehrt. Risiko und Rendite sind wie zwei Seiten einer Münze untrennbar miteinander verbunden.

Dieser Zusammenhang gilt besonders, wenn man nur eine einzelne Anlageform betrachtet – zum Beispiel Aktien. Streut der Anleger dagegen sein Vermögen breit, also nicht ausschließlich auf Aktien, sondern auch auf Anleihen und Immobilien, lässt sich dieser für ihn ungünstige Zusammenhang aufhebeln. In diesem Fall lässt sich das Gesamtrisiko deutlich mindern, ohne dass die Ertragschancen in gleicher Weise sinken.

Der Glaube an diese eiserne Regel der Geldanlage, die vom Ökonomen Harry M. Markowitz entwickelt wurde, ist in der Finanzkrise zwar ins Wanken geraten, denn im Jahr 2008 erlebten die Anleger, dass fast alle Vermögensanlagen an Wert verloren. Doch viele Kritiker dieser Idee übersehen eines: Auch in dieser historischen Ausnahmesituation gab es Gewinnmöglichkeiten. Sichere Staatsanleihen erlebten zum Beispiel in dieser Phase einen wahren Boom, da die Anleger geradezu panisch auf der Suche nach möglichst wertstabilen Investments waren. Folge: Die große Nachfrage trieb die Kurse der in normalen Zeiten als langweilig geltenden Zinspapiere in ungeahnte Höhen. In einem breit gestreuten Depot glichen so die Wertgewinne, die zum Beispiel mit Bundesanleihen erzielt wurden, die Verluste anderer Vermögensanlagen zumindest teilweise aus.

Wie Fonds punkten

Sein Geld breit zu streuen ist allerdings, wie zuvor erwähnt, selbst für jemanden, der ein paar tausend Euro als Einsatz zur Verfügung hat, sehr problematisch, wenn er es direkt in verschiedene Wertpapiere oder etwa Immobilien investieren will. Und genau an diesem Punkt spielen Fonds ihre Vorteile aus. Sie ermöglichen es Anlegern mit großem wie mit kleinem Geldbeutel, die gewünschte Streuung zu erzielen. Fazit: Fonds bieten fast ideale Möglichkeiten für einen systematischen Vermögensaufbau.

Das magische Dreieck der Geldanlage

Jede Geldanlage lässt sich nach drei wesentlichen Kriterien einordnen: Sicherheit, Rendite und Liquidität, also die Frage, wie schnell sich eine Anlage zu Geld machen

Das magische Dreieck der Geldanlage

Rendite, Sicherheit und Liquidität: Das sind die Eckpunkte des „magischen Dreiecks der Geldanlage". Kein Investment erfüllt alle drei Kriterien gleichermaßen. Das klassische Dreieck kann man um das Kriterium Bequemlichkeit erweitern.

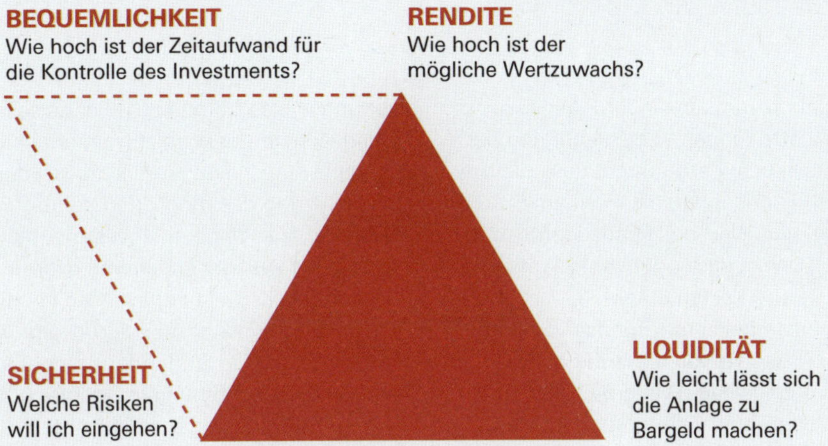

lässt. Eine hohe Liquidität bedeutet die jederzeitige Verfügbarkeit des angelegten Kapitals.

Der Haken ist, dass keine Anlageform alle drei Kriterien in gleicher Weise erfüllt. Im Gegenteil: Je mehr sich der Anleger auf eines der Kriterien konzentriert, desto größere Abstriche muss er bei einem der anderen oder gar beiden machen. Aus diesem Grund sprechen Fachleute auch vom magischen Dreieck der Geldanlage.

Sicherheit versus Risiko

Grundsätzlich gilt: Unterschiedliche Anlageformen bergen unterschiedliche Arten von Risiken. Dieser Grundsatz ist auch für Fondsanleger relevant. Denn Fonds sind unterschiedlich riskant je nach ihrem Anlageschwerpunkt und je nachdem, wie breit sie die Anlegergelder auf verschiedene Wertpapiere streuen. Ein Totalverlust ist bei der Anlage in einem klassischen Investmentfonds, der sich an breite Anlegerschichten wendet, normalerweise nicht möglich – unter anderem wegen der vorgeschriebenen Sicherheitsmaßnahmen (siehe Seite 13).

Allerdings heißt das nicht, dass sich die Anleger bei einem „normalen" Fonds in jedem Fall komplett in Sicherheit wiegen können. Denn auch bei ihnen sind Verluste möglich. Wenn die Kurse auf breiter Front einbrechen, macht sich dies auch bei den im Fondsdepot enthaltenen Wertpapieren bemerkbar. Davon sind in erster Linie Aktienfonds (siehe Seite 55) betroffen, denn die Kurse von Aktien sind besonders schwankungsanfällig. Aber auch bei Fonds, die ihr Geld ausschließlich in Zinspapiere wie Anleihen investieren, sogenannten Rentenfonds, kann es zu Kursverlusten kommen. Denn eine Änderung der allgemeinen Marktzinsen führt dazu, dass sich die Preise von Anleihen auf oder ab bewegen (siehe Seite 62). Fachleute sprechen in diesem Zusammenhang auch vom Zinsänderungsrisiko. Zu guter Letzt können Verschiebungen der Wechselkurse dazu führen, dass die Anlagen im Fondsdepot, die nicht auf Euro lauten, den Wert des Fondsdepots mindern. Dies ist das sogenannte Währungsrisiko (siehe Kasten unten).

Verluste bei einem Fondsinvestment können also vorkommen und gehören zum Anlagealltag. Wie groß Kurs-, Zinsänderungs- und Währungsrisiko sind, hängt davon ab, in welchem Markt beziehungsweise Märkten ein Fonds seinen Anlageschwerpunkt setzt (siehe Seite 81). Ein ganz entscheidender Faktor bei der Einschätzung des möglichen Verlustrisikos ist, wie lange ein Investment läuft und ob der Anleger zu einem bestimmten Termin auf das Geld angewiesen ist, die Anlage also verkauft oder zurückgibt. Als Faustregel gilt: Je länger der Anleger auf sein Geld verzichtet und je flexibler er in puncto Rückzahlungstermin ist, desto geringer fällt das Verlustrisiko aus. An vielen

INFO

Anlagewährung ist nicht gleich Fondswährung

Ob der Preis eines Fondsanteils auf Euro lautet oder auf eine andere Währung: Für das Währungsrisiko des Fonds ist das nicht entscheidend. Denn die Fondswährung, also die Währung, in der das Vermögen und der Anteilspreis berechnet werden, hat, anders als dies viele Anleger vermuten, keinen Einfluss auf den Anlageerfolg. Investiert zum Beispiel ein US-amerikanischer Fonds, dessen Anteilswert in Dollar berechnet wird, sein Geld ausschließlich an den Aktienmärkten in Euroland, besteht für einen Anleger aus Deutschland kein Währungsrisiko, da sich der Wert des Fondsanteils stets am Wert der Euro-Aktien bemisst, auch wenn er in US-Dollar ausgedrückt wird. Kauft dieser Anleger umgekehrt von einer deutschen Fondsgesellschaft einen Fonds, der ausschließlich in US-Aktien investiert, aber in Euro berechnet wird, macht sich die tagtägliche Veränderung des Wechselkurses unweigerlich im Wert des Fondsanteils und damit in der Endabrechnung bemerkbar, auch wenn der Fonds in Euro notiert ist. Das Beispiel in der Tabelle rechts zeigt, wie sich die Wechselkursveränderungen bei einem solchen Fonds, der US-Aktien handelt, auswirken: Es sei unrealistischerweise angenommen, dass die Kurse der Aktien, die dieser Aktienfonds hält, von einem auf den anderen Börsentag konstant bleiben. Nur der Kurs der US-Währung steigt in dieser Zeit. Dann steigt automatisch auch der in Euro berechnete Wert des Fondsanteils. Denn auch wenn sich die Aktienkurse nicht verändert haben, auf Eurobasis haben die einzelnen Papiere an Wert gewonnen.

Aktienbörsen zum Beispiel haben sich die Kurse seit dem Jahr 2000 zwei Mal innerhalb von rund zwölf Monaten mehr als halbiert. Aufgrund der historischen Erfahrung ist die Wahrscheinlichkeit jedoch sehr hoch, dass der Anleger bei einem Aktieninvestment, das über fünfzehn Jahre läuft, zumindest wieder seinen Einsatz herausbekommt, meistens aber sogar eine Rendite in Höhe der Inflationsrate erwarten darf, unter dem Strich also real keinen Verlust macht. Außerdem darf nicht vergessen werden: Wo Risiken bestehen, stecken in gleicher Weise auch Chancen.

Rendite ist nicht gleich Rendite

Viele Anleger beschäftigen sich jedoch erfahrungsgemäß weniger mit dem Risiko, sondern vor allem mit der Frage, welche Renditechancen ihnen ein bestimmtes Investment bietet. Die Rendite ist ganz allgemein gesprochen der Ertrag, den das eingesetzte Kapital innerhalb einer bestimmten Zeit abwirft.

Üblicherweise wird die Rendite als eine auf das Jahr umgerechnete Prozentzahl angegeben. Was die einzelnen Sparformen voneinander unterscheidet, ist die Tatsache, dass sich ihre Rendite zu unterschiedlichen Zeitpunkten berechnen lässt.

FONDS MIT AUSLÄNDISCHEN AKTIEN BERGEN EIN WÄHRUNGSRISIKO

Beispiel: Fonds, der in US-Aktien investiert (Fondswährung: Euro)

		Aktie	IBM	Microsoft	Coca-Cola	Anteilspreis
Tag 1	Der Fondsmanager kauft am US-Markt verschiedene Aktien. Der Euro steht zum Dollar 1:1	Kurs	185,– Dollar	35,– Dollar	40,– Dollar	260,– Dollar
		Gegenwert in Euro (Kurs 1:1)	185,– Euro	35,– Euro	40,– Euro	260,– Euro
Tag 2	Der Euro steigt auf 1,10 Dollar, die Aktienkurse bleiben konstant	Aktiengegenwert in Dollar	185,– Dollar	35,– Dollar	40,– Dollar	260,– Dollar
		Gegenwert in Euro (Kurs 1:1,10)	168,18 Euro	31,82 Euro	36,36 Euro	236,36 Euro
Tag 3	Der Euro fällt. Er ist nun nur noch 0,90 Dollar wert, auch jetzt bleiben die Aktienkurse (unrealistischerweise) konstant	Aktiengegenwert in Dollar	185,– Dollar	35,– Dollar	40,– Dollar	260,– Dollar
		Gegenwert in Euro (Kurs 1:0,90)	205,56 Euro	38,89 Euro	44,44 Euro	288,89 Euro

Bei einem festverzinslichen Wertpapier wie etwa bei einer Anleihe oder bei einem Sparbrief kann die Rendite bereits vor dem Kauf berechnet werden, denn die dafür notwendigen Angaben wie Preis oder Kurs, Anlagebetrag, laufende Verzinsung und Laufzeit stehen bereits beim Kauf der Papiere fest. Diese Berechnung gilt allerdings nur für den Fall, dass der Sparer die Papiere bis zum Fälligkeitszeitpunkt hält, denn dann wird die Anleihe zum Nennwert, das ist der Geldbetrag, der laufend verzinst wird, zurückgezahlt. Verkauft er vorzeitig, hängt seine Rendite vom Kurs ab, zu dem die Anleihe zu diesem Zeitpunkt an der Börse gehandelt wird.

Schwieriger sieht es schon bei einem ganz normalen Sparbuch aus. Zum einen, weil die Bank die laufende Verzinsung jederzeit ändern kann. Und zum zweiten, weil sich der Anleger bei der Frage, wie lange er sein Geld anlegen will, nicht festlegen muss. Beide Faktoren zusammen führen dazu, dass sich zum Zeitpunkt der Einzahlung die Rendite schätzen, aber nicht genau ausrechnen lässt.

Bei Fonds ist das noch einmal anders. Sie haben keine feste Laufzeit, und ihr Wert oder Kurs verändert sich ständig. Der Anleger steigt irgendwann zu einem bestimmten Preis ein und verkauft seine Papiere zu einem späteren Zeitpunkt, den er selbst festlegt – und zwar zu dem dann gültigen Tageskurs. Folge: Eine genaue Renditeberechnung ist erst im Nachhinein möglich. Für diese Berechnung müssen mehrere Faktoren berücksichtigt werden:

- die bis dahin aufgelaufenen und ausgezahlten Erträge in Form von Dividenden und Zinsen,
- der erzielte Kursgewinn oder -verlust auf Basis des Einstandskurses
- und die Anlagedauer, in der dieser Kursgewinn oder -verlust anfällt.

Unabhängig von der rein schematischen Berechnung: Für die Frage, wie die Rendite einer einzelnen Fondsanlage am Ende ausfällt, ist vor allem entscheidend, wie sich die Märkte, in denen der Fonds seine Gelder schwerpunktmäßig anlegt, während des Anlagezeitraums entwickelt haben.

Brutto ist nicht gleich Netto

Wer wissen will, wie rentabel eine Geldanlage wirklich war, darf jedoch nicht nur die Erträge, sondern muss auch die Kosten berücksichtigen, die dabei angefallen sind – zum Beispiel für ein Depot, in dem die Fondsanteile verwahrt werden. Dazu schlagen auch alle eventuellen Aufwendungen für den An- und Verkauf – etwa der Ausgabeaufschlag (siehe Seite 120) – auf der Sollseite zu Buche. Diese Kosten zehren einen Teil der Bruttorendite auf. Was dann noch unter dem Strich bleibt, ist die Nettorendite.

Mit den Kosten alleine ist es meist aber nicht getan. Auch das Finanzamt verlangt spätestens beim Verkauf seinen Anteil (siehe Seite 135). Der Ertrag, der danach beim Anleger ankommt, ist die Nettorendite nach Steuern. Diese genau zu berechnen, ist eine Wissenschaft für sich, denn der Anleger muss dabei auch seine Steuerfreibeträge berücksichtigen.

Liquidität: Die Verfügbarkeit des Geldes
Die meisten Anleger werden die Erfahrung gemacht haben, dass sie unter normalen Umständen eine höhere Rendite erzielen können, wenn sie bereit sind, ihr Geld für einen längeren Zeitraum fest anzulegen. Ganz typisch ist das bei den Zinsangeboten der Banken und Sparkassen zu beobachten. Für mehrjährige Sparbriefe, die der Kunde nicht vorzeitig kündigen kann, zahlen die Geldhäuser in der Regel höhere Zinsen als beispielsweise bei einem Sparbuch mit dreimonatiger Kündigungsfrist.

Mit Investmentfonds ist es möglich, diesen Zusammenhang in gewissen Grenzen „auszuhebeln". Denn während der Fonds seine Gelder in zum Teil sehr langfristige Anlagen oder in Anlagen ohne feste Laufzeit investiert – wie etwa langlaufende Anleihen, Aktien oder Immobilien –, kann der Anleger seine Fondsanteile an jedem Handelstag zurückgeben und so zu Geld machen. Das heißt aber nicht, dass sie automatisch auch Ertragssicherheit bieten. Denn der Kurs, den der Anleger erhält, wenn er an einem bestimmten Tag auf jeden Fall verkaufen will, ist nicht garantiert. Er muss den Anteilspreis akzeptieren, der sich aus dem aktuellen Wert des Fondsvermögens ergibt (siehe Seite 11). Unter Umständen heißt das, er bekommt weniger Geld zurück, als er ursprünglich eingezahlt hat, womit sich wiederum der Kreis aus Rendite, Sicherheit und Liquidität schließt.

Nicht zuletzt sollte die Anlagedauer bei Fonds aber auch deshalb lang genug gewählt werden, damit die anfänglichen und laufenden Kosten (siehe Seite 120) durch entsprechende Erträge „herausgeholt" werden können.

Die Mischung macht's

Aus den Tücken des magischen Dreiecks der Geldanlage ergibt sich: Der Sparer muss Prioritäten setzen, was die Auswahl und Zusammenstellung einzelner Anlagen angeht.

Legt er zum Beispiel sehr viel Wert auf Sicherheit, muss er sich bei der Renditechance bescheiden. Umgekehrt ist eine höhere Rendite möglich, wenn er ein größeres Risiko und/oder eine geringere Liquidität in Kauf nimmt. Zinsanlagen wie etwa Anleihen weisen zum Beispiel ein niedrigeres Risiko auf als Aktien, aber auch geringere Renditechancen. Eine passable Rendite nützt allerdings wenig, wenn sie mit überdurchschnittlich hohen Risiken erkauft wird. Auf der anderen Seite sind geringe Kursschwankungen schön und gut, doch haben Anleger nichts davon, wenn sie gleichzeitig eine Rendite auf Sparbuchniveau erzielen. Es bringt also wenig, das eigene Depot wahllos mit Fonds vollzustopfen, in dem Glauben, dass sich die jeweiligen Fondsmanager um den Rest kümmern. Das funktioniert schon deswegen nicht, weil jeder von ihnen seinen Fonds unabhängig von den anderen managt. Auch deshalb ist bei der Zusammenstellung eines Fondsdepots systematisches und strukturiertes Vorgehen gefragt.

Daher ist es sinnvoll, vor der Wahl eines oder mehrerer Fonds einige grundsätzliche Entscheidungen zu treffen und sich mit dem Thema Geldanlage eine gewisse Zeit intensiv auseinanderzusetzen. Denn nur wer die Besonderheiten und Wechselwirkungen der verschiedenen Anlagekonzepte kennt und ein paar wichtige Regeln beachtet, weiß die Vielfalt von Fonds für sich zu nutzen und sie passend miteinander zu kombinieren.

Vor allem muss sich der Sparer entscheiden, ob er mit Fonds vorwiegend in eher riskante Aktien oder in sicherere Anleihen investieren möchte und zu welchen Anteilen er die einzelnen Fondstypen mischen soll. Der Fachmann spricht in diesem Zusammenhang von der Aufteilung auf einzelne Assetklassen. Als Asset wird in der Fachsprache eine einzelne Anlageform bezeichnet – also zum Beispiel Aktien.

Erst wenn diese Frage beantwortet worden ist, kann das Anlagekapital innerhalb der einzelnen Assetklassen auf verschiedene Fonds verteilt und gewichtet werden. Dabei kann sich der Anleger überlegen, seine Auswahl auf einen beziehungsweise wenige Fonds zu beschränken, mit denen er die weltweiten Märkte der jeweiligen Assetklasse mehr oder weniger komplett abdeckt (siehe Seite 53). Oder aber er setzt auf viele Fonds und kann so ganz gezielt in einzelne Börsen

INFO **Die drei Säulen der Asset-Allocation**

Struktur	Streuung	Risikokontrolle
■ **Depotaufteilung** Aufteilung zwischen Aktien, Anleihen und anderen Wertpapieren ■ **Liquidität** Bemessung der Barreserve und des Börsenbudgets	■ **Titeldiversifikation** Aufteilung auf Einzeltitel und Branchen ■ **Marktdiversifikation** Aufteilung auf verschiedene Märkte	■ **Kapitaleinsatz** Festlegung von Höchstbeträgen pro Investment ■ **Risikobegrenzung** Festlegung von Höchstgrenzen für mögliche Verluste beziehungsweise Schwankungsintensität

beziehungsweise Märkte investieren. Für bequeme Sparer kommt als Alternative ein Mischfonds infrage, bei dem all diese Entscheidungen dem Fondsmanager überlassen werden (siehe Seite 65), weil er sowohl Aktien als auch Anleihen ins Depot nimmt. Um den letzten Schritt, nämlich die Verteilung des Anlagekapitals innerhalb der Assetklassen auf verschiedene Papiere einzelner Branchen und Märkte, brauchen sich Fondsanleger in keinem Fall zu kümmern. Das erledigt der Fondsmanager für sie, indem er die Fondsgelder marktbreit auf viele verschiedene Titel streut. Auf diese Weise wird das Anlagerisiko zusätzlich gesenkt.

Bequem soll es sein

Nicht jeder Anleger wird die Wahl einer Geldanlage allein nach den Kriterien Rendite, Risiko und Liquidität vornehmen. Die Frage, wie intensiv sie sich nach dem Kauf um ihr Investment kümmern müssen, spielt gerade für Einsteiger häufig eine große Rolle. Ihnen ist oft wichtig, dass eine Anlageform einfach zu handhaben ist und nur wenig Aufmerksamkeit während der Laufzeit benötigt.

Vom Grundgedanken her erfüllen Fonds diesen Wunsch bequemer Sparer optimal, sodass sie sich auch in diesem Punkt als Anlagealternative anbieten. Besonders sogenannte Indexfonds, die wir ab Seite 41 vorstellen, liegen für bequeme Anleger nahe. Wer ein bequemes Fondsprodukt sucht und sich dazu noch wenig Mühe bei der Auswahl machen möchte, sollte allerdings bedenken, dass er mitunter Abstriche bei der Rendite in Kauf nehmen muss.

Thesaurierende Fonds

Fondsanleger haben aber noch eine weitere Möglichkeit, sich das Leben leichter zu machen. Sie können einen sogenannten thesaurierenden Fonds wählen. Dann müssen sie sich nicht selbst um die Wiederanlage der laufenden Erträge ihrer Fonds kümmern. Denn während ausschüttende Fonds die aufgelaufenen Erträge – meistens einmal pro Jahr – an die Anteilseigner auszahlen, legen thesaurierende Fonds diese automatisch wieder an. Sparer, die auf dieses Geld nicht angewiesen sind, müssen dann nicht selbst überlegen, wie und wo sie diese Beträge investieren wollen. Sie können bequem den günstigen Zinseszinseffekt ausnutzen, ohne dass sie etwas dazu tun müssen.

Allerdings haben thesaurierende Fonds, die im Ausland aufgelegt wurden, oftmals steuerliche Besonderheiten. Dies müssen Anleger bei der Auswahl berücksichtigen (siehe Seite 137).

DER WEG ZUR VERMÖGENSPLANUNG

Diese Überlegungen zeigen: Wer erfolg- und ertragreich Vermögen aufbauen will, kommt an einer systematischen Planung nicht vorbei. Dabei müssen ganz zentrale Fragen beantwortet werden: Wie zum Beispiel sieht eine sinnvolle Sparstrategie aus? Wie viel Geld kann Monat für Monat angespart werden? In welche Anlageformen, Märkte und damit Fonds sollen die Spargelder fließen? Und wie sollen die einzelnen Fondstypen in einem Gesamtkonzept gewichtet werden?

Um es vorab zu sagen: Eine pauschale Antwort darauf ist nicht möglich; denn wie jemand spart und Vermögen aufbaut, ist eine sehr persönliche Angelegenheit. Nicht nur die Anlageziele spielen hierbei eine Rolle. Es gibt einige harte Fakten, an denen keiner vorbeikommt, der durchdacht Geld anlegen möchte. Dazu gehört die Analyse der individuellen Einkommens- und Familiensituation ebenso wie die Auflistung der laufenden finanziellen Verpflichtungen.

Der erste Schritt: Kassensturz

In einem ersten Schritt geht es darum, zunächst einmal herauszufinden, wie viel Geld zum Sparen übrig ist. Dazu muss sich der Sparer als Erstes einen Überblick über die eigenen Finanzen verschaffen, indem er sämtliche monatlichen oder besser jährlichen Einnahmen den Ausgaben gegenüberstellt und die Differenz ermittelt. Mit einem Haushaltsbuch lässt sich diese Arbeit enorm vereinfachen. Was am Ende der Auflistung (hoffentlich) als Plus übrig bleibt, ist zunächst die Ausgangsbasis für weitere Überlegungen zum Sparen und zum Vermögensaufbau.

Der zweite Schritt: Vermögen sichten

Auf den Überblick über die laufenden Einnahmen und Ausgaben folgt die Bestandsaufnahme sämtlicher vorhandenen Vermögenswerte und Verbindlichkeiten. Dabei sollten jedoch nicht alle Vermögenswerte in gleicher Weise berücksichtigt werden. Denn über einige Gegenstände kann der Anleger unter Umständen gar nicht so flexibel verfügen, dass er sie im Rahmen der eigenen Vermögensstrategie aktiv einbeziehen könnte; zum Beispiel wird kaum jemand eine selbst genutzte Immobilie verkaufen, um das Geld in Fonds zu investieren.

Andere Dinge sind im weiten Sinne zwar durchaus als Vermögen zu betrachten, lassen sich jedoch in einer Notlage so gut wie gar nicht oder nur zu einem sehr niedrigen Preis zu Geld machen. Hierzu zählen etwa Antiquitäten sowie Briefmarken- und Münzsammlungen. Und dann gibt es zu guter Letzt noch Gegenstände, die der Sparer gar nicht veräußern kann, weil er auf sie angewiesen ist – der Großteil des Hausrats (Möbel, Kleidung etc.) wäre hier in erster Linie zu nennen, aber

auch das Auto, das ein Anleger vielleicht braucht, um zur Arbeit zu kommen.

Für den Anleger kommt es daher darauf an, auf der Habenseite nur Positionen einzubeziehen, die im Sinne einer Geldanlage einen Wert verkörpern, wie alle Guthaben auf Spar-, Tagesgeld- und Festgeldkonten, Bausparverträgen, Sparbriefen, unter Umständen auch auf dem Girokonto, wenn dort größere Summen geparkt werden. Dazu kommt der Wert sämtlicher Wertpapiere (zum aktuellen Kurs), Lebensversicherungen (zum Rückkaufswert, Auskunft darüber erteilt das jeweilige Versicherungsunternehmen) und vermieteter Immobilien (zum ungefähren Verkehrswert; einen Anhaltspunkt dafür geben Immobilienanzeigen in der Tageszeitung oder eine Nachfrage bei einem Makler oder der Hausbank). Sämtliche Ge-

TIPP **So gelingt der Kassensturz**

- **Hilfsmittel nutzen.** Viele Banken, Sparkassen und auch die Verbraucherzentralen halten für ihre Kunden ein Haushaltsbuch bereit: Bei der Verbraucherzentrale Nordrhein-Westfalen können Sie zum Beispiel „Das Haushaltsbuch" für 5,90 Euro online ordern (www.vz-nrw.de).
- **Sparpotenziale ausloten.** Durchforsten Sie Ihre Ausgaben kritisch danach, auf welche Posten Sie unter Umständen verzichten können oder welche Ausgaben sich senken lassen.
- **Finanzcheck durchführen.** Prüfen Sie, welche Versicherungen Sie abgeschlossen haben, und kündigen Sie gegebenenfalls überflüssige Policen – beispielsweise, wenn Sie mit Ihrem Partner zusammengezogen sind und bestimmte Versicherungen doppelt vorliegen. Kontrollieren Sie bei den anderen Verträgen ebenso wie bei Ihrem Girokonto, ob es günstigere Anbieter am Markt gibt. Häufig lassen sich so mehrere hundert Euro pro Jahr sparen. Hinweise und die aktuellen Vergleiche werden regelmäßig in Finanztest veröffentlicht. Sie finden sie auch im Internet unter www.test.de.

brauchsgegenstände bleiben hingegen unberücksichtigt. Das gilt auch für eine selbst genutzte Immobilie.

Berücksichtigen sollte der Sparer bei dieser Bilanz auch, dass er über seine Vermögensgegenstände unterschiedlich schnell verfügen kann. An das Guthaben auf einem Sparkonto kommt er zum Beispiel viel leichter heran als an das Sparkapital in einer Lebensversicherung.

AUCH DIE VERBINDLICHKEITEN ZUSAMMENRECHNEN

Noch laufende Darlehen werden zum aktuellen Schuldenstand von der Gesamtsumme abgezogen. Und auch die Schulden sollten nach ihrer Fälligkeit geordnet werden. Während etwa ein in Anspruch genommener Dispositionskredit auf dem Girokonto täglich zurückgezahlt werden kann, enthält ein Hypothekendarlehen oftmals eine langfristige Rückzahlungsvereinbarung, die den Sparer entsprechend lange bindet.

Der dritte Schritt: Ziele abstecken

Als Ergebnis der beiden vorangegangenen Schritte haben die Sparenden nun einen Überblick über zwei wichtige Größen:

- die Höhe des Betrags, der ihnen pro Jahr oder Monat zum Vermögensaufbau überhaupt zur Verfügung steht,
- ihr derzeitiges Nettovermögen und die Anlageformen, auf die es sich verteilt.

AUF DIE ANLAGEDAUER KOMMT ES AN

Diesen Betrag müssen Sie monatlich sparen, um nach x Jahren 100 000 Euro zu haben

Anlagehorizont	Zins					
	2 %	3 %	4 %	5 %	6 %	7 %
45 Jahre	115	88	67	51	38	28
40 Jahre	136	109	86	67	52	40
35 Jahre	165	136	111	90	72	58
30 Jahre	203	172	145	122	102	85
25 Jahre	257	225	196	170	147	127
20 Jahre	339	305	274	245	219	196
15 Jahre	477	441	407	376	347	320
10 Jahre	753	715	679	645	613	581

Jetzt lässt sich recht einfach ablesen, welche Vermögensziele ein Wunschtraum bleiben – beispielsweise Millionär zu werden – und welche einigermaßen realistisch innerhalb einer bestimmten Zeitspanne erreichbar sind wie die Finanzierung des Studiums der Kinder oder vielleicht auch ein Eigenheim. Davon ist dann auch abhängig, wann und in welchem Umfang sich einzelne Konsumwünsche (größeres Auto, längere Urlaubsreise etc.) erfüllen lassen.

Aber auch der umgekehrte Weg ist möglich: Die Sparenden legen ihre Wünsche und ihre Vermögensziele fest und bestimmen, bis zu welchem Zeitpunkt diese verwirklicht sein sollen. Dann können sie errechnen, wie viel Kapital sie für die Umsetzung ihrer Wünsche ansparen müssen und welche Rendite ihnen ihre Fondsinvestments dafür einbringen müssen. Daraus ergibt sich wiederum ein wichtiger Baustein bei ihrer angepeilten Sparstrategie.

FÜR DEN LANGFRISTIGEN VERMÖGENSAUFBAU: FONDSSPARPLÄNE

Wer mit dem Fondssparen anfangen will, benötigt, wie wir gesehen haben, kein großes Anfangskapital. Bei vielen Investmentfonds beträgt die Mindestanlage nur 50 Euro, wenn der Sparer Monat für Monat Geld im Rahmen eines Sparplans anlegt, bei einigen sogar nur 25 Euro. Regelmäßig und langfristig Geld in Fonds anzulegen ist also auch mit kleinem Geldbeutel möglich. Bei Einmalanlagen werden höhere Mindestsummen, in der Regel 200 Euro oder mehr, vorausgesetzt. Manche Fondsgesellschaften haben einzelne Produkte ihrer Angebotspalette zudem ausschließlich für vermögende Kunden vorgesehen. Diese Fonds werden entsprechend den gesetzlichen Anforderungen zwar grundsätzlich an jedermann verkauft; Mindestanlagesummen in sechs- oder gar siebenstelliger Höhe sorgen jedoch dafür, dass der Kundenkreis, der dafür infrage kommt, „exklusiv" bleibt.

Flexibilität ist Trumpf

Dennoch: Für ein systematisch zusammengestelltes Fondsdepot, das sich in der Grundform bereits mit zwei verschiedenen Fonds zusammenstellen lässt (siehe Seite 9), sind aufgrund der niedrigen Mindestanlagesummen selten mehr als 1 000 Euro notwendig. Selbst Sparer, die nicht so viel Geld zur Verfügung haben, können diesen Betrag in überschaubarer Zeit zum Beispiel auf einem Spar- oder Tagesgeldkon-

INFO Die Preise von Fondsanteilen sind flexibel

Ein Blick ins Internet oder den Kursteil einer Tageszeitung zeigt, dass Fondsanteile fast durchweg „krumme" Preise haben, die zudem teilweise über den genannten Mindestanlagebeträgen liegen. Fondssparer, die ihre Anteile direkt bei der Fondsgesellschaft oder etwa über eine Fondsbank kaufen und dort verwahren lassen (siehe Seite 9), brauchen sich in vielen Fällen jedoch daran nicht zu stören. Denn anders als bei Aktien und Anleihen sind sie nicht gezwungen, nur „ganze" Anteile eines Fonds zu ordern. Fast alle Fondsgesellschaften verkaufen ihre Fonds auch in Bruchteilen, sodass sich jeder beliebige Betrag problemlos anlegen lässt.

Beispiel: Ein Anleger will 500 Euro in einen Fonds anlegen. Dessen Anteile kosten 127,87 Euro. In diesem Fall bekommt der Sparer für sein Geld rund 3,91 Anteile (500 : 127,87 = 3,91), wobei die Anteilsberechnung in der Regel bis auf die vierte Stelle hinter dem Komma genau vorgenommen wird, also 3,9102. Anders sieht die Situation aus, wenn der Anleger einen Fonds über die Börse kauft (siehe Seite 53). Dann muss er den Auftrag wie auch bei Aktien über ganze Stücke erteilen. Im genannten Beispiel kann der Anleger also via Börse für sein Geld höchstens drei Anteile kaufen; oder er erteilt einen Auftrag über vier Stück, muss dann aber seinen Anlagebetrag um 11,48 Euro aufstocken (4 x 127,87 = 511,48).

Auch wenn der Anleger seine Anteile direkt bei der Fondsgesellschaft kauft, aber im Depot bei seiner Hausbank verwahren lässt, sind Bruchteil-Orders selten möglich, da die meisten Geldhäuser den damit verbundenen Aufwand scheuen. Zu einem (kleinen) Problem kann das für den Sparer werden, wenn er den Bestand eines Fondsdepots auf sein Bankdepot übertragen lässt. Es werden dann nur die ganzen Stücke transferiert. Den Bruchteilsbestand verkauft die Fondsgesellschaft und überweist den Erlös an den Anleger.

to ansparen und dann umschichten. Doch in solchen Fällen ist zu überlegen, ob ein Sparplan oder mehrere Sparpläne auf verschiedene Fonds nicht von Anfang an die bessere Alternative sind. Denn die Qualitätsunterschiede einzelner Fonds in Sachen Rendite sowie Wertschwankung sind zum Teil enorm (siehe Seite 82). Beispiele zu konkreten Anlagesituationen werden im letzten Kapitel dieses Ratgebers (ab Seite 147) vorgestellt.

Ein Fondssparplan bietet dem Anleger fast unbegrenzte Flexibilität. So muss er, anders als etwa bei vergleichbaren Banksparplänen, weder Kündigungsfristen einhalten noch eine feste Laufzeit bei Vertragsabschluss vereinbaren. Er zahlt einfach so lange ein, wie er möchte. Darüber hinaus kann er auch problemlos größere Beträge zusätzlich zu den monatlichen Raten als Einmalzahlung anlegen. Über Bonuszinsen – typisch bei Bankangeboten – braucht er sich dabei ebenso wenig Gedanken zu machen wie über die Frage, was passiert, wenn er mit der Sparrate aufgrund eines persönlichen finanziellen Engpasses einen oder gar mehrere Monate aussetzen muss oder den Betrag zumindest reduzieren möchte. Den Anlagerhythmus können Fondssparer in bestimmten Grenzen ebenso frei bestimmen und ändern wie den Anlagebetrag. Lediglich die Mindestsumme müssen sie stets einhalten.

Über das Fondsguthaben, das über die Jahre hinweg zusammenkommt, kann der Sparer beliebig verfügen. Das heißt, er kann es entweder ganz oder in Teilbeträgen abheben oder er lässt das gesamte Kapital zunächst stehen, bis er es benötigt. In dieser Zeit wird es weiter angelegt und verzinst.

INFO **Informationen für regelmäßige Fondssparer**

Eine mögliche Anlaufstelle im Internet für Fondssparplananleger ist die Homepage des Bundesverbands Investment und Asset Management (BVI): www.bvi.de. Unter dem Menüpunkt „Statistik" und dann „Wertentwicklung" veröffentlicht der Fondsverband Zahlen darüber, was einzelne Fonds bei einer monatlichen Einzahlung von 100 Euro am Ende abgeworfen haben. Diese Daten sollten allerdings nur zur Orientierung dienen, denn nicht alle Investmentgesellschaften sind Mitglied im BVI. In den Statistiken fehlen vor allem die Fondsangebote einiger großer und mitunter sehr profitabler Anbieter.

FÖRDERUNG FÜR FONDSSPARER: RIESTER-RENTE

Wer mit Fonds spart, um langfristig etwas für die private Altersvorsorge zu tun, hat eine Alternative zu einem normalen Fondssparplan: die sogenannte Riester-Variante. Bei diesem vom früheren Arbeitsminister Walter Riester ins Leben gerufenen Vorsorgekonzept werden die Sparleistungen des Anlegers zusätzlich mit Zulagen oder Steuervorteilen gefördert. Wer einen Riester-Sparvertrag abschließt, kann sein Geld allerdings nur in bestimmten Anlageformen anlegen. Dazu gehören neben Fonds auch Rentenversicherungen und Banksparpläne. Dabei kommt aber nicht jedes x-beliebige Angebot infrage. Banken, Versicherungen und Fondsgesellschaften müssen mit ihrem jeweiligen Riester-Produkt eine Reihe von Bedingungen erfüllen, um eine offizielle Genehmigung zu erhalten – das Angebot muss zertifiziert sein, wie es im Amtsdeutsch heißt.

Der Vorteil eines Fondsangebots mit Riester-Förderung ist, dass der Sparer damit eine Geldanlage an die Hand bekommt, deren zu erwartende Rendite durch staatliche Zulagen oder Steuergeschenke ein sehr hohes Niveau erreichen kann. Ergibt sich zum Beispiel für einen „gewöhnlichen" Sparplan mit Renten- oder Mischfonds eine Rendite von etwa 5 Prozent, so ist es in der Riester-Variante durch die staatlichen Zulagen durchaus möglich, deutlich über 8 Prozent pro Jahr zu erreichen – je nachdem wie die Finanzmärkte in Zukunft laufen. Wie hoch die Rendite ausfällt, hängt allerdings nicht nur vom Abschneiden des Fonds ab. Auch das Alter des Sparers bei Vertragsabschluss und seine persönlichen Einkommens- und Familienverhältnisse spielen eine Rolle, denn sie sind ausschlaggebend für die Höhe der Steuervorteile und staatlichen Zulagen.

Wer und wie wird gefördert?

Abschließen können einen Riester-Sparplan alle Pflichtmitglieder der gesetzlichen Rentenversicherung sowie Beamte, Soldaten und Angestellte des öffentlichen Dienstes und Künstler, wenn sie Mitglied der Künstlersozialversicherung sind. Auch Ehepartner von Förderberechtigten können einen eigenen Riester-Vertrag abschließen. Voraussetzung ist, dass der Förderberechtigte selbst einen Vertrag abgeschlossen hat. Die Zuschüsse und Steuergeschenke sind ansehnlich.

Nach heutigem Stand (2014) kann jeder Förderberechtigte eine maximale Grundzulage von insgesamt 154 Euro pro Jahr in Anspruch nehmen. Für jedes Kind auf der Steuerkarte gibt es noch einmal bis zu 185 Euro. Für Kinder, die ab 2008 zur Welt gekommen sind, erhalten Eltern sogar bis zu 300 Euro Kinderzulage pro Jahr.

Auszubildende und Berufseinsteiger, die bis zu dem Jahr, in dem sie 25 Jahre werden, einen Riester-Vertrag abschließen

und den Mindestbetrag einzahlen, erhalten einmalig 200 Euro Extrazulage. Voraussetzung ist, dass der Sparer auch einen Beitrag aus seinem eigenen Portemonnaie beisteuert. Wer die volle Zulage erhalten will, muss im Jahr 4 Prozent seines rentenversicherungspflichtigen, also nicht des steuerpflichtigen (!) Bruttolohns aus dem Vorjahr in einem Riester-Vertrag ansparen. Maximal werden allerdings nur 2 100 Euro gefördert. Der Sparer muss nicht den gesamten Höchstbeitrag von 4 Prozent selbst aufbringen, denn dieser setzt sich aus dem Eigenbeitrag und den staatlichen Zulagen zusammen.

Wer weniger als den Höchstbeitrag sparen möchte, bekommt entsprechend weniger Zuschuss vom Staat. Zahlt der Sparer beispielsweise nur die Hälfte des eigenen Beitrags ein, bekommt er auch nur 50 Prozent der maximalen Zulage. Es gibt außerdem eine Mindesteinzahlung, die nicht unterschritten werden darf. Dieser Sockelbeitrag liegt bei 60 Euro.

Oft wird behauptet, dass Riester-Produkte aufgrund der Zulagen vor allem für Geringverdiener interessant sind. Doch das stimmt nicht. Auch kinderlose und einkommensstarke Sparer profitieren von der Förderung – und zwar in Form einer geringeren Steuerlast, die dadurch eintritt, dass die Riester-Beiträge in voller Höhe abgezogen werden. Im Gegenzug unterliegen dafür die späteren Riester-Rentenzahlungen voll der Steuerpflicht, was aber aufgrund der meist geringeren Einkünfte im Alter leichter zu verschmerzen ist. Wer die Vorteile des Riester-Sparens nutzen will, muss nicht nur einen Riester-Vertrag abschließen, sondern auch die ihm zustehenden Zulagen beantragen.

Es reicht nicht, die Riester-Zahlungen allein in der Steuererklärung anzugeben. Das Finanzamt prüft bloß, ob es einen Steuerbonus gibt, nicht aber die Inanspruchnahme der Zulagen. Für deren Beantragung hat der Sparer zwei Jahre Zeit (gerechnet ab dem Jahresende des jeweiligen Sparjahres), sonst verfallen sie für das entsprechende Jahr. Dabei reicht es, einen Antrag für die gesamte Förderdauer abzugeben. Nur eine Änderung der persönlichen Lebensverhältnisse – Umzug, Scheidung, Nachwuchs etc. – müssen Riester-Sparer mitteilen. Die Antragsformulare verschicken Geldinstitute an ihre Kunden.

Sparen mit Einschränkungen

Die Riester-Angebote der Fondsgesellschaften ähneln im Grundsatz einem normalen Fondssparplan (siehe Seite 29). Es gibt aber einige erhebliche Unterschiede.

- Der Anleger kann während der Ansparphase nicht nach Belieben über das angesparte Vermögen verfügen. Sonst muss er die Zulagen zurückerstatten. Eine Ausnahme von dieser Regel bildet die Entnahme von Kapital zum Erwerb eines Eigenheims oder einer selbst genutzten Eigentumswohnung oder zum Umbau der eigenen vier Wände. Die Auszahlung der Riester-Rente beginnt bei Verträgen ab 2012 frühestens, wenn der Sparer 62 Jahre alt ist oder Frührentner wird. Bei älteren Verträgen ab 60 Jahren.

- Bei Rentenbeginn hat der Kunde die Möglichkeit, sich maximal 30 Prozent des angesparten Kapitals in einer Summe auszahlen zu lassen. Das restliche Kapital fließt in eine Rentenversicherung, aus der der Sparer eine lebenslange Rente bezieht. Alternativ kann er einen Fondsentnahmeplan wählen. Auch hier erhält er regelmäßige monatliche Auszahlungen. Doch für die Zeit ab 85 Jahren muss er auch bei dieser Variante eine lebenslange Rentenversicherung abschließen.

TIPP **So finden Sie den richtigen Riester-Vertrag**

Wer einen Riester-Vertrag abschließen will, sollte sich vorher gründlich informieren.

- Allgemeine Informationen rund um die Riester-Rente gibt die Deutsche Rentenversicherung im Internet unter www.deutsche-rentenversicherung.de, Menüpunkt „Rente & Reha", „Riester-Rente".
- Finanztest untersucht regelmäßig Riester-Fondssparpläne sowie andere Riester-Produkte. Aktuelle Informationen und Untersuchungsergebnisse finden Sie auf der Homepage der Stiftung Warentest unter www.test.de. Eine spezielle Suche zu Riester-Fondsprodukten ist möglich unter dem Menüpunkt „Altersvorsorge + Rente". Der Abruf des jeweils aktuellsten Tests kostet 2,50 Euro.
- Derzeit bieten nur noch drei Fondsgesellschaften Riester-Fondssparpläne an (Stand: 2014). In alphabetischer Reihenfolge sind das: Deka, DWS und Union Investment. Teilweise bieten die Fondsgesellschaften einen Rabatt auf den Ausgabeaufschlag (siehe Seite 120) an, wenn der Vertrag über das Internet abgeschlossen wird. Auch bei freien Fondsvermittlern (siehe Seite 128) können Vorsorgesparer günstiger riestern als bei den Gesellschaften selbst. Aber: Wichtiger als ein hoher Rabatt ist ein qualitativ guter Sparplan.

- Der Gesetzgeber verlangt im Rahmen der Zertifizierung, dass bei Rentenbeginn zumindest der Erhalt der eingezahlten Beiträge gewährleistet ist. Das heißt, auch wenn der Fonds Verluste gemacht hat, muss die Summe, die verrentet/ausgezahlt wird, mindestens so hoch sein wie die eingezahlten Beiträge plus Zulagen. Dies erhöht auf der einen Seite die Sicherheit für den Sparer. Auf der anderen Seite kann diese Regel auch zum Bumerang für Riester-Sparer werden. Denn einige Anbieter von Fondssparplänen sind in der Vergangenheit in die Kritik geraten, weil sie das Guthaben ihrer Kunden nach dem Kursrutsch an den Finanzmärkten von den schwankungsanfälligen Aktienfonds in vergleichsweise sichere, aber wenig renditeträchtige Rentenfonds umgeschichtet haben (siehe nachfolgender Abschnitt). Dadurch kann es sein, dass die betroffenen Sparer von einer späteren Erholung der Aktienkurse profitieren können.

Begrenztes Angebot an Riester-Fondsprodukten

Es haben nur ganz wenige Fondsgesellschaften Riester-Angebote im Programm (siehe Kasten links). Da die Anbieter den Kapitalerhalt garantieren müssen, sehen die meisten dieser Angebote mit Abweichungen gleich aus: Der Sparer bekommt entweder einen universellen Mischfonds oder eine Kombination aus Renten- und Aktienfonds. Dabei hängt das Verhältnis zwischen renditestarken, aber schwankungsanfälligen Aktien und sicheren Renten davon ab, wie alt der Sparer bei Vertragsabschluss ist. Jüngere bekommen am Anfang einen höheren Aktienanteil angeboten, Ältere einen niedrigeren. Je näher die Rente rückt, desto mehr Geld fließt weg von Aktien in Anleihen.

Riester-Fonds lohnen

Fondssparpläne à la Riester bieten vor allem jüngeren Sparern sehr gute Renditechancen, wenn sie ihren Fondssparplan mit einem möglichst hohen Aktienanteil beginnen. Allerdings haben die Jahre nach der Finanzkrise gezeigt, dass der Erfolg dieses Anlagekonzepts vom allgemeinen Börsenklima abhängig ist. Denn in diesem Zeitraum brachten Aktienfonds nur Minirenditen oder schnitten sogar mit einem Minus ab, was einmal mehr zeigt, dass Aktienfonds generell schwankungsanfälliger sind als etwa Rentenfonds. Aber dieses Risiko wird durch einen langen Anlagezeitraum, die Förderung und den garantierten Kapitalerhalt abgefedert.

Das Risiko bei der Riester-Variante ist zudem beschränkt: Wer einen schlechten Fonds erwischt, bekommt womöglich nur seine Beiträge plus Zulagen ausgezahlt – allerdings auch nicht weniger. Sparer, die dieses Restrisiko ausschließen möchten, sollten andere Riester-Produkte, etwa einen Banksparplan, in Erwägung ziehen. Vor allem für Riester-Sparer über 50 Jahren kommen diese Anlageangebote meist eher infrage, weil ihr Anlagehorizont vergleichsweise kurz ist und daher eine Anlage mit hohem Aktienanteil zu riskant wäre. Allerdings werfen Banksparpläne in der derzeitigen Niedrigzinsphase nur sehr niedrige Renditen ab.

Riester-Verträge sind verwaltungsintensiv. Viele Fondsgesellschaften berechnen neben den Ausgabeaufschlägen und Verwaltungskosten auch für das Depotkonto laufende Gebühren. Zusätzlich zur Kasse gebeten wird der Sparer, sollte er den Anbieter wechseln oder den Vertrag förderschädlich auflösen wollen. Bearbeitungskosten zwischen 25 bis 50 Euro sind dann keine Seltenheit.

TIPP **Wie Riester-Sparer Steuern sparen**

Riester-Fonds können sich auch für Vorsorgesparer lohnen, die keine Riester-Förderung bekommen. Denn die Erträge der im Rahmen eines Riester-Vertrages erworbenen Fonds unterliegen nicht der Abgeltungsteuer (siehe Seite 135) und können grundsätzlich auch ohne Förderung angespart werden. Wird der Sparplan nach Vollendung des 62. Lebensjahres ausgezahlt und bestand er mindestens zwölf Jahre, ist nur die Hälfte des Gewinns mit dem persönlichen Steuersatz zu versteuern – im Ergebnis immer weniger als 25 Prozent Abgeltungsteuer. Zudem kommen Sparer wie bei allen Riester-Angeboten in den Genuss der Beitragsgarantie.

DER ZWEITE FÖRDERTOPF: VERMÖGENSWIRKSAME LEISTUNGEN

Eine staatliche Förderung gibt es nicht nur mit einem Riester-Vertrag. Fast jeder Sparer, der in einem tarifvertraglich geregelten Beschäftigungsverhältnis steht, hat Anspruch auf vermögenswirksame Leistungen, kurz VL genannt. Je nach Tarifvertrag und individueller Betriebsvereinbarung zahlt der Arbeitgeber bis zu 40 Euro an VL – zusätzlich zum normalen Gehalt. Der Gesetzgeber hat festgelegt, dass nur bestimmte Anlageformen für die Anlage der VL infrage kommen. Der Katalog ist dennoch reichhaltig. Er reicht von Banksparplänen über Bausparverträge und Lebensversicherungen bis hin zu Aktien, Aktienfonds und anderen Beteiligungspapieren. Allerdings sehen eine Reihe von Tarifverträgen, etwa in der Metall- und Elektroindustrie, langfristig eine Reform der vermögenswirksamen Leistungen vor. Gefördert wird demnach nicht mehr das generelle Sparen, also die Vermögensbildung, sondern der gezielte Aufbau einer zusätzlichen Altersvorsorge. Für eine Übergangszeit bestehen beide Formen parallel. Danach werden die tariflichen Leistungen nur noch dann gezahlt, wenn sie zum Aufbau einer privaten Altersvorsorge eingesetzt werden.

Die Arbeitnehmersparzulage

Unter bestimmten Voraussetzungen fördert auch der Staat das vermögenswirksame Sparen: mit der Arbeitnehmersparzulage. Diesen Zuschuss gewährt der Fiskus selbst dann, wenn der Arbeitgeber des Sparers keine VL zahlt. Voraussetzung ist allerdings, dass die Sparraten in einen Bausparvertrag oder in Beteiligungssparformen wie zum Beispiel Aktien und Aktienfonds angelegt werden. Die Arbeitnehmersparzulage beträgt derzeit bei Aktienfonds und anderen unternehmerischen Beteiligungen 20 Prozent bis zu einem jährlichen Förderungshöchstbetrag von 400 Euro.

Das Besondere: Parallel dazu fördert der Staat auch noch das Bausparen – und zwar mit 9 Prozent bis zu einem Höchstbetrag von 470 Euro pro Jahr. Die vermögenswirksamen Leistungen des Arbeitgebers erhöhen sich in diesem Fall nicht, sodass der Arbeitnehmer die Sparraten aus seinem Gehalt entsprechend aufstocken muss, was sich, wenn er innerhalb der für die Sparzulage geltenden Einkommensgrenzen von 20000 Euro (Alleinstehende) beziehungsweise 40000 Euro (Ehepaare) liegt, allemal lohnt.

Zu beachten ist, dass bei diesen Einkommensgrenzen das zu versteuernde Einkommen entscheidend ist. Das Bruttoeinkommen kann je nach Familienstand, Zahl der Kinder und persönlicher Steuersituation weitaus höher sein. In den meisten Fällen wird der VL-Vertrag sechs Jahre lang angespart und ruht dann bis zum Ende des Kalenderjahres, in dem die letzte Rate gezahlt wurde.

Den staatlichen Zuschuss zahlt das Finanzamt nicht in bar aus. Der VL-Sparer muss ihn im Rahmen seiner jährlichen Einkommensteuererklärung beantragen. Er wird dann erst am Ende des siebten Sparjahres in einer Summe überwiesen. Wenn ein VL-Sparer seinen Vertrag vorzeitig kündigt oder beendet, muss er auf die staatliche Prämie verzichten. Das bis dahin angesparte Fondsguthaben nimmt die Fondsgesellschaft zurück und zahlt den Anleger aus, wofür sie unter Umständen eine Bearbeitungsgebühr verlangt.

Wo die VL anlegen?

Welche Anlageform ein VL-Sparer wählen sollte, hängt nicht zuletzt von seinen Anlagezielen ab. Geht es ihm um eine möglichst hohe Rendite, haben Aktienfonds auf lange Sicht zweifellos am meisten zu bieten. Hohe einstellige Durchschnittsrenditen über zehn oder zwanzig Jahre hinweg waren in der Vergangenheit keine Seltenheit. Ob dies aufgrund der Börsenentwicklung auch in Zukunft der Fall sein wird, weiß jedoch niemand mit Sicherheit vorherzusagen. Wer seine VL auf diese Weise anlegt, sollte daher langfristig planen und nicht zu sehr auf die siebenjährige Laufzeit des Vertrages fixiert sein. Dann nämlich spielt es keine große Rolle, sollten die Weltbörsen zum Fälligkeitstermin den Rückwärtsgang einlegen. Endet der Vertrag, heißt das nicht, dass die Fondsgesellschaft die Anteile automatisch verkauft. Der VL-Sparer kann sie beliebig lange im Depot lassen und derweil einen neuen Vertrag ansparen.

Im Gegensatz zu Riester-Produkten werden an die Fonds, die für die VL infrage kommen, keine besonderen Anforderungen gestellt. Der Aktienanteil muss nur regelmäßig bei über 60 Prozent liegen und der Fonds offiziell zum Vertrieb in Deutschland zugelassen sein. Dadurch kommt ein breites Spektrum von Aktien-

INFO **Hier bekommen Sie Informationen zu VL-Fonds**

- Die aktuellen Tests und Konditionenvergleiche der einzelnen VL-Anlageformen (Aktienfonds, Sparpläne, Bausparverträge) werden auf der Homepage der Stiftung Warentest veröffentlicht (www.test.de, Rubrik „Geldanlage und Banken", Stichpunkt „Vermögenswirksame Leistungen").
- Eine Übersicht aller aktiv angebotenen VL-Fonds hält der Fondsverband BVI auf seiner Homepage (www.bvi.de, Menüpunkte „Kapitalanlage", „Privatanleger", „Vermögenswirksame Leistungen) bereit.

fonds für die VL-Anlage in Betracht: global anlegende Aktienfonds ebenso wie zum Beispiel hochspekulative Branchenfonds (siehe Seite 90).

In der Praxis ist davon jedoch wenig zu spüren, denn dem potenziell großen Angebot haben die Fondsgesellschaften selbst einen Riegel vorgeschoben. Wegen des hohen Verwaltungsaufwands und der geringen Anlagebeträge werden für die VL-Anlage gerade mal etwas mehr 100 Fonds aktiv beworben. Darüber hinaus gilt es beim VL-Sparen in Fonds grundsätzlich die gleichen Regeln und Punkte im Blick zu haben, die zu auch beachten sind, wenn eine Fondsanlage nicht durch Vater Staat gefördert wird. Welche Entscheidungskriterien dies sind, wird im letzten Abschnitt dieses Ratgebers erläutert, um nachfolgend Lösungen für konkrete Anlagesituationen vorzustellen. Damit sich einschätzen lässt, wie diese Vorschläge zustande kommen und zur eigenen Anlagepraxis passen, ist es jedoch sinnvoll, sich zuerst einen Überblick zu verschaffen, auf welche Art und Weise Fonds ihre Gelder anlegen und in welche Märkte Anleger mit ihnen investieren können. Dies wird in den anschließenden Abschnitten erklärt.

WIE WIRD DER FONDS GEMANAGT?

Fast jede Bank bietet heutzutage Fonds an – und kaum einer gleicht dem anderen. Vorsortieren heißt deshalb die Devise. Ein wichtiges Kriterium, nach dem sich Fonds unterscheiden lassen, ist die Art und Weise, wie sie gemanagt werden. Kümmert sich ein Manager aktiv darum, das Geld der Kunden möglichst gewinnbringend anzulegen, oder folgen sie einfach einem Index? Was das bedeutet, erfahren Sie in diesem Kapitel.

ZWEI UNTERSCHIEDLICHE SYSTEME

Bevor die Frage beantwortet wird, in welche Wertpapierarten und Märkte ein Investmentfonds die Kundengelder investiert, gilt es eine grundsätzliche Unterscheidung zu treffen – nämlich nach welcher Methode der Manager bei der Auswahl und der laufenden Verwaltung des Fondsdepots vorgeht. Hierbei gibt es zwei unterschiedliche Systeme: passiv gemanagte Fonds, auch Indexfonds genannt, und aktiv gemanagte Fonds.

Bei einem passiv gemanagten Fonds stellt der Fondsmanager das Depot genau so zusammen, wie es der Zusammensetzung eines bestimmten Index entspricht. Ein Index ist eine Art Maßstab für einen bestimmten Markt. Der hierzulande bekannteste Index ist der Deutsche Aktienindex Dax. Er enthält die 30 größten deutschen Aktien und ist ein Barometer für die Entwicklung des deutschen Aktienmarkts (siehe Seite 44).

Der Manager eines passiven Fonds geht nicht seinen persönlichen Anlageideen nach, sondern orientiert sich stur an einem Index, wie ein Bootsmann an einem Leuchtturm. Die Wertentwicklung eines Indexfonds entspricht im Wesentlichen immer der des Index, auf den sich der Fonds bezieht.

Das Ziel aktiv gemanagter Fonds ist hingegen, besser abzuschneiden als der Index und damit erfolgreicher zu sein als der Marktdurchschnitt, oder anders ausgedrückt: erfolgreicher als die Konkurrenz.

Beide Managementsysteme haben ihre spezifischen Vor- und Nachteile.

INDIZES – DIE FIEBERKURVEN DER BÖRSE

Zwar hat fast jeder Sparer mittlerweile vom Deutschen Aktienindex Dax gehört. Aber die wenigsten Fondseinsteiger wissen, was ein Index eigentlich ganz genau ist und warum Indizes an den Finanzmärkten eine so große Bedeutung haben. Das erklären wir ausführlich in diesem Abschnitt. Leser, die sich mit Indizes auskennen, können ab Seite 46 fortfahren.

Der Gedanke, der bei der Konstruktion des ersten Index Pate stand, ist im Grunde naheliegend, wenn man als interessierter Beobachter das Geschehen an den Aktien- und Anleihemärkten eine Zeit lang verfolgt. Dann wird man nämlich schnell feststellen, dass die Kursveränderungen der einzelnen Papiere an einem Tag sehr unterschiedlich ausfallen. Was die Profis jedoch interessiert, ist eine Information über den generellen Trend an der Börse, denn in dem mitunter hektischen Handelsgeschehen ist es hilfreich, den allgemeinen Markttrend zu kennen.

Genau das soll ein Index bieten. Mit seiner Hilfe kann jeder Anleger schnell und einfach ablesen, wie sich ein bestimmter breiter Markt über einen bestimmten Zeitraum hinweg entwickelt hat. Dieser Zeitraum kann ein einzelner Handelstag ebenso sein wie das gesamte Kalenderjahr.

Wie sind Indizes aufgebaut?

Der Grundgedanke eines Index ist einfach: Eine bestimmte Anzahl von Aktien wird zu einem Korb zusammengestellt. Dann summieren die Indexanbieter, oft ist das ein Börsenbetreiber oder eine Bank, die Einzelkurse der in diesem Korb enthaltenen Papiere auf und errechnen daraus einen Durchschnittskurs: den Indexwert. Mit diesen über Tage und Monate hinweg gewonnenen Daten lässt sich eine Kurve aufzeichnen – ähnlich der Fieberkurve auf einem Krankenblatt.

So entstand auch der erste Index: der Dow Jones Industrial Average (benannt nach dem US-amerikanischen Börsenblatt Dow, Jones & Co.). Er ist noch heute, weit über 100 Jahre nach seiner Erfindung, ein wichtiges Stimmungsbarometer für US-Aktien.

Natürlich wurde das ursprünglich recht grobe Indexkonzept im Verlauf der Jahre verfeinert. Heute ist es bei vielen Indizes üblich, die Kurse der einzelnen Indexmitglieder in Abhängigkeit von ihrem Börsenwert zu gewichten. Der Börsenwert ergibt sich aus dem Kurs einer Aktie multipliziert mit der Anzahl aller Aktien der jeweiligen Gesellschaft. Auf diese Weise wird verhindert, dass sich Kursveränderungen einer „kleinen" Aktie (das heißt niedriger Kurs und/oder wenige verfügbare Aktien) in der Indexberechnung genauso stark niederschlagen wie die einer schwergewichtigen Aktie eines großen Konzerns. Im Dax ist beispielsweise Siemens mit fast 10 Prozent Indexanteil ein Schwergewicht, während Lanxess, ein Spezialchemie-Konzern

mit Sitz in Köln, nur knapp 0,5 Prozent Indexanteil besitzt. Eine Kursänderung der Siemens-Aktie hat damit eine deutlich stärkere Auswirkung auf den Wert des Dax als eine der Lanxess-Aktie. So vermittelt der Index nicht nur ein realistisches Bild von der allgemeinen Kurstendenz an einem bestimmten Markt, sondern spiegelt auch die Marktrelationen wider.

Indizes als Erfolgsmaßstab

Für fast alles, was an der Börse gehandelt wird, lassen sich Indizes bilden: für Aktien ebenso wie für Anleihen, Edelmetalle und Rohstoffe. Dazu kommen spezielle Sub-Indizes, die innerhalb einer Anlageform die Wertentwicklung einzelner Teilbereiche messen. Branchenindizes etwa geben einen Anhaltspunkt für die Wertentwicklung der Aktien von Unternehmen mit gleichem Tätigkeitsschwerpunkt – zum Beispiel Automobilhersteller.

Der Vorteil einer solchen Unterteilung ist, dass Indizes nicht nur den Trend einzelner Märkte oder Teilmärkte nachzeichnen. Mit ihrer Hilfe lässt sich zum Beispiel auch die Wertentwicklung eines Fonds sowohl mit dem Gesamtmarkt als auch mit unmittelbaren Anlagealternativen vergleichen. So kann der Anleger schwarz auf weiß nachverfolgen, ob sein Investment besser oder schlechter gelaufen ist als der allgemeine Markt. Indizes dienen somit als neutraler Vergleichsmaßstab, mit dem sich der Erfolg einer Anlage messen lässt.

Fachleute bezeichnen diesen Maßstab auch als Benchmark. Wichtig ist dabei jedoch, nicht Äpfel mit Birnen zu vergleichen. Ein Index bildet nur einen bestimmten Teilbereich ab. Wer zum Beispiel einen Aktienfonds Europa besitzt, muss einen marktbreiten europäischen Aktienindex als Vergleichsmaßstab beziehungsweise Referenzindex heranziehen. Der Deutsche Aktienindex (Dax) wäre dafür ungeeignet, da er nur die Kursentwicklung der größten deutschen Aktien nachverfolgt.

Kleine Index-Weltkunde: Dax, Dow & Co.

An Indizes herrscht in der internationalen Börsenwelt kein Mangel. Jeder Handelsplatz rund um den Globus besitzt seinen eigenen, selbst entwickelten Index. Für die großen Aktienmärkte wie etwa USA und Japan gibt es sogar mehrere davon. Meist setzt sich jedoch einer von ihnen als allgemein bekannter und beachteter Leitindex durch. Für deutsche Aktien ist das der Deutsche Aktienindex. Der Dax umfasst insgesamt 30 Aktien, die nach den Kriterien Umsatz und Börsenwert herausgefiltert werden, wobei nur der sogenannte Streubesitz, also der Anteil der Aktien, die nicht im Besitz eines Großaktionärs sind, berücksichtigt wird.

Der Dax hat über die Jahre hinweg eine mittlerweile umfangreiche Index-Familie zur Seite gestellt bekommen. Der MDax gilt dabei in der Börsenwelt als wichtigster Bruder des Dax. Er misst den Kursverlauf von 50 Werten aus der „zweiten Reihe", also den Unternehmen, deren Aktien in puncto Marktwert und Umsatz den großen Unternehmen im Dax folgen – sogenannte Mid-Caps. Nach demselben Prinzip bildet der SDax die auf die MDax-Titel folgenden Aktien ab, also sozusagen die „dritte Liga" – sogenannte Small-Caps. Der TecDax umfasst die wichtigsten Technologieaktien an der Deutschen Börse.

Als Klassiker und Urgestein auf internationalem Parkett gilt der Dow-Jones-Industrial-Average-Index, wie er ausführlich heißt. Was der Dow Jones für die New Yorker Börse, ist der Nikkei-Index für den Aktienmarkt in Tokio. Beiden ist auch gemeinsam, dass der Aktienkurs das Gewicht im Index bestimmt und nicht der Börsenwert. Diese Art der Indexberechnung gilt heute eigentlich als überholt.

INFO

Der Vergleichsindex MSCI World

Der Weltaktienindex MSCI World ist der wichtigste Maßstab für Fondsmanager. Er zeigt, welche Aktien international die größte Bedeutung haben, und enthält rund 1 600 Unternehmen aus 24 Ländern. Allerdings enthält er nur Aktien aus „entwickelten" Ländern. Schwellenländer sind nicht enthalten.

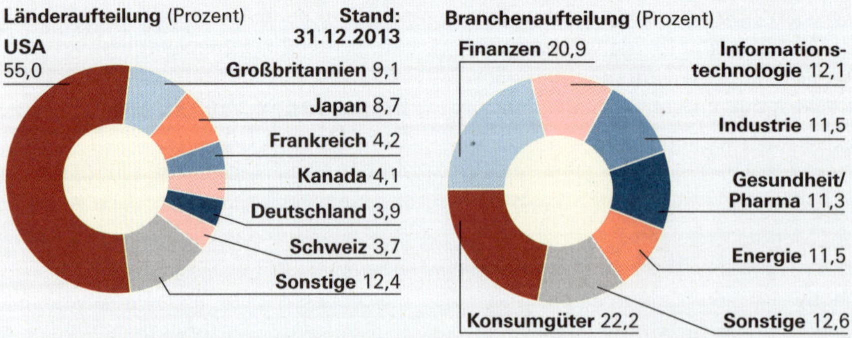

Die Indizes von MSCI

Neben den Börsen selbst gibt es eine Reihe weiterer Finanzunternehmen, die eigene Indizes aufgelegt haben. Auf internationaler Bühne tonangebend und vor allem bei Anlageprofis beliebt sind die Indizes von MSCI. Morgan Stanley Capital International hat für fast jedes Land und jede Branche einen eigenen Index aufgelegt. Dazu kommen Dutzende länderübergreifende Regionenindizes. Der bekannteste MSCI-Index ist jedoch der weltumfassende MSCI World, der rund 1600 Titel führt.

Der Vorteil der MSCI-Indizes: Da alle Indizes nach den gleichen Regeln aufgebaut und berechnet werden, lässt sich die Wertentwicklung einzelner Märkte beziehungsweise Regionen auf Basis der MSCI-Indizes fair einander gegenüberstellen. Dagegen ist ein Vergleich etwa von Dax und Dow Jones kaum möglich, da beide Indizes nach vollkommen unterschiedlichen Konzepten aufgebaut sind.

TOP TEN MSCI WORLD

Die zehn wichtigsten Firmen im MSCI World und ihr Gewicht im Index (Stand 31.12.2013)

Apple	1,6 %
Exxon	1,4 %
Google	1,0 %
Microsoft	0,9 %
General Electric	0,9 %
Johnson & Johnson	0,8 %
Chevron	0,8 %
Nestlé	0,7 %
Wells Fargo	0,7 %
Procter & Gamble	0,7 %

Weitere Indexanbieter

Andere wichtige Aktien-Indexanbieter neben MSCI sind S&P und Stoxx. Das US-Unternehmen S&P berechnet unter anderem den wichtigsten US-Index: S&P 500.

Die bekanntesten Indexprodukte von Stoxx sind der Euro Stoxx 50 und der Stoxx Europe 600. Sie gelten als wichtiger Maßstab für die Aktienmärkte der Eurozone beziehungsweise Europas. Der Euro Stoxx 50 enthält, wie die Zahl im Namen bereits andeutet, die 50 größten und wichtigsten Aktien aus der Eurozone. Der Euro Stoxx 600 ist hingegen noch marktbreiter ausgelegt und umfasst insgesamt 600 Titel aus der Eurozone und vor allem auch aus der Schweiz und Großbritannien.

Rentenindizes

Es gibt allerdings nicht nur Indizes für Aktien-, sondern auch Hunderte für Anleihen, sogenannte Rentenindizes. Sie spiegeln zum Beispiel die Wertentwicklung von Staatsanleihen oder Unternehmensanleihen wider (siehe Seite 95).

DIE VOR- UND NACHTEILE VON INDEXFONDS (ETF)

Was das Anlagekonzept von Indexfonds aus Sicht der Anleger so attraktiv macht, sind die im Vergleich zu aktiv verwalteten Fonds sehr niedrigen Kosten und die Berechenbarkeit: Ein Indexfonds läuft nahezu wie sein zugrunde liegender Index. Das erweist sich auf Dauer als Vorteil, denn die Verwalter aktiv gemanagter Fonds schaffen es nur selten, langfristig Renditen zu erwirtschaften, die besser als die des Index sind. Und aktive Fondsmanager, die es tatsächlich geschafft haben, besser zu sein als ein passender Vergleichsindex, schaffen das Kunststück nicht unbedingt in der Zukunft.

Indexfonds sind gefragt

Aktiv verwaltete Fonds haben aus diesem Grund in den vergangenen Jahren einen schweren Stand bei den Anlegern gehabt. Im Zuge der Finanzkrise haben viele Anleger ihre Anteile zurückgegeben, wie ein Blick auf Absatzstatistiken belegt. Was die Statistik aber auch aussagt: Ein erheblicher Teil dieser Gelder wurde in Indexfonds umgeschichtet, was diesem vergleichsweise neuen Fondstyp seit Anfang dieses Jahrtausends einen wahren Boom beschert hat. Fast alle Indexfonds werden inzwischen an der Börse gehandelt, weswegen sie auch unter dem Kürzel ETF laufen (Abkürzung für Exchange Traded Funds, was so viel heißt wie börsengehandelte Fonds). Rund fünfzehn Jahre nach ihrer Einführung in Europa verwalten ETF-Anbieter weltweit ein Gesamtvermögen von mittlerweile über 1,5 Billionen Euro – Tendenz steigend (Stand März 2014).

Parallel dazu ist die Auswahl an ETFs sprunghaft gestiegen. Konnten die Anleger anfangs gerade mal aus gut einem Dutzend verschiedener Fonds wählen, so werden allein an der Deutschen Börse in Frankfurt rund 1 000 ETFs auf zirka 700 Indizes gehandelt (siehe www.boerse-frankfurt.de).

ETFs sind allerdings bei institutionellen Anlegern wie Versicherungen oder in der gehobenen Privatkundenbetreuung sehr viel verbreiteter als bei Privatanlegern. Ein wichtiger Grund dafür: ETFs bieten keine Provision für den Vertrieb. Damit sind sie zwar für Anleger kostengünstig, für klassische Bankberater aber uninteressant. Denn die Bank verdient an ETFs deutlich weniger als an aktiv gemanagten Fonds. Also wird der Berater lieber aktiv verwaltete Fonds empfehlen als ETFs.

INFO **Ausgewählte Anbieter von Indexfonds**

- ComStage: www.comstage.de
- Deutsche Bank: www.dbxtrackers.de
- Deka ETF: www.deka-etf.de
- iShares: www.de.ishares.com
- Lyxor: www.lyxoretf.de

Sicher, flexibel und vielseitig einsetzbar

Die in einem ETF investierten Gelder sind vor Verlust durch eine Insolvenz der Fondsgesellschaft genauso geschützt wie die Gelder bei herkömmlichen Fonds (siehe Seite 13). Den laufenden Handel eines ETF an der Börse begleiten zudem sogenannte Market Maker, meist sind das die Mutterbanken der ETF-Anbieter oder hoch spezialisierte Börsenteilnehmer. Sie sorgen für die notwendige Handelbarkeit, auch wenn gerade kein anderer echter Anleger kaufen oder verkaufen möchte. Auf diese Weise ist ein Kauf und Verkauf zu den üblichen Börsenhandelszeiten praktisch jederzeit möglich, sodass die Investoren auch in turbulenten Börsenphasen zeitnah auf aktuelle wirtschaftliche Ereignisse reagieren und ihre Anlagen schnell umschichten können. Die Anleger müssen sich aber nicht selbst auf dem Börsenparkett tummeln, das besorgt ihre Bank für sie (siehe Seite 14).

Nicht zuletzt sorgt das breite Angebot dafür, dass sich mit ETFs mittlerweile auch ausgeklügelte Anlagestrategien verfolgen lassen. Denn neben ETFs auf bekannte Aktienindizes wie etwa den Dax und den Euro Stoxx 50 (siehe Seite 45) gibt es inzwischen eine Fülle von Fonds, die sich auf einzelne Branchen- oder Regionenindizes beziehen. Kaum ein Feld, das sich nicht abdecken lässt. So gibt es spezielle ETFs auf Schwellenland-Indizes (siehe Seite 86) ebenso wie für ganze Anlagethemen – etwa nachhaltige oder „grüne" Investments (siehe Seite 68). Auch komplette Investmentstile und -strategien lassen sich über entsprechend konzipierte Indexfonds abbilden. Fonds auf Anleihe-, Rohstoff- und Immobilienindizes komplettieren das Feld. So lässt sich mit ETFs ein Depot aufbauen, das alle wichtigen Anlageklassen abdeckt (siehe Seite 24).

Die Schattenseiten des Erfolgs

Kostengünstig, transparent und sicher – diese Punkte haben ETFs in den vergangenen Jahren trotz des schlechten Börsenumfelds zu einem verlässlichen Kassenschlager gemacht. Doch dieses hervorragende Image hat auch ein paar Schrammen abbekommen. Der Grund ist, dass viele Fondsgesellschaften bei ihren ETFs moderne Finanzinstrumente einsetzen – was viele Anleger und Experten vor allem zu Beginn dieser Entwicklung kritisch sahen.

Um die Hintergründe dafür zu verstehen, ist es sinnvoll, sich etwas eingehender mit dem Management eines ETF zu beschäftigen. Die ETF-Anbieter versprechen ihren Kunden, dass der Fonds eine Rendite in der Nähe der jeweiligen Indexentwicklung erzielt. Die für den Laien sicherlich naheliegendste Möglichkeit, dieses Ziel zu erreichen, besteht darin, dass der Manager den Index eins zu eins mit seinem Fondsdepot nachbildet. Ein Indexfonds auf den Dax würde also die Aktien der 30 Unternehmen kaufen, die im Dax vertreten sind, und zwar in der gleichen Gewichtung wie im Index. Doch was in der Theorie scheinbar mühelos funktionieren müsste, ist in der Praxis mit einer Reihe technischer und organisatorischer Probleme verbunden.

So enthält ein Index wie der MSCI World (siehe Seite 45) rund 1 600 verschiedene Aktien. Diese alle zu kaufen, ist mit einem großen Aufwand und Kosten verbunden. Zudem ist die Wiederanlage der laufenden Zins- und Dividendenzahlungen oftmals nicht so möglich, wie es in den meisten Indexformeln unterstellt wird – zum Beispiel, weil darin mit Bruchteilen von Aktien gerechnet wird, während an der Börse nur ganze Stückzahlen gehandelt werden, oder weil bei Ertragszahlungen mit den Bruttobeträgen kalkuliert wird, tatsächlich jedoch Quellen- und/oder Kapitalertragsteuern (siehe Seite 138) einbehalten werden.

Tauschgeschäfte: Swaps

Viele Fondsgesellschaften gehen daher einen anderen Weg: Statt den Index mehr oder weniger genau zu kopieren und die entsprechenden Aktien zu kaufen, schließen sie komplexe Tauschgeschäfte ab, in der Finanzsprache Swaps genannt. Dazu erwirbt ein ETF einerseits verschiedene Wertpapiere – oftmals welche, die gar nicht im Index enthalten sind – und andererseits einen Swap, der die Entwicklung der Wertpapiere gegen die Indexentwick-

INFO

Spezielle Indexfondskonzepte

Neben den Indexfonds auf Marktindizes wie den Dax oder den MSCI World werden immer mehr Fonds auf komplexere Indizes mit ausgeklügelten Anlagestrategien aufgelegt. So gibt es Strategieindizes, die das Auf und Ab der Kurse doppelt so stark wie tatsächlich spiegeln oder mit denen sich von fallenden Kursen profitieren lässt. Dies ist eine Besonderheit. Denn mit Investmentfonds herkömmlicher Prägung können Anleger nur auf steigende Kurse setzen. Für Einsteiger sind solche Fonds nicht geeignet. Sie sollten darauf achten, dass sie Indexfonds wählen, die einen breiten Markt abbilden. Mehr dazu im nachfolgenden Kapitel auf Seite 53.

lung tauscht. In der Summe entwickelt sich der ETF dann fast genauso wie der Index.

Für den Fondsmanager mögen diese komplexen Strategien die Arbeit erleichtern. Doch Kritiker monieren, dass die Anleger, die in dem Glauben sind, einen einfachen und leicht verständlichen Fonds gekauft zu haben, mit einem Swap-basierten ETF ein im Grunde hoch kompliziertes Produkt erworben haben. Und die Tauschgeschäfte sind nicht ohne Risiko, denn der Tauschpartner könnte pleitegehen.

Die Fondsbranche betont zwar, dass für die Swap-Transaktionen nur solide Partner mit einwandfreier Bonität infrage kommen und Swaps nie mehr als 10 Prozent des Fondsvermögens ausmachen dürfen. Doch die zurückliegende Finanzkrise hat gezeigt, dass in einem entsprechenden Marktumfeld auch bekannte Finanzkonzerne von heute auf morgen in Schwierigkeiten geraten können und nicht mehr in der Lage sind, ihren finanziellen Verpflichtungen nachzukommen. Deshalb haben die ETF-Anbieter zusätzliche Sicherheitsnetze geschaffen, um den eventuellen Ausfall eines Swap-Partners abzufedern. Zum Beispiel kann der Swap-Partner verpflichtet werden, Sicherheiten zu hinterlegen.

Ein zweiter Kritikpunkt ist, dass auch diese Tauschoperationen mit Kosten verbunden sind. Die Kosten muss die Fondsgesellschaft allerdings nicht offen ausweisen so wie etwa die laufenden Verwaltungskosten, da sie einzig als Marge beim Swap-Partner sichtbar werden. Solange unter dem Strich die Rendite stimmt, werden viele Anleger diesem Punkt nicht sonderlich viel Beachtung schenken, doch in Sachen Transparenz ist das ein Rückschritt.

Wertpapierleihe

Es gibt aber weiterhin ETFs, die die Indexaktien tatsächlich in der entsprechenden Gewichtung kaufen. Doch auch diese ETFs gehen meist zusätzliche Risiken ein. Sie verleihen nämlich oft die Wertpapiere im Fonds und bekommen dafür eine Gebühr, die teilweise die Fondsperformance verbessert.

FAZIT: SWAP ODER LEIHE – EINE FRAGE DER SICHERHEIT

Für Anleger stellt sich vor allem die Frage, welche der beiden Varianten für sie besser ist: ETFs, die einen Index eins zu eins nachbilden, oder die Variante, die mit Swaps arbeitet? Nach Ansicht von Finanztest schneiden beide Varianten in puncto Sicherheit in etwa gleich ab. Ein Grund dafür ist, dass zahlreiche Anbieter die Risiken von Swaps so gut wie möglich reduzieren und dass auch ETFs, die die Indexaktien tatsächlich halten, meistens ähnliche Risiken eingehen, weil sie Aktien verleihen. Dennoch sind Fondsanleger gut damit beraten, vor dem Kauf einen Blick in die Fondsunterlagen (siehe Seite 15) zu werfen, damit sie wissen, mit welcher Art von ETF-Typ sie es genau zu tun haben.

AKTIV GEMANAGT ODER INDEXFONDS (ETF)?

Während sich also Indexfonds im Schlepptau der Märkte auf und ab bewegen, ist das ausgegebene Ziel eines aktiven Fondsmanagers, durch eine eigene Anlagestrategie Mehrwert zu generieren. Das heißt, ein Ergebnis zu erzielen, das besser ist als das seiner Benchmark. Dafür gibt es vor allem zwei Möglichkeiten. Er kann entweder versuchen, durch geschicktes Timing, also die Wahl günstiger Kauf- und Verkaufszeitpunkte, die allgemeinen Kursschwankungen zu nutzen. Erfahrungsgemäß schaffen es allerdings nur wenige der Profis, mit dieser Strategie auf Dauer Erfolg zu haben, da auch sie nicht jeden Trend voraussehen können.

Andere Fondsmanager gehen deshalb einen zweiten Weg: Sie stellen ein Depot indexnah zusammen, aber eben nicht ganz genauso wie der Index. Das heißt, sie lassen sich bewusst einen gewissen Spielraum, den sie nutzen, um einzelne Titel im Depot gegenüber dem Index gezielt über- oder unterzugewichten („Kaufe ich eher Daimler als BMW?"). Das Ganze ist im Grunde nichts anderes als eine (Teil-)Wette gegen den Index. Geht die Spekulation auf, erzielt der Fondsmanager ein kleines Plus gegenüber dem Index. Auf der anderen Seite ist das Risiko, dass der Fonds deutlich hinter dem Index zurückbleibt, überschaubar.

Auch hier gilt: Für den Erfolg dieser Strategie ist im Endeffekt das gute Händchen des Profis entscheidend. Die Erfahrung zeigt, dass kaum ein Manager auf Dauer das Glück für sich gepachtet hat. Auffällig ist zudem, dass einige Verwalter mit ihrer Strategie eher Erfolg haben, wenn es an den Märkten bergauf geht, andere wiederum bewähren sich vor allem in Abwärtsphasen. Der Anleger muss also letztlich darauf hoffen, dass „sein" Vermögensverwalter auch mit einer wechselhaften Börsenlage zurechtkommt.

Die wenigsten Profis lassen sich dabei allein von ihrem Bauchgefühl leiten. Sie sieben das große Feld anhand bestimmter Kennzahlen aus. Bei Aktien können das zum Beispiel das Verhältnis von Dividende (siehe Seite 55) zum aktuellen Börsenkurs oder die Wachstumsraten von Umsatz und Gewinn sein. Einige Experten sind gezielt auf der Suche nach Papieren, die ihnen nach jeweils aktuellen Maßstäben als unterbewertet und damit preiswert gelten, andere dagegen versuchen, eher „mit dem Markt zu schwimmen". Im Endergebnis kann das Fondsdepot bei dieser in der Fachsprache Stock-Picking genannten Methode eine vollkommen andere Struktur aufweisen als der entsprechende Marktindex. Folge: Die Wahrscheinlichkeit, dass sich das Fondsdepot im Zeitablauf ganz anders als das Marktbarometer entwickelt, ist hoch. Das bietet dem Anleger freilich keine Garantie, dass er innerhalb seiner Anlagedauer besser als der Index abschneidet.

Angesichts der unterschiedlichen Anlagekonzepte von ETFs und aktiv gemangten Fonds stellt sich für Anleger die Frage, welchem der beiden sie den Vorzug geben sollen. ETFs sind vor allem für Anleger geeignet, die eine einfache und gleichzeitig transparente Anlagelösung suchen. Gerade bei Einsteigern wird dies die Mehrheit sein.

Aktiv gemanagte Fonds können dagegen punkten, wenn es darum geht, sehr spezielle Anlagestrategien zu verfolgen oder in unübersichtliche und/oder sehr schwankungsintensive Märkte zu investieren wie beispielsweise in junge, exotische Börsen in Asien oder Afrika. In diesen Märkten kann das Know-how eines Fondsmanagers, der den jeweiligen Markt gut kennt und einzelne Titel sorgfältig auswählt, helfen, besser als der Index abzuschneiden. Allerdings kommen solche Investments eher für erfahrene Anleger infrage, die bereits ein größeres Fondsdepot aufgebaut haben.

FAZIT: ETFS SIND MEIST DIE BESSERE WAHL

Für Einsteiger und langfristige Anleger sind ETFs meist eine gute Wahl, während aktiv gemanagte Fonds für Anleger interessant sind, die klare Vorstellungen davon haben, welchem aktiven Managementansatz sie den Vorzug geben. Sie erfordern vom Anleger mehr Wissen und größere Aufmerksamkeit. Wichtig ist, dass Sie sich vor dem Kauf darüber bewusst sind, welche Strategie der Manager „ihres" Fonds verfolgt. Auf diese Weise können Sie das Profil Ihres Fondsinvestments deutlich besser abschätzen.

TYPKUNDE FÜR FONDSANLEGER

Jeder Fonds hat einen Anlageschwerpunkt. Damit ist festgelegt, wie und wo der Fonds die Kundengelder investieren darf – zum Beispiel ausschließlich in Anleihen (Rentenfonds), nur in Aktien (Aktienfonds) oder in beide Anlageformen (Mischfonds). Daneben gibt es Fonds, die in Immobilien investieren (offene Immobilienfonds), und weitere Spezialformen. In diesem Kapitel stellen wir Ihnen die wichtigsten Fondstypen sowie deren Stärken und Schwächen vor.

FONDS STRATEGISCH SORTIEREN

Bereits ein Klick im Internet auf ein Finanzportal oder eine Seite zum Thema Investmentfonds (siehe Surftipps Seite 182) zeigt, dass das Angebot an Fonds unüberschaubar groß ist. Aus weit über 10 000 verschiedenen Fonds können Anleger hierzulande wählen. Dazu gibt es Dutzende von Anlagekonzepten und -strategien. Fondseinsteiger können da schnell ins Grübeln geraten: „Welchen Fonds soll ich denn nun kaufen?"

Wie beim Vermögensaufbau insgesamt lautet auch hier die Devise: Mit System kommt der Anleger am schnellsten zum Ziel. Der erste Schritt besteht darin, das große Feld der Fondsangebote grob vorzusortieren. Dazu wird jeder Fonds entsprechend seinem Anlageschwerpunkt einer bestimmten Fondsgruppe zugeordnet. Die beiden größten Fondsgruppen sind Aktienfonds und Rentenfonds. Aktienfonds legen ihr Geld, wie der Name bereits sagt, hauptsächlich in Aktien, also Unternehmensanteilen an. Bei Rentenfonds sind es Zinspapiere wie Anleihen. Mischfonds, als dritte große Gruppe, sind nichts anderes als eine Kombination aus Aktien- und Rentenfonds. Damit ist eine Grobeinteilung abgeschlossen.

Innerhalb dieser drei Gruppen werden wiederum anhand bestimmter Kriterien weitere Unterteilungen vorgenommen. Aus dieser Einteilung ergibt sich bereits ein sehr differenziertes Bild, mit dessen Hilfe der Anleger spezielle Chancen und Risiken eines Fonds abschätzen kann. Damit ist allerdings noch nicht die Frage beantwortet, wie sich Fonds miteinander

Eine solide Basis ist wichtig

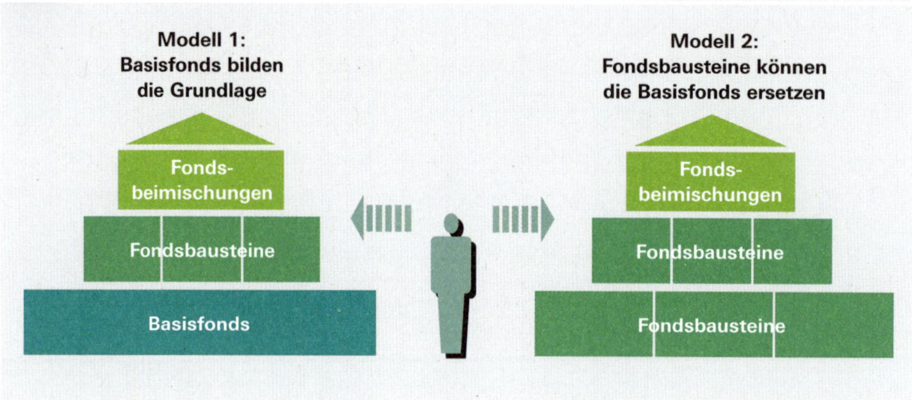

sinnvoll kombinieren lassen, wie also aus Teilen ein Ganzes wird. Aufgrund des Anlageschwerpunktes und der daraus resultierenden Chancen und Risiken ergeben sich aber die Einsatzmöglichkeiten eines Fondstyps. Das Ganze lässt sich mit einer Art Pyramiden-Baukastensystem beschreiben, das die Stiftung Warentest entwickelt hat, damit Sparer eine Vorstellung davon bekommen, wie sie Fonds in ihrem Depot zusammenstellen können:

Basisfonds sind Fonds, die eine durchdachte und damit gute Risikostreuung aufweisen. Bei Basisfonds muss der Anleger am wenigsten Erfahrung und am wenigsten Eigeninitiative mitbringen. Sie bilden sozusagen das Fundament in einem Fondsdepot.

Fondsbausteine können die Basisfonds ersetzen, wenn sie sinnvoll kombiniert werden (siehe Grafik, Modell 2). Sie eignen sich aber auch für Anleger, die ihr Fondsdepot entsprechend ihrer Risikoneigung und ihren Anlagezielen individueller zusammenstellen wollen als nur mit Basisfonds (Modell 1).

Fondsbeimischungen bilden sozusagen die Spitze der Pyramide. Wegen des oftmals höheren Risikos, das diese Fonds aufweisen, sind sie in erster Linie etwas für erfahrene Anleger, die in bestimmten Anlagesituationen eine gezielte Abrundung für ihr Depot suchen. Vorsicht ist aber auch hier geboten: Solche Fonds sollten höchstens zu 10 Prozent beigemischt werden.

AKTIENFONDS: CHANCENREICHES INVESTMENT

Investmentfonds, die ihre Gelder – entweder aktiv gemanagt oder als Indexfonds (ETF) – in Aktien investieren, bilden die größte Gruppe innerhalb des gesamten Fondsmarktes. Um den Grund dafür besser verstehen zu können, lohnt es sich, einen kurzen Blick auf den Aktienhandel allgemein zu werfen.

Was ist das Besondere an Aktien?

Eine Aktie stellt einen Anteil am sogenannten Grundkapital, also dem Eigenkapital einer Aktiengesellschaft (AG) dar. Mit dem Kauf beteiligt sich der Anleger an einem Unternehmen und nimmt fortan als Miteigentümer an der wirtschaftlichen Entwicklung „seiner" Gesellschaft teil, indem er am Gewinn, aber auch an einem etwaigen Verlust beteiligt ist. Denn beides hat mittelbar Auswirkungen auf Dividendenzahlungen und auf den Kursverlauf der Aktie an der Börse.

Vereinfacht lässt sich sagen: Erwarten die Investoren, dass die Geschäfte des Unternehmens prächtig laufen werden, steigt die Nachfrage nach dessen Aktien, wodurch in der Folge deren Kurs steigt. Umgekehrt geht der Kurs der Aktie auf Talfahrt, wenn die Prognosen für Umsatz und Gewinn des Unternehmens zurückgehen.

Aktien sind nicht pflegeleicht

Die meisten Anleger kaufen Aktien, weil sie sich einen hohen Gewinn daraus versprechen. Der Ertrag eines Aktieninvestments wird von zwei Faktoren bestimmt: der Dividende und dem (erhofften) Kursgewinn.

Als Dividende wird die jährliche Ausschüttung des Gewinns an die Aktionäre bezeichnet. Die Höhe der Dividende schlägt die Verwaltung des Unternehmens den Aktionären vor, die darüber auf der Hauptversammlung, ihrem jährlichen Treffen, abstimmen. Ob und in welcher Höhe eine Dividende gezahlt wird, hängt in erster Linie von der Ertragslage des Unternehmens ab. Schreibt die Firma rote Zahlen, kann die Dividendenzahlung sogar ausfallen.

Die zweite Ertragsquelle ist die Chance auf Kursgewinne. Der Kurs ist der Preis, zu dem eine Aktie erworben beziehungsweise verkauft werden kann. Er schwankt von Tag zu Tag und richtet sich in erster Linie nach Angebot und Nachfrage an der Börse. Im Kurswert spiegeln sich verschiedene Faktoren wider:

- der Vermögenswert des Unternehmens,
- seine Ertragskraft,
- die Erwartungen, die sich längerfristig mit dem Unternehmen und seinen Produkten verbinden,
- die erwarteten zukünftigen Dividendenzahlungen.

Dies zeigt, dass sich jeder Anleger bei diesen Einflussfaktoren auf die Kurse stets auf dem Laufenden halten muss, wenn er

Kursgewinne erzielen möchte. Denn Aktien reagieren sehr sensibel auf jede neue Nachricht und jedes Ereignis im Weltgeschehen. Zudem ist der Aktienmarkt insgesamt empfänglich für Stimmungen und Emotionen.

Durch geschicktes Kaufen und Verkaufen zum richtigen Zeitpunkt lassen sich mit Aktien also durchaus hohe Gewinne erzielen, allerdings sind im umgekehrten Fall auch die Verlustrisiken entsprechend groß. Aktien sind daher keine pflegeleichte Anlageform, sondern – wenn sie in Eigenregie, also ohne Hilfe eines Vermögensverwalters gekauft werden – etwas für sehr erfahrene Anleger, die das Geschehen an der Börse ständig verfolgen.

Aktienfonds sind auch für Einsteiger interessant

Dennoch brauchen auch Einsteiger, die mit ihren „Spargroschen" eine gute Rendite erzielen möchten, nicht völlig auf Aktienanlagen zu verzichten. Die Lösung: Sie kaufen keine einzelnen Aktien, sondern investieren in Aktienfonds. Auch Anleger, die nicht über profundes Börsenwissen verfügen oder sich nicht ständig mit ihren Papieren beschäftigen möchten, können so an den Gewinnchancen der Aktienmärkte teilhaben.

Aktienfonds ganz außen vor zu lassen, wäre auch aus strategischen Gesichtspunkten nicht besonders klug. Schließlich kann kein anderer Fondstyp der Gruppe der Aktienfonds in Sachen Renditechancen auf lange Sicht das Wasser reichen. Der gute Ruf dieser Fondsgattung hat jedoch nach mehr als einem Jahrzehnt mit insgesamt drei ausgeprägten Börsenkrisen ernsthaften Schaden genommen. Nimmt man – im bislang ungünstigsten Fall – das Ende des Jahres 2009, als sich die Finanzkrise ihrem Höhepunkt näherte, als Stichzeitpunkt, konnten rückblickend betrachtet viele Aktienfonds nur noch auf einen Anlagezeitraum von 20 Jahren oder länger ihren Renditevorsprung gegenüber Zinsanlagen verteidigen. Für kürzere Anlagezeiträume sah das Bild dagegen düster aus, mitunter mussten die Anleger sogar herbe Verluste verkraften.

INFO **Ärgerlicher Abschied**

Die Finanzkrise hat vor allem unter den Aktienfonds zu einem regelrechten Massensterben geführt. Nach Angaben des Fondsdatenanbieters Morningstar wurden in Europa allein im Jahr 2009 mehr als 2000 Fonds aufgelöst oder mit einem anderen verschmolzen. Der Grund: Nach den Kurseinbrüchen an den Weltbörsen in den vergangenen Jahren ist das Millionenvermögen vieler Fonds rasant geschmolzen. Außerdem haben viele Anleger ihre Anteile zurückgegeben beziehungsweise verkauft und ihr Geld in andere Anlageformen investiert. Folge: So mancher Fondsmanager, der ehemals Millionen verwaltete, ist plötzlich nur noch Herr über ein paar hunderttausend Euro.

Wenn Fonds zu klein werden

Eine solche Fondsgröße lohnt sich weder für die Fondsgesellschaft noch für den Anleger, denn die fixen Verwaltungskosten, etwa für das Drucken der Prospekte und Rechenschaftsberichte, schlagen in diesem Fall überproportional zu Buche und drücken die Rendite empfindlich. Zudem kann der Verwalter das Depot oftmals nicht mehr so breit streuen, wie es notwendig ist. Grundsätzlich werden die meisten Fonds ohne feste Laufzeit aufgelegt, dennoch gibt es für den Anbieter eine Art Notbremse. Das Investmentgesetz sieht die Möglichkeit vor, den Fonds zu schließen und aufzulösen. Voraussetzung ist allerdings, dass die Gesellschaft dies gegenüber ihren Kunden rechtzeitig ankündigt: bei Fonds, die vor dem 1. Januar 2004 aufgelegt wurden, mit einer Frist von drei Monaten, für Fonds neueren Datums mit einem Vorlauf von 13 Monaten.

Was tun bei einer Fondsschließung?

Trotz der langen Frist: Die meisten Anleger werden durch eine Auflösung überrascht. Sie müssen sich in kurzer Zeit Gedanken über eine Umschichtung oder andere Anlage für ihr Geld machen. Doch das hat auch sein Positives. Meist ist ein radikaler Schnitt eine gute Gelegenheit, im Fondsdepot aufzuräumen. Mit dem Tausch in neue Fonds mit anderem Anlageschwerpunkt oder einer anderen Strategie kann der Anleger eine – unter Umständen notwendige – Kurskorrektur vollziehen. Welchen neuen Fonds dann wählen? Das hängt vom Einzelfall ab. Die Fondsgesellschaften sind verpflichtet, den kostenlosen Tausch in andere hauseigene Fonds anzubieten. Der Anleger sollte dieses Angebot jedoch nicht vorschnell annehmen, sondern zunächst prüfen, welche Fonds zur Auswahl stehen und wie es um deren Qualität steht (siehe Seite 105). Eventuell ist es besser, ganz die Gesellschaft zu wechseln, auch wenn der Kauf bei einem anderen Anbieter Kosten verursacht. Zudem sollte der Anleger beim neuen Fonds einen Blick auf das Volumen werfen. Diese Information lässt sich im Normalfall im Internet auf der Homepage des Anbieters finden. Faustregel: Das Fondsvolumen sollte höher als 10 Millionen Euro liegen. Dann ist die Gefahr gering, dass dem Anleger das Schicksal einer Schließung ein paar Monate später noch einmal widerfährt.

Doch seit die Kurse seit dem Frühjahr 2009 zum Teil deutlich gestiegen sind, hat sich das Bild wieder gewandelt: So ist der globale Aktienindex MSCI World per Ende 2013 in den vergangenen 15 Jahren um durchschnittlich 3,4 Prozent pro Jahr gestiegen. Der maximale Verlust in diesem Zeitraum lag bei 54,2 Prozent. Zum Vergleich: Der MSCI Germany, der die Wertentwicklung deutscher Aktien misst, ist parallel dazu um 4,3 Prozent pro Jahr gestiegen, der maximale Verlust betrug 67,9 Prozent. Auf Sicht von fünf Jahren hellt sich das Bild aber ganz deutlich auf. So kommt der MSCI World in dieser Periode auf eine Rendite von 14,3 Prozent pro Jahr, das deutsche Gegenstück sogar auf 15,4 Prozent. Und der maximale Verlust lag lediglich bei 15,4 beziehungsweise 26,7 Prozent.

Diese imposante Aufwärtsentwicklung zeigt: Für schlechte Börsenzeiten gilt gottlob das Gleiche wie für gute. Kein Trend währt ewig. Die Wahrscheinlichkeit, dass auch die zukünftigen zehn oder zwanzig Börsenjahre ähnlich turbulent für die Anleger verlaufen, ist vergleichsweise gering. Dann können Fonds wieder besser ihre Stärken ausspielen, denn die Aktienbörsen gelten als ihre eigentliche Domäne, weil sie die Möglichkeit bieten, mit einer Vielzahl von Strategien und Konzepten zum Erfolg zu kommen.

Aktienfonds legen ihr Geld in den verschiedensten Märkten und Branchen rund um den Globus an (siehe nachfolgendes Kapitel). Durch den Kauf von 50, 100 oder noch mehr (Index-)Titeln aus verschiedenen Währungsräumen stellt der Manager ein Depot zusammen, dessen Mischung eine gute Balance von Sicherheit und Risikofreude verspricht. Der Effekt dieser gezielten Streuung auf viele Anlageformen, Titel, Märkte und Währungen wird in der Fachsprache Diversifikation genannt. Ziel ist eine Vermögensstruktur, bei der im Idealfall die Risiken, also die Kursschwankungen, der einzelnen Positionen untereinander ausgeglichen werden. Geht das Konzept auf, schwankt der Wert des Fondsdepots, und damit des einzelnen Fondsanteils, weit weniger als die jeweiligen Kurse der im Fonds enthaltenen Aktien, ohne dass der Anleger deswegen Abstriche bei der Rendite in Kauf nehmen muss.

Die Rendite von Aktienfonds

Das Anlageergebnis eines Aktienfonds ist in erster Linie davon abhängig, wie sich die jeweiligen Aktienbörsen, in die der Fonds investiert, entwickeln. Da die Kurse von Aktien von einem auf den anderen Tag mehr oder weniger stark schwanken, fallen auch die Anlageergebnisse entsprechend „unregelmäßig" aus. Nimmt man einmal das Kalenderjahr als Maßstab, sind zweistellige prozentuale Kursgewinne in guten Zeiten keine Seltenheit. Darauf folgen aber nicht selten „Dürreperioden" mit mehr oder weniger ausgeprägten Verlusten. In dieser Zeitspanne schaffen es auch aktiv gemanagte Fonds erfahrungsgemäß nur in Einzelfällen, ihren Anlegern gegen den allgemeinen Trend und über einen längeren Zeitraum hinweg ein Plus zu bescheren.

INFO **Zertifikate: Anlageform mit Tücken**

Neben Fonds gibt es für Anleger noch einige andere Möglichkeiten, mit denen sie in die Finanzmärkte, vor allem aber in Aktien investieren können. Ein wahrer Verkaufsschlager waren lange Zeit Zertifikate. Diese vergleichsweise junge Anlageform schickte sich zeitweise sogar an, zu einer ernsthaften Konkurrenz für Fonds zu werden. Der generelle Charme von Zertifikaten liegt in ihren vielfältigen Anlagemöglichkeiten. So bieten zum Beispiel einige dieser Papiere die Aussicht, auch dann eine gute Rendite zu erzielen, wenn die Kurse am Aktienmarkt auf der Stelle treten, mit anderen können Anleger dagegen gezielt auf sinkende Kurse setzen. Zertifikate haben allerdings auch eine Reihe von speziellen Nachteilen gegenüber Fonds:

- **Bonitätsrisiko.** Ein ganz erheblicher Nachteil von Zertifikaten ist die Tatsache, dass bei ihnen neben dem Anlagerisiko auch ein Bonitätsrisiko besteht. Rein rechtlich zählen sie nämlich als Anleihe (siehe Seite 61), also eine Schuldverschreibung desjenigen, der sie ausgibt – in der Regel ist das eine Bank. Bis Herbst 2008 schenkten Anleger diesem Punkt wenig Beachtung, denn meist handelte es sich dabei um Geldhäuser mit erstklassigem Ruf. Mit der Pleite des US-Instituts Lehman Brothers wurde den Anlegern jedoch schlagartig bewusst, dass die Bonität des Herausgebers enorm wichtig ist bei der Auswahl eines Papiers. Denn wenn das Institut in finanzielle Schwierigkeiten gerät, wird die Rückzahlung des Zertifikats zum Roulettespiel – was für die Anleger im Fall der Lehman-Papiere mit einem Totalverlust endete.
- **Modifizierte Wetten.** Anders als Fondsanteile verbriefen Zertifikate kein konkretes Vermögensrecht. Sie sind eine Art modifizierte Wette auf die Kurs-

entwicklung anderer Anlageobjekte – Basisinstrument genannt. Geht die Wette auf, bekommt der Anleger am Fälligkeitstag des Papiers einen bestimmten Betrag in bar ausgezahlt, mitunter bekommt er aber auch das Anlageobjekt, auf das sich das Zertifikat bezieht, ausgeliefert – beispielsweise eine Aktie. Mit Zertifikaten investiert der Anleger sein Geld also häufig alles andere als breit gestreut.

■ Breites Spektrum. Es gibt unterschiedliche Typen von Zertifikaten. Mit Indexzertifikaten zum Beispiel nehmen Anleger – genauso wie mit Indexfonds (siehe Seite 46) – an der Wertentwicklung eines bestimmten Börsenbarometers teil. Für pessimistische Anleger gibt es sogar eine Sondervariante, die genau spiegelverkehrt die Indexentwicklung nachzeichnet: Fallen die Kurse, steigt der Wert des Indexzertifikats – und umgekehrt. Strategiezertifikate beziehen sich auf einen Korb von Aktien, der ähnlich wie bei einem herkömmlichen Aktienfonds nach bestimmten Kriterien zusammengestellt und verwaltet wird. Und Bonuspapiere bieten Anlegern die Chance auf eine hohe Auszahlung bei Fälligkeit des Papiers, wenn bis dahin der Kurs des Basisinstruments einen bestimmten Schwellenwert nicht unterschreitet.

Das Anlagekonzept von Fonds ist dagegen vergleichsweise eindimensional. Von Ausnahmen abgesehen, setzt der Anleger mit den meisten Fonds auf steigende Kurse.

■ Undurchsichtige Konstruktionen. Nicht nur die Anlagemöglichkeiten, sondern auch das Angebot bei Zertifikaten ist gewaltig. Weit über 1 Million Zertifikate mit unterschiedlichen Laufzeiten, Basisinstrumenten, Namen und Anlagekonzepten machen es Anlegern schwer, wenn nicht gar unmöglich, den Überblick zu behalten. Angesichts zum Teil sehr verwinkelter Konstruktionen und individueller Ausstattungsmerkmale riskieren sie, wichtige Details zu übersehen, was in der Endabrechnung zu teuren Missverständnissen führen kann. Häufig können nicht einmal Fachleute die komplizierten Produkte erklären.

Zertifikate scheinen zudem auf den ersten Blick deutlich kostengünstiger zu sein als Fonds. Doch auch hier lauert die Tücke im Detail. So müssen etwa die Käufer von Bonuspapieren häufig auf die Dividenden verzichten, die der Basiswert während der Laufzeit ausschüttet.

Zwar ist auch bei Fonds die Auswahl nicht gerade klein. Dennoch ist es möglich, einen passenden Fonds zu finden, auch weil das eigentliche Anlagekonzept anders als bei vielen Zertifikaten ebenfalls für Einsteiger vergleichsweise leicht durchschaubar ist.

RENTENFONDS: SOLIDE KLASSIKER

Rentenfonds gelten als die Klassiker und gleichzeitig als sehr solides Fondsinvestment, denn die meisten Rentenfonds investieren die Kundengelder zu einem großen Teil in sichere Zinsanlagen. Dazu gehören zum Beispiel Staatsanleihen großer Industriestaaten, Pfandbriefe und Anleihen großer Unternehmen – kurzum: Herausgeber, deren Zahlungsfähigkeit erstklassig oder zumindest zweifelsfrei ist und deren Anleihen daher sehr sicher sind. Auch Rentenfonds gibt es als aktiv gemanagte Fonds sowie als Indexfonds (ETFs).

DAS BEISPIEL GRIECHENLAND MAHNT ZUR VORSICHT

Die drohende Zahlungsunfähigkeit einer Handvoll europäischer Staaten, allen voran Griechenland in den Jahren 2010 und 2011, hat zwar gezeigt, dass auch vermeintlich solvente Staaten finanziell ins Schlingern geraten können. Dennoch sollte dabei nicht vergessen werden, dass auch Rentenfonds ihre Gelder auf unterschiedliche Herausgeber von Anleihen breit streuen. Kann einer oder können gar mehrere davon den finanziellen Verpflichtungen nicht nachkommen, sodass Zinszahlungen ausfallen und womöglich die Anleihe am Ende der Laufzeit nicht zurückgezahlt wird, ist der Schaden und damit das Verlustrisiko für den Anleger ähnlich wie bei einem Aktienfonds vergleichsweise gering.

Was sind Anleihen?

Vom Grundsatz her schließt der Anleger beim Kauf einer Anleihe genau das gleiche Geschäft ab wie bei einer Einzahlung auf sein Sparkonto: Er leiht dem Herausgeber der Anleihe, einer Bank, einem Unternehmen oder einem Staat, Geld. Der Herausgeber, auch Emittent genannt, zahlt das geliehene Kapital zu einem bestimmten Zeitpunkt und mit einem festgelegten Zinssatz wieder zurück; deshalb wird diese Art des Wertpapiers auch festverzinsliches Wertpapier genannt. Üblich sind jedoch auch Bezeichnungen wie Schuldverschreibung, Obligation, der aus dem Angelsächsischen entliehene Begriff Bond und der Name Rentenpapier, kurz Rente.

Jede Anleihe besitzt eine Reihe charakteristischer Eigenschaften:

- Nennwert: Er gibt den Geldbetrag an, der laufend verzinst wird und den der Anleger am Ende der Laufzeit nebst Zinsen zurückerhält. Zum Nennwert untrennbar dazu gehört auch die Währung, zum Beispiel 1000 Euro.
- Laufzeit: Anleihen haben – im Gegensatz zu Aktien – feste Laufzeiten. Zur besseren Orientierung werden sie nach diesen Laufzeiten unterteilt. Anleihen mit weniger als drei Jahren Laufzeit bezeichnet man als Kurzläufer, die Spanne von drei bis sieben Jahren gilt als Zeitraum für mittelfristige Papiere; danach beginnen

die Langläufer, deren Laufzeit bis zu 30 Jahre betragen kann.

- Verzinsung: Klar geregelt ist auch, wann und in welchem Rhythmus der Anleger Zinsen bekommt. Der Zinssatz (auch Kupon genannt) ist neben dem Kurs entscheidend für die Rendite, die der Anleger erzielt.
- Kurs: Ein Anleger kann eine Anleihe während der Laufzeit kaufen oder verkaufen. Für Anleihen werden, anders als für Aktien, keine absoluten Preise gezahlt, zum Beispiel 27,40 Euro pro Stück. Sie werden in Prozent ihres Nennwerts gehandelt. Ein Kurs von 100 Prozent heißt, dass der Käufer genau den Nennwert für eine Anleihe bezahlt. Ein Kurs von 99 Prozent bedeutet dann, dass ihn eine Anleihe im Nennwert von beispielsweise 1 000 Euro nur 990 Euro kostet. Folglich erzielt er bei der Einlösung am Ende der Laufzeit einen kleinen Kursgewinn, was wiederum die Gesamtrendite positiv beeinflusst.

Im Gegensatz zu Aktien spielt für den Kurs einer Schuldverschreibung das Verhältnis von Angebot und Nachfrage kaum eine Rolle. Entscheidend für die Preisentwicklung eines Rentenpapiers ist in erster Linie die Veränderung des allgemeinen Zinsniveaus. Steigen die Marktzinsen, geht es mit den Anleihekursen auf breiter Front bergab. Umgekehrt legen sie zu, wenn das allgemeine Zinsniveau sinkt. Dieser Zusammenhang erscheint vielen Börsenneulingen zunächst unlogisch, lässt sich aber leicht erklären: Angenommen, die allgemeinen Marktzinsen steigen, dann werden die neuen Anleihen zu einem höheren Nominalzins herausgegeben als die an der Börse bereits gehandelten. Da aber der nominelle Zinssatz der bereits laufenden Papiere feststeht und nicht – um beim Beispiel zu bleiben – ebenso nach oben angepasst werden kann, gibt es keine andere Möglichkeit, als über einen niedrigeren Preis der neuen Marktlage Rechnung zu tragen. Sonst würde sich kein Abnehmer mehr für die bereits herausgegebenen Papiere finden. Umgekehrt würde bei sinkenden Zinsen kaum ein Anleger seine Papiere verkaufen wollen, da er für den Zinsvorteil, den seine Anleihe bietet, nicht entschädigt wird.

Die Folge: Wer seine Anleihen vor dem Ende der Laufzeit an der Börse verkaufen möchte, geht das Risiko von Kursverlusten ein, auf der anderen Seite besteht die Chance von Kursgewinnen. Wer sie dagegen bis zum Ende der Laufzeit behält, braucht sich prinzipiell nicht um den Kurs zu kümmern: Er erhält den Nennwert der Anleihe zurück.

Die Risiken von Rentenfonds

Rentenfonds gelten zwar als vergleichsweise sicheres Investment. Doch das heißt nicht, dass sie – entgegen den Behauptungen so mancher Bankberater – vor Verlustrisiken gefeit sind. Die Rendite von Rentenfonds ergibt sich nämlich aus zwei Komponenten:

- aus den laufenden Zinserträgen der Anleihen und
- aus ihren Kursveränderungen.

Wie bereits erläutert, steigen die Kurse der Anleihen, wenn die allgemeinen Zinssätze fallen. Das war beispielsweise unter Schwankungen von Ende 2008 bis zum Jahr 2012 im Euroraum zu beobachten. Die Kurse der „alten", im Fondsdepot enthaltenen Anleihen werden dann höher verzinst als neu herausgegebene Papiere. Sie werden dadurch „wertvoller". Das macht sich auch im Anteilspreis des Fonds bemerkbar.

Beispiel: Die Durchschnittsverzinsung aller im Fonds enthaltenen Anleihen beträgt 5 Prozent, das Zinsniveau am Markt fällt jedoch auf 4 Prozent, dann liegt es auf der Hand, dass die Anleihen im Fondsdepot im Vergleich mehr wert sind. Umgekehrt heißt das, dass ein Rentenfondsanleger mit einer Schmälerung der Rendite rechnen muss, wenn die Zinssätze am Markt steigen. Fällt dieser Anstieg in kurzer Zeit besonders stark aus, kann das unter Umständen sogar dazu führen, dass ein Fonds in einem Jahr Verlust macht – auch wenn der Fonds nur in erstklassige Anleihen investiert. Allerdings ist das Verlustrisiko aufgrund von Marktzinsveränderungen weitaus geringer als das Kursrisiko bei Aktien. Zudem ist es auf den Einzelfall bezogen zeitlich begrenzt. Schließlich wird die Anleihe spätestens bei Fälligkeit wieder zu ihrem Nennwert, also zu 100 Prozent, zurückgezahlt. Bis dahin allerdings drückt die vergleichsweise niedrige laufende Verzinsung auf den Kurs des Fonds.

Auswahlkriterium Laufzeitstruktur

Wie sensibel ein Fonds auf Zinsschwankungen reagiert, hängt von der Laufzeitstruktur der im Fondsdepot enthaltenen Anleihen ab. Als Faustregel gilt: Der Anteilspreis reagiert umso heftiger auf das Auf und Ab der Marktzinsen, je länger die im Depot enthalten Anleihen (noch) laufen. Meist mischen die Fondsmanager Papiere mit unterschiedlichen Laufzeiten. Unter Berücksichtigung der einzelnen Anlagebeträge lässt sich jedoch eine durchschnittliche Restlaufzeit für das gesamte Anleihedepot errechnen.

Ein flexibel agierendes Management kann natürlich durch Umschichtungen die Laufzeitstruktur und den Investitionsgrad des Fonds ständig verändern – je nachdem, wie es den zukünftigen Zinstrend einschätzt. Rechnet es mit steigenden Zinsen, wird es die durchschnittliche Restlaufzeit herunterfahren. Umgekehrt nimmt der Manager bevorzugt Anleihen mit langer Laufzeit ins Depot, wenn er auf sinkende Renditen spekuliert. Allerdings gibt es auch Rentenfonds, die an einer starren Laufzeitstruktur festhalten, zum Beispiel indem es dem Manager quasi verboten ist, Anleihen mit weniger als drei Jahren Laufzeit zu kaufen. Umgekehrt gibt es Fonds, bei denen der Verwalter dazu verpflichtet ist, durch ständige Depotumschichtungen und den Ankauf von lang laufenden Papieren die Restlaufzeit hochzuhalten (mehr dazu siehe Seite 97).

Rentenfonds mit Währungspapieren

Neben dem Zins- und Emittentenrisiko lauert bei Rentenfonds mitunter noch ein Währungsrisiko. Einige Fonds aus dieser Gruppe nutzen nämlich nicht nur die Renditechancen am heimischen Kapitalmarkt. Sie wagen auch den Sprung über die (Währungs-)Grenze und legen ihre Gelder an den Kapitalmärkten außerhalb der Eurozone an, um sich dort höhere Renditen zu sichern als vor der eigenen Haustüre. Mit speziellen Währungsfonds kann der Anleger sogar gezielt in eine einzelne Währung investieren. Statt Anleihen aus unterschiedlichen Währungsräumen zu mischen, kaufen diese Fonds ausschließlich Papiere einer Währung.

Die Risiken von Währungsanlagen

Der Haken von Währungsanlagen ist: Ein mögliches Zinsplus droht durch eine gegenläufige Währungskursentwicklung gemindert oder gar aufgezehrt zu werden. Und wenn der Euro nach dem Einstieg gegenüber der Anlagewährung deutlich an Wert gewinnt, kann der Sprung über die Währungsgrenze für den Anleger sogar schnell mit einem erheblichen Verlust enden. Ein Beispiel: Von Januar 2009 bis Jahresende 2009 stieg der Euro gegenüber dem US-Dollar von rund 1,25 auf 1,50 Dollar. Für Anleger aus dem Euroraum bedeutete das unter dem Strich eine Dollarabwertung – und damit einen dicken Verlust – von knapp 17 Prozent, die wiederum durch das vergleichsweise geringe Zinsplus von ungefähr einem Prozentpunkt bei Weitem nicht ausgeglichen wurde. Aber auch der umgekehrte Fall ist möglich. Zwischen Ende 2009 und Sommer 2010 legte die US-Währung gegenüber dem Euro zu. Die Folge: Für Anleger aus dem Euroraum, die in dieser Zeit Dollar-Papiere gehalten haben, brachte allein die Wechselkursentwicklung ein Plus von rund 15 Prozent.

Anders als bei Aktienfonds senkt bei Rentenfonds eine breite Streuung auf viele verschiedene Währungen nicht die Gefahr, ein Minus zu machen. Steigt gleichzeitig auch noch das Marktzinsniveau, kommt parallel zu einem Währungsverlust auch noch ein Kursverlust bei den Anleihen hinzu. Dagegen sorgen sinkende Zinsen für Auftrieb bei den Anleihekursen (siehe Seite 62), was den Gesamtertrag verbessert.

Was die Einschätzung dieses Wechselspiels aus Zinsen und Währungsentwicklung so kompliziert macht, ist die Tatsache, dass beide Größen ein Eigenleben führen. Vordergründig erscheint es plausibel, dass steigende Zinsen zwangsläufig auch einen steigenden Devisenkurs nach sich ziehen, denn höhere Renditen machen eine Währung für Anleger attraktiver, was die Nachfrage beflügeln sollte. Das stimmt zum Teil. Doch in der Praxis gibt es auch Perioden, in denen sich beide Größen entgegengesetzt entwickeln.

Dazu kommt speziell beim Kauf einer Währungsanleihe das Problem, dass das Papier zu einem festen Termin zurückgezahlt und das Kapital dann in Euro gewechselt wird. Der Anleger muss sich bei einer negativen Währungskursentwicklung also unter Umständen überlegen, sein Geld zu diesem Termin wieder neu in Anleihen der entsprechenden Fremdwährung anzulegen, um zu vermeiden, dass der Wechselkursverlust effektiv realisiert wird.

Fazit: Alles in allem sind Währungsfonds sehr spekulativ und daher für die meisten Kleinanleger eher ungeeignet.

MISCHFONDS: VON BEIDEM ETWAS

Warum, so mag sich der eine oder andere Leser nach den beiden vorangegangenen Abschnitten fragen, muss ich mich eigentlich bei der Auswahl für Aktien- oder Rentenfonds entscheiden? Warum gibt es nicht angesichts Tausender Fonds eine Art Zwei-in-eins-Lösung? Tatsächlich gibt es solche Fonds, die beide Anlageformen unter einen Hut bringen: Mischfonds. Dieser Fondstyp greift den Ursprungsgedanken eines Investmentfonds am stärksten auf, denn bei Mischfonds kann der Fondsmanager entscheiden, ob er gerade mehr auf Aktien, Währungen oder sichere Zinspapiere setzt – je nachdem, wie er die jeweilige Situation an den weltweiten Kapitalmärkten einschätzt. Und nicht nur das: Seit ein paar Jahren erlaubt der deutsche Gesetzgeber auch Mischfonds, die einen Teil ihres Geldes in Immobilien und/oder offenen Immobilienfonds (siehe Seite 71) anlegen. Ein solcher Fonds hat im Idealfall theoretisch den Charakter einer kompletten Vermögensverwaltung auf Fondsbasis. Der Anleger muss sich nur Gedanken darüber machen, welches Risiko er eingehen möchte und wie viel und wie lange er sein Geld anlegen möchte – den Rest erledigt das Fondsmanagement für ihn.

Starres Korsett für Fondsverwalter

Wenn ein Anleger beispielsweise nur einen einzigen Fonds kaufen kann oder will, so hat er bei Mischfonds dennoch die Möglichkeit, ein Anlagekonzept zu wählen, das auf seine persönliche Risikoneigung zugeschnitten ist. Denn viele Fondsgesellschaften bieten ihre Mischprodukte in unterschiedlichen Ausprägungen an: Offensive Mischfonds bieten höhere Anlagechancen, da sie im Einzelfall mehr als 50 Prozent des Fondsvermögens am Aktienmarkt investieren können. Sie besitzen allerdings auch ein größeres Risiko, da Aktien stärker schwanken; defensive Mischungen haben ein vergleichsweise geringes, eher rentenähnliches Risiko, denn sie investieren den überwiegenden Teil ihres Geldes in Anleihen. Bei ausgewogenen Mischfonds halten sich die Anteile beider Anlageformen in etwa die Waage.

In der Anlagepraxis bedeutet dies, dass bei den meisten Fonds festgelegt ist, wie hoch der Aktien- beziehungsweise Anleiheanteil maximal sein darf. Der Fondsverwalter kann also nicht nach Belieben schalten und walten und so viele Anleihen oder Aktien kaufen, wie er aufgrund der aktuellen Börsensituation für sinnvoll hält. Er muss sich stattdessen an die zum Teil sehr strikten Vorgaben halten, die im Prospekt (siehe Seite 15) stehen. Häufig ist darin zusätzlich auch noch festgelegt, dass ein Fonds immer einen bestimmten Mindestanteil Aktien beziehungsweise Anleihen enthalten muss, den der Manager nicht unterschreiten darf. Dadurch wird auf der einen Seite sein Spielraum weiter eingegrenzt. Auf der anderen Seite wird so verhindert, dass der Anleger einen Fonds kauft, bei dem er überhaupt nicht weiß, welche Anlagerisiken er damit eingeht. Denn es ist ein Unterschied, ob ein Mischfonds zum Beispiel maximal 20 oder etwa 90 bis 100 Prozent Aktien im Depot halten darf. Schließlich ist nicht ausgeschlossen, dass der Fondsmanager die Börsensituation vollkommen falsch ein-

MISCHFONDS (OFFENSIV, SCHWERPUNKT AKTIEN)

↗ **Renditechance**

↘ **Sicherheit**

Anlageziel: langfristige Geldanlage

Fondscharakter: Basisfonds

Geeignet für: Risikofreudige Anleger, die eine universelle und relativ bequeme Fondsanlage aus einer Hand suchen.

(Bewertungskriterien dazu siehe Seite 184.)

MISCHFONDS (DEFENSIV, SCHWERPUNKT RENTEN)

↘ **Renditechance**

↗ **Sicherheit**

Anlageziel: mittel- bis langfristige Geldanlage

Fondscharakter: Basisfonds

Geeignet für: Sicherheitsorientierte Anleger, die eine universelle und relativ bequeme Fondsanlage aus einer Hand suchen.

(Bewertungskriterien dazu siehe Seite 184.)

schätzt, oder er legt das Geld seiner Kunden unter Umständen viel spekulativer an, als ihnen lieb ist.

Fondstyp in verschiedenen Varianten

Angesichts des starren Anlagekorsetts verwundert es kaum, dass in Sachen Rendite in der Vergangenheit mal die eine und dann wieder die andere Variante vorne lag – je nachdem, ob in diesem Zeitraum an den Börsen eher Aktien oder Anleihen besonders gut liefen.

MISCHFONDS (AUSGEWOGEN)

➔ **Renditechance**

➔ **Sicherheit**

Anlageziel: mittel- bis langfristige Geldanlage

Fondscharakter: Basisfonds

Geeignet für: Anleger mit ausgewogener Risikoneigung, die eine relativ bequeme und universelle Fondsanlage aus einer Hand suchen.

(Bewertungskriterien dazu siehe Seite 184.)

Ein generelles Problem ist jedoch: Viele offensive Mischfonds schaffen es nicht, in guten Aktienjahren „Dellen" der Vergangenheit auszubügeln, während die meisten Fonds in der defensiven Variante ein ungünstigeres Chance-Risiko-Profil haben als lupenreine Euro-Rentenfonds (siehe Seite 95). Ein Grund dafür ist, dass das Umschichten und Wechseln zwischen den einzelnen Anlageformen und Märkten Geld kostet, was die Rendite schmälert. Dazu kommt das vielfach zyklische Anlageverhalten der Fondsmanager. Das heißt, sie verwalten das Fondsdepot häufig so, dass es das Auf und Ab an den Börsen in vollem Umfang mitmacht.

Mischfonds bieten allerdings auch einen Vorteil: Sie sind eine sehr einfache und bequeme Möglichkeit, auch kleine Beträge über verschiedene Anlageformen breit gestreut anzulegen. Und sie sind eine überlegenswerte Alternative für diejenigen Anleger, die zwar eine rentable Geldanlage suchen, sich aber nicht die Mühe machen wollen, ein gut sortiertes Fondsdepot zusammenzustellen. Dieser Service hat aber letztendlich seinen Preis. Denn: An der Börse gibt es keine Geschenke.

„GRÜNE" GELDANLAGE MIT FONDS

Für immer mehr Menschen spielen bei der Auswahl einer Geldanlage neben den Renditeaussichten und der Wahrscheinlichkeit von Verlusten auch soziale sowie ökologische Gesichtspunkte eine große Rolle. Mittlerweile werden die beiden Kriterien „ethisch" und „ökologisch" auch unter der Bezeichnung „nachhaltige Geldanlagen" zusammengefasst. Im angelsächsischen Raum hat sich der Oberbegriff Socially Responsible Investments (SRI) eingebürgert. Dieser Begriff wird vom europäischen Dachverband der Anbieter solcher Geldanlagen, EUROSIF, definiert als Investments, bei denen neben finanziellen auch ethische, soziale und ökologische Zielsetzungen verfolgt werden.

Der Begriff der Nachhaltigkeit ist aus der Forstwirtschaft entliehen. Damit ist gemeint, dass ein Forstwirt, der dauerhaft von seiner Arbeit leben will, in einem Jahr immer nur so viele Bäume schlagen und vermarkten darf, wie er gleichzeitig neu anpflanzt. Anderenfalls drohen ihm in zehn oder zwanzig Jahren empfindliche Einnahmeeinbußen.

Die Schwierigkeit ist allerdings, dass „nachhaltig", „ökologisch" und „ethisch" keine allgemeingültig definierten und abgegrenzten Begriffe sind. Darunter versteht letztlich jeder Anleger etwas anderes. Für den einen reicht es bereits, dass ein Unternehmen seine Produktion so weit wie möglich ökologisch gestaltet, andere wiederum lehnen nicht nur Unternehmen kategorisch ab, die Rüstungsgüter, Kernkraftwerke oder Tabakprodukte produzieren. Sie ziehen ihre Grenze sehr viel enger, etwa indem auch Zulieferer dieser Unternehmen oder Banken, die Kredite an solche Firmen vergeben, nicht für ein Investment akzeptabel sind.

Damit stellt sich die Frage, welche Vorgehensweise bei der Suche nach einer ökologisch korrekten Anlage sinnvoll oder empfehlenswert ist. Klar ist: Wer einzelne Aktien kauft, ist besonders gefordert, sorgfältig auszuwählen. Als Aktionär wird man Miteigentümer eines Unternehmens und ist so mitverantwortlich dafür, wie die „eigene" Firma wirtschaftet. Aber auch Zinsanleger müssen sich fragen, was mit dem Geld geschieht, das sie einem Unternehmen oder einer Bank leihen. Handelt es sich womöglich um eine Firma, die in Entwicklungsländern unter miserablen Arbeitsbedingungen fertigen lässt, oder dient das Geld dazu, ein Rüstungsgeschäft mitzufinanzieren?

Bei einem ethisch-ökologischen Fondsinvestment gibt es diese Probleme bei der Titelwahl so nicht. Hier kümmert sich das Fondsmanagement um die Auswahl der passenden Unternehmen. Das Nachhaltigkeitsresearch erfolgt dabei entweder hausintern oder, was meistens der Fall ist, von darauf spezialisierten Ratingagenturen wie imug oder oekom.

Die Fonds unterscheiden sich allerdings danach, welche ethisch-ökologi-

schen Kriterien sie bei der Auswahl der Titel überhaupt berücksichtigen. Der Anleger ist also vor dem Kauf eines nachhaltig orientierten Fonds gefordert, sich zu überlegen, welches Konzept seinen persönlichen Vorstellungen am ehesten entspricht. Dabei gibt es vereinfacht gesagt zwei Ansätze, nach denen dieser Auswahlprozess abläuft.

1. Der Best-in-Class-Ansatz: Fonds, die diesem Ansatz folgen, schließen nicht von vornherein bestimmte Branchen wie die Automobilindustrie oder Ölfirmen aus. Aber sie investieren die Kundengelder nur in diejenigen Aktien beziehungsweise Anleihen, deren Herausgeber innerhalb ihrer Branche zu den Vorreitern in Sachen nachhaltiges Wirtschaften gehören. Nach dieser Systematik kann es zum Beispiel vorkommen, dass ein Energieversorger im Fondsdepot landet, obwohl das Unternehmen sowohl Atom- als auch Kohlekraftwerke betreibt, die als ökologisch bedenklich gelten. Vorteil dieses Ansatzes ist, dass er die Unternehmen der jeweiligen Branche in einen Wettbewerb um mehr Nachhaltigkeit zwingt. Nachteil: Auch Unternehmen aus Branchen, die nicht als nachhaltig gelten, finden Eingang ins Fondsdepot. Ähnlich wie bei herkömmlichen Aktienfonds setzen einige Nachhaltigkeitsfonds dabei eher auf große Konzerne und Institutionen, andere wiederum eher auf Pioniere, also Papiere meist kleinerer, innovativer Unternehmen, die zum Beispiel umwelt- und sozialverträgliche Technologien entwickeln.

2. Positiv- und Negativkriterien: Der andere Ansatz besteht darin, dass bestimmte Branchen von vornherein ausgeschlossen werden. Dazu zählen Rüstungskonzerne, die Atomindustrie oder der Bergbau. Zudem kommt ein Unternehmen nur dann für ein Investment infrage, wenn es bestimmte Nachhaltigkeitsstandards – zum Beispiel faire Handelspraktiken, Nutzung regenerativer Energien in der Produktion etc. –, einhält. Mitunter werden auch spezielle Umwelttechnologiefonds zur Gruppe der Nachhaltigkeitsfonds gezählt. Diese Fondskonzepte sind jedoch streng genommen von ihrer Ausrichtung her oftmals als Branchenfonds (siehe Seite 90) einzustufen und daher entsprechend riskant. Denn sie investieren in Unternehmen, die zum Beispiel Anlagen zur Abwasseraufbereitung oder Windkraftnutzung bauen.

Diese grobe Einteilung zeigt bereits: Der Kosmos der Nachhaltigkeitsfonds ist bunt, und das zahlenmäßige Angebot an Fonds, die ihr Geld nach Nachhaltigkeitskriterien anlegen, ist in den vergangenen Jahren deutlich gewachsen – obwohl es gemessen an der Zahl konventioneller Fonds immer noch vergleichsweise gering ausfällt. Das heißt aber nicht, dass es von vornherein unmöglich wäre, sein Geld mit „gutem Gewissen" in Fonds anzulegen und dabei die Grundregeln eines systematischen Vermögensaufbaus einzuhalten. Auch für „Nachhaltigkeitssparer" gilt es, verschiedene „grüne" Fonds zu kombinieren und so den richtigen Depot-Mix zu finden, der die Chance auf eine gute, aber gleichwohl „saubere" Rendite bietet. Das ist durchaus möglich, denn selbst wenn Aktienfonds unter den Fonds, die nachhaltige Investmentstrategien verfolgen, dominieren, so finden sich auch einige Misch- und Rentenfonds in diesem Feld. Auch ethisch-ökologisch orientierte Fondsanleger können also die im letzten Abschnitt dieses Buchs vorgestellten Anlagestrategien (siehe Seite 147) als Anregung für eine Umsetzung ihrer Ideen nutzen.

INFO **Öko-Indizes im Netz**

- Dow-Jones-Sustainability-Indizes: www. sustainability-indices.com
- FTSE-4-Good-Index: www.ftse. com/Indices/ FTSE4Good_Index_Series
- Öko-Dax: www.dax-indices.com
- Naturaktienindex: www.nai-index. de

SPEZIELLE FONDSSTRATEGIEN

Aktien- und Rentenfonds bilden das Grundgerüst der Fondsanlage. Darüber hinaus gibt es jedoch noch weitere Fondstypen, die ihr Geld in andere Anlageklassen und -formen investieren. Zudem ist das Feld der beiden großen Haupt-Fondsgruppen groß. Es gibt daher sowohl bei Aktien- als auch bei Rentenfonds Dutzende Untergruppen, die mit zum Teil sehr speziellen Konzepten versuchen, Chancen und Risiken auszutarieren. Für den Anleger ergeben sich daraus zweifellos Chancen, das große Angebot erschwert aber gleichzeitig auch die Orientierung für ihn und oft taucht die Frage auf, was davon überhaupt sinnvoll ist und wovon man lieber die Finger lässt. Für den Vermögensaufbau sind viele dieser Fondstypen kaum geeignet. Andere wiederum kommen prinzipiell als Ergänzung infrage – vorausgesetzt, der Anleger hat bereits einen größeren Kapitalstock angespart. Der nachfolgende Abschnitt verschafft einen Überblick.

Offene Immobilienfonds

Neben Aktien- und Rentenfonds gehörten offene Immobilienfonds lange Zeit zu den Klassikern unter den verschiedenen Fondsgruppen. Ihr Reiz besteht darin, dass sich die Anleger mit ihnen an Grundstücken und Gebäuden beteiligen können – auch dann, wenn ihnen das notwendige Kapital für den direkten Erwerb einer Immobilie fehlt. Immobilienfonds investieren vorzugsweise in erstklassigen Innenstadtlagen – deutschland-, europa- oder weltweit – und konzentrieren sich dabei auf gewerbliche Objekte wie Bürohäuser und Einkaufszentren, mitunter auch Lagerhallen. Privat vermietete Mehrfamilienhäuser spielen hingegen keine Rolle.

Der generelle Pluspunkt von offenen Immobilienfonds ist, dass der Anleger mit ihnen am langfristigen Wertzuwachs von Grundvermögen teilnimmt, gleichzeitig bleibt er aber flüssig, denn seine Anteile kann er theoretisch jederzeit zurückgeben. Das heißt allerdings nicht, dass Immobilienfonds eine kurzfristige Anlageform sind. Aufgrund der hohen Gebühren beim Kauf und der laufenden Kosten (siehe Seite 120) sollte der Anleger allein unter diesem Gesichtspunkt seine Anteile mindestens fünf Jahre halten, um auf eine akzeptable Rendite zu kommen.

Die Manager offener Immobilienfonds hat das permanente Wechselspiel aus laufenden Zu- und Abflüssen in der Vergangenheit jedoch regelmäßig vor Herausforderungen gestellt. So hat es Phasen gegeben, in denen hohe Mittelzuflüsse zu einer Art Anlagenotstand geführt haben. Schließlich müssen neue hochwertige und rentable Objekte, in die dieses frische Kapital investiert werden kann, erst gefunden werden. Bis dahin „parkt" der Fondsmanager das Geld in festverzinslichen Wertpapieren. Ein Anteil festverzinslicher Wertpapiere von 30 Prozent und mehr am Gesamtvermögen ist in diesen Phasen bei offenen Immobilienfonds keine Seltenheit.

Umgekehrt lassen sich die Immobilien im Fondsbestand nicht von heute auf morgen zu Geld machen. Das ist in den vergangenen Jahren immer wieder zu einem Problem geworden. Denn mehrfach haben die Anleger ihre Anteile im großen Stil zurückgegeben und mussten ausgezahlt werden.

Das war auch auf dem Höhepunkt der Finanzkrise in den Jahren 2008 und 2009 der Fall. Damals hatten vor allem institutionelle Anleger wie etwa Pensionskassen und Versicherungen, die traditionell hohe Summen in Immobilienfonds anlegen, viele ihrer Anteile verkaufen wollen, um liquide zu sein und weitere Verluste zu vermeiden. Als den Fonds angesichts dieser Massenflucht die Barreserven auszugehen drohten, zogen sie die Notbremse und stellten die Rücknahme von Anteilen ein. Es kam in der Folge zu einer Schließungswelle, die zur kompletten Auflösung einer Reihe von Produkten führte. Krisenhafte Situationen hatte es allerdings auch schon vorher gegeben.

Ein weiterer Minuspunkt von Immobilienfonds ist, dass sie nur wenig transparent sind. Das beginnt damit, dass der Wert eines Fondsanteils nicht so leicht zu ermitteln ist wie bei einem Aktienfonds, für dessen Papiere täglich marktgerechte Kurse an der Börse festgestellt werden. Den Wert der Grundstücke und Gebäude im Fondsbestand legen unabhängige Gutachter in größeren Zeitabständen fest, meist einmal pro Jahr. Abwertungen und Wertberichtigungen auf Objekte im Bestand führen dann von einem auf den anderen Tag teils zu hohen Verlusten.

Zusätzlich verschärft wurde die Vertrauenskrise somit dadurch, dass die Fondsanbieter lange Jahre gemauert haben, wo sie nur konnten. Informationen, mit deren Hilfe sich Rückschlüsse auf Qualität und Marktwert des Immobilienbestands in „ihrem" Fonds hätten ziehen lassen können, suchten interessierte Anleger zum Beispiel im Jahresbericht des Fonds (siehe Seite 15) oftmals vergebens. Manche Anbieter schlüsseln noch nicht einmal die Zusammensetzung des Fondsdepots detailliert auf, weil sie befürchten, sie könnten Wettbewerbern auf diese Weise Hinweise auf lukrative Anlagemöglichkeiten liefern.

Aufgrund des Liquiditätsengpasses, in den viele Immobilienfonds nach dem Ausbruch der Finanzkrise geraten sind, hat der deutsche Gesetzgeber eine umfassende Reform der Immobilienfonds beschlossen. So wurden die Regeln, wann ein Fonds die Rücknahme von Anteilen stoppen kann und unter welchen Voraussetzungen er wieder geöffnet werden darf, überarbeitet. Zudem gelten seit 2013 für Anleger, die Immobilienfonds bereits im Bestand haben, ebenso Einschränkungen wie für Neueinsteiger. Für beide Gruppen gelten jedoch unterschiedliche Regeln – je nachdem, zu welchem Datum die Anteile gekauft wurden. Demnach müssen Anle-

OFFENE IMMOBILIENFONDS

↘ **Renditechance**

↗ **Sicherheit**

Anlageziel: mittel- bis langfristige Geldanlage

Fondscharakter: Beimischung

Geeignet für: Anleger, die ihrem Fondsdepot Immobilien beimischen möchten.
(Bewertungskriterien dazu siehe Seite 184.)

ger, die ihre Immobilienfonds nach dem 31. Dezember 2012 gekauft haben, eine Kündigungsfrist von zwölf Monaten einhalten. Darüber hinaus gilt für jeden Zukauf jeweils eine Ersthaltefrist von 24 Monaten. Wer seine Anteile vor dem Stichtag bereits im Depot hatte, für den ist lediglich die zwölfmonatige Kündigungsfrist verbindlich. Außerdem steht ihm ein Freibetrag zu. Er darf pro Kalenderhalbjahr 30 000 Euro abziehen. Dieser Freibetrag gilt als Ausnahme auch für diejenigen Anleger, die zwischen dem 1. Januar und dem 21. Juli 2013 eingestiegen sind.

Damit sind offene Immobilienfonds in ihrer Flexibilität gegenüber dem ursprünglichen Modell deutlich eingeschränkt worden.

INFO **Geschlossene Immobilienfonds: Riskante Geldanlage**

Der Immobilienmarkt gehört zum beliebtesten Tummelplatz für die Initiatoren geschlossener Fonds. Diese Fonds sind vom Konzept her ein Gegenentwurf zu offenen Publikumsfonds. Kleinanleger sollten daher von dieser Art der Geldanlage besser die Finger lassen, denn sie ist mit hohen Risiken behaftet.

Geschlossene Immobilienfonds erwerben im Unterschied zu offenen oft nur ein einziges Anlageobjekt. Das Konzept besteht darin, dass am Anfang eine Zweckgesellschaft gegründet wird, deren Anteile an die Anleger verkauft werden. Rechtlich gesehen werden die Anleger durch den Kauf der Gesellschaftsanteile zu (Mit-)Unternehmern, was oft mit steuerlichen Vorteilen verbunden ist. Sind alle Anteile platziert, wie es in der Fachsprache heißt, wird der Fonds geschlossen, daher der Name. Die Beteiligung endet häufig erst nach 15 bis 20 Jahren, wenn das Anlageobjekt wieder verkauft und damit zu Geld gemacht wird. Ein vorzeitiger Ausstieg ist meist nicht oder nur mit Verlust möglich, denn eine Rückgabe der Anteile an die Fondsgesellschaft ist während der Laufzeit nicht möglich. Der Anleger muss sich dann am freien Markt einen Käufer suchen. Und für den ist es zum Beispiel aus steuerlichen Gründen meist wenig lukrativ, während der Laufzeit einzusteigen. Außerdem haben Misswirtschaft und falsche Anlageentscheidungen in der Vergangenheit dazu geführt, dass einige geschlossene Fonds vor Ablauf der Mindesthaltefrist in finanzielle Schwierigkeiten geraten sind. Dazu reichte es manchmal schon, dass Mietzahlungen ausfielen. Es kann dann passieren, dass die betroffenen Anleger nicht nur ihr eingezahltes Geld verlieren, sondern verpflichtet sind, neues Kapital nachzuschießen. Dazu sind sie als (Mit-)Unternehmer in vielen Fällen verpflichtet

Dachfonds

Hinter dem Grundkonzept von Dachfonds steht prinzipiell ein guter Gedanke: Statt in Anleihen, Aktien oder Immobilien zu investieren, kauft ein Fonds ganz einfach andere Fonds, die auf „ihren" Feldern aufgrund guter Anlageergebnisse in der Vergangenheit brilliert haben – einen Fonds der Fonds sozusagen. Anleger, die einen Dachfonds kaufen, brauchen sich also keine Gedanken zu machen, wie sie ihr Geld auf die einzelnen Fondstypen beziehungsweise Anlageklassen verteilen. Diese Entscheidung nimmt ihnen der Dachfondsmanager ab. Daran wird deutlich, dass Dachfonds im Grunde nichts anderes sind als die spezielle Variante eines Mischfonds (siehe Seite 65), mit dem Unterschied, dass der Verwalter eines Dachfonds nicht direkt, sondern eben über entsprechende Fonds in die einzelnen Anlageklassen beziehungsweise -märkte investiert.

Auch für Dachfonds gilt die Regel, dass das Depot gut gestreut sein muss. Höchstens 10 Prozent seiner Mittel darf der Dachfondsmanager in einem Einzelfonds anlegen. Dachfonds gibt es in den gleichen Varianten wie Mischfonds: offensiv (mehr Aktienfonds), defensiv (mehr Rentenfonds) und ausgewogen. Dazu kommen Dachfonds, die ausschließlich in Aktien- oder Rentenfonds investieren. Mit der Auflage wird ein Mischungsverhältnis zum Beispiel zwischen Aktien- und Rentenfonds festgelegt, an dem sich der Manager orientieren muss – unabhängig davon, wie sich die Situation an den Börsen entwickelt.

Die durchwachsenen Anlageergebnisse zahlreicher Dachfonds in den vergangenen Jahren resultieren nicht allein aus den starken Schwankungen an vielen Börsen. Ein klares Manko dieser Fondsgruppe ist, dass viele Fonds überdurchschnittlich teuer sind. Laufende Verwaltungskosten von bis zu 5 Prozent pro Jahr (siehe Seite 122) sind keine Seltenheit. Der Grund: Zu den einmaligen und laufenden Kosten des Dachfonds kommen die Kosten derjenigen Fonds, die der Dachfondsmanager ins Depot nimmt.

Fremde oder nur eigene Produkte?

Ein weiterer Punkt, auf den die Anleger bei einem Dachfonds achten müssen, ist der Umfang des Anlagekosmos, aus dem der Fondsmanager die Einzelfonds auswählt. Nicht immer darf sich der Manager im gesamten Markt auf die Suche nach den besten Angeboten machen. In manchen Fällen kann er nur aus den Einzelfonds der eigenen Gesellschaft oder des eigenen Konzerns wählen. Dann besteht die große Gefahr, dass eben nicht nur Spitzenprodukte, sondern zwangsläufig auch weniger gute Fonds im Depot des Dachfonds landen. Allerdings sind die Kosten geringer, denn für eigene Fonds darf die Fondsgesellschaft nicht doppelt Gebühren erheben.

Trau schau wem: Vorsicht bei Exoten

Neben den auf den vorangegangenen Seiten ausführlich dargestellten Fondsgruppen gibt es zusätzlich eine Reihe von Produkten, die sehr spezielle, zum Teil sogar hochspekulative Investmentstrategien verfolgen. Teils sind sie bei Bankberatern beliebt und werden den Kunden gern angeboten.

Geldmarktfonds

Geldmarktfonds galten lange Zeit als flexible Alternative zu den kurzfristigen Tagesgeld- und Festgeldangeboten der Banken und Sparkassen. Bei ihnen legt der Fondsmanager das Geld überwiegend kurzfristig und schnell verfügbar als Bankguthaben sowie am Geldmarkt, auf dem kurzfristig fällige Anlagen gehandelt werden, an. Wegen der Anlagemillionen, die er im Rücken hat, kann er bei den Kreditinstituten sowie den anderen Handelspartnern bessere Zinskonditionen aushandeln, als es einem Privatanleger möglich wäre. Doch nachdem die Zinsen so stark zurückgegangen sind, ist dieser Vorteil auf einen Bruchteil eines Prozentpunktes zusammengeschmolzen, der durch die laufenden Kosten des Fonds (siehe Seite 122) nicht selten mehr als aufgezehrt wird. Folge: Mit guten Zinsangeboten der Banken für Tages- und Festgeld sind Anleger in den vergangenen Jahren in den meisten Fällen deutlich besser gefahren als mit Geldmarktfonds.

Der Ruf dieser Fondsgattung hat durch die Finanzkrise zudem stark gelitten. Denn die Manager einiger Geldmarktfonds hatten zuvor spezielle, sehr spekulative Papiere beigemischt oder Gelder bei Banken mit schlechter Bonität angelegt, um die Rendite ihres Fonds aufzupolieren. Bankpleiten und hohe Kursverluste bescherten einer Reihe von Geldmarktfonds gravierende Verluste, die sie angesichts der niedrigen Marktzinsen für sichere Anlagen wenn überhaupt erst in vielen Jahren wieder aufholen können.

Für Anleger, die auf Nummer sicher gehen wollen, sind Geldmarktfonds daher kaum geeignet. Sie sollten auf die Tages- und Festgeldangebote von Banken zurückgreifen, deren Einlagen durch eine Einlagensicherung geschützt sind.

Garantiefonds

Ein anderes Konzept verfolgen Garantiefonds. Mit ihnen versucht die Fondsbranche auch vorsichtige Anleger für ein Investment in Aktien zu begeistern. Die

Anbieter versprechen zumindest auf dem Papier eine gute Rendite und dennoch Schutz vor Verlusten. Das Konzept entspricht vom Typus her einem Mischfonds (siehe Seite 65): Nur ein bestimmter Teil des Geldes wird in Aktien investiert, der überwiegende Teil fließt in sichere Anleihen. Auf diese Weise kann der Anbieter ein Garantieversprechen abgeben. Die meisten Garantiefonds werden mit einer „einfachen" Kapitalgarantie angeboten: Der Anleger bekommt mindestens seinen Einsatz (nicht aber die Kaufkosten und eventuell gezahlte Provisionen) zurückgezahlt, wenn er den Fonds bis zu einem bestimmten Termin hält.

Will der Anleger vorzeitig verkaufen, muss er unter Umständen einen Verlust akzeptieren.

Andere Garantiefonds haben eine unbegrenzte Laufzeit und sichern erzielte Gewinne zwischenzeitlich ab, indem sie dem Anleger nach einer Gewinnphase unter bestimmten Bedingungen einen Mindestrücknahmepreis garantieren, der nachfolgend nicht mehr unterschritten wird, auch wenn die Börsenkurse wieder nachgeben. Solche „Verlustpuffer" hören sich für den Anleger zunächst gut an, doch die Tücke dieser Teil- oder Vollkaskoversicherung steckt im Detail: Garantien, Absicherungen und Schutznetze kosten schließlich Geld und damit wertvolle Renditepunkte. Geht es an den Börsen so wie zuletzt an den Aktienmärkten mehrere Jahre hintereinander bergauf, profitieren die Besitzer von Garantiefonds nur in wesentlich geringerem Maße davon als mit einem Aktienfonds.

Die Bilanz dieser Fonds fällt ernüchternd aus: Nach Berechnungen von Finanztest lohnen sich Garantiefonds nicht. Ihre Kosten sind zu hoch, und die Rendite ist schwach. Oft bringt Sparern ein zinsstarkes Festgeld mehr Ertrag als ein Garantiefonds.

Total-Return-Fonds

Auch Total-Return- und Absolut-Return-Fonds sind streng genommen nichts anderes als eine Art Weiterentwicklung der klassischen Mischfonds mit einem sehr breiten Anlagekonzept, das zusätzlich also auch Währungen, Immobilien, Rohstoffe und andere Investments umfasst. Ziel ist es, für die Anleger unabhängig von der allgemeinen Börsentendenz eine positive Rendite rauszuholen und gleichzeitig das Risiko zu begrenzen. Der Grundgedanke dabei ist, dass sich das Management eines Total-Return-Fonds zumindest vom Ansatz her sehr frei zwischen verschiedenen Anlageklassen und -formen hin und her bewegen kann. Auf diese Weise soll es die Möglichkeit haben, durch Umschichtungen für die Anleger auch dann positive Renditen zu erwirtschaften oder zumindest besser als der breite Markt abzuschneiden, wenn der Kurstrend an den Börsen nach unten zeigt.

Theoretisch klingt die Idee überzeugend. Doch in der Praxis sind viele Total- und Absolute-Return-Fonds ihren Anspruch schuldig geblieben. Obwohl beide

Typen inzwischen eine Reihe von Jahren auf dem Markt sind, haben sie ihren Anlegern oftmals nur sehr geringe Renditen, manchmal aber auch herbe Verluste beschert – nicht nur wegen der Turbulenzen an den Weltbörsen, sondern auch, weil der Wechsel zwischen den einzelnen Anlageklassen und der Einsatz von Absicherungsinstrumenten wertvolle Renditepunkte kosten.

Hedgefonds

Total- und Absolute-Return-Fonds sind genau genommen Varianten von Hedgefonds. Diesem Fondstyp eilte bis vor wenigen Jahren ein geradezu sagenumwobener Ruf voraus. Renditen von 20 Prozent pro Jahr galten als absolut üblich in der Branche, und Mindestanlagebeträge von einer Million Dollar und mehr sorgten dafür, dass lediglich ein exklusiver Kundenkreis Zugang zu dieser Anlageform hatte. In Deutschland sind Hedgefonds erst seit dem Jahr 2004 offiziell zum Verkauf zugelassen. Dabei dürfen nur Dach-Hedgefonds (siehe Seite 74) angeboten werden. Einen Einzel-Hedgefonds können sich interessierte Anleger nur über das Ausland besorgen, was allerdings oftmals mit steuerlichen Nachteilen (siehe Seite 142) verbunden ist, weil viele dieser Fonds aus exotischen Steuerparadiesen in der Karibik angeboten werden.

Der Name Hedgefonds ist angesichts der riskanten Anlagegeschäfte dieser Fonds eher verwirrend und missverständlich, denn als Hedge bezeichnen Finanzprofis ein Absicherungsgeschäft etwa über die Börse. Das heißt, für eine bestimmte Position im Depot wird eine zweite aufgebaut, deren Wert sich weitgehend gegenläufig zur ersten entwickelt, eine Art Versicherung also. Viele Hedgefonds legen ihr Geld aber äußerst spekulativ an. Deren Manager schließen vereinfacht gesagt Wetten auf alles ab, was an den Börsen gehandelt wird: Aktien, Anleihen, Metalle, Währungen, um die wichtigsten zu nennen – das alles ohne Netz und doppelten Boden. Darüber, wie genau sie ihre Gelder anlegen, hüllen sich die meisten Fonds in Schweigen. Klar ausgesprochen wird aber, dass die Verlustgefahr groß ist. Unter ungünstigen Umständen ist sogar der Totalverlust des eingesetzten Geldes möglich – und dies kommt erfahrungsgemäß recht häufig vor. Für Kleinanleger ist diese Fondsgruppe also nicht geeignet.

INFO Was ist eine Fondspolice?

Immer wieder werden Kunden Fondspolicen empfohlen. Es handelt sich dabei um Versicherungen, bei denen die Beiträge der Kunden in Fonds fließen. Es gibt fondsgebundene Kapitallebensversicherungen und fondsgebundene Rentenversicherungen.

- **Fondsgebundene Kapitallebensversicherung:** Kapitallebensversicherungen sollen eine Kombination aus Sparplan für die Altersvorsorge und Absicherung von Hinterbliebenen (Todesfallschutz) bieten. Der Sparer schließt zunächst einen Vertrag über eine bestimmte Versicherungssumme ab. Diese Summe ist garantiert und wird an die im Vertrag aufgeführten Personen ausgezahlt, sollte der Versicherungsnehmer während der Laufzeit des Vertrages versterben.

Andernfalls, im „Erlebensfall", erhält der Versicherungsnehmer am Ende der Vertragslaufzeit eine einmalige Kapitalauszahlung. Die Höhe dieser Auszahlung steht bei der fondsgebundenen Kapitallebensversicherung nicht fest, denn die Beiträge, die der Versicherungsnehmer monatlich zahlt, werden in Investmentfonds angelegt. Ausgezahlt wird das, was die Fonds erwirtschaftet haben, und das ist ungewiss. Abgezogen werden aber in jedem Fall die Kosten für die Verwaltung und die Absicherung der Hinterbliebenen – und die sind erheblich. Seit sie ihre Steuervorteile eingebüßt haben, sind Kapitallebensversicherungen daher weder in der klassischen noch in der fondsgebundenen Variante eine gute Lösung. Besser ist es, für die Absicherung der Hinterbliebenen eine Risikolebensversicherung abzuschließen und separat für das Alter vorzusorgen.

- **Fondsgebundene Rentenversicherungen:** Sie funktionieren ähnlich wie Kapitallebensversicherungen, besitzen aber keinen garantierten Todesfallschutz. Versicherungsnehmer erhalten eine lebenslange Rente, die sich unter anderem nach der Höhe des Fondsvermögens zu Beginn der Rentenphase richtet. Alternativ können sie sich das Geld auf einen Schlag auszahlen lassen (Kapitalwahlrecht). Als Hinterbliebenen-

schutz kann man zudem eine Rentengarantiezeit vereinbaren. Über diesen Zeitraum wird die Rente dann garantiert bezahlt, selbst wenn der Versicherungsnehmer vorher stirbt. Diese Garantie kostet natürlich zusätzlich Geld.
Fondsgebundene Rentenversicherungen haben den Vorteil, dass die Kunden aus einer breiten Palette von Fonds mit unterschiedlichen Anlageschwerpunkten wählen und dabei die monatliche Sparsumme sehr flexibel verteilen können. Auf diese Weise lässt sich das Geld gut auf verschiedene Anlageklassen (siehe Seite 24) streuen, wobei die Aufsplittung der Sparraten nicht selten kostenlos geändert und damit an die eigene Lebenssituation angepasst werden kann.
Aber auch bei Rentenversicherungen mindern die Kosten für die Verwaltung, vor allem aber die hohen Abschlusskosten die Rendite. Zudem sind sie deutlich unflexibler als Fondssparpläne.
Alles in allem sind fondsgebundene Rentenversicherungen nur für wenige Vorsorgesparer geeignet. Sie kommen allenfalls für vermögende und erfahrene Fondsanleger infrage, die ihren Grundbedarf im Alter bereits anderweitig abgesichert haben und es sich zutrauen, aktiv mitzubestimmen, in welche Fonds ihre Versicherungsbeiträge fließen.

WO FONDS IHR GELD ANLEGEN

Aktien- und Rentenfonds gibt es in zahlreichen Varianten, die sich darin unterscheiden, wo der Fonds die Kundengelder investiert. Streut er sie weltweit oder investiert er nur in begrenzten Märkten wie einem einzelnen Land oder einer einzelnen Branche? Mitunter werden dem Fondsmanager zusätzliche Grenzen gesetzt – etwa nach welchem System er Aktien oder Anleihen aussuchen darf. Das hilft dem Anleger bei der Auswahl und beim Aufbau seines Depots.

DIE MÄRKTE IM BLICK

Aktien und Anleihen gibt es an zahlreichen verschiedenen Börsen rund um die Welt und von unterschiedlichen Herausgebern zu kaufen – nicht nur in Europa und den USA, sondern in zum Teil sehr exotischen Ländern wie zum Beispiel Brasilien, Indonesien oder Südafrika. Der Anleger steht also vor der Frage, in welche Märkte er mithilfe eines Fonds investieren soll beziehungsweise welche Börsen die besten Chancen versprechen. Dabei kann er grundsätzlich bestimmen, wie viel von dieser Entscheidung er selbst trifft, ob er einen Indexfonds wählt oder ob er die Auswahl einem Fondsmanager überlässt (siehe Seite 41).

Die Anlageregeln des Fonds schreiben dem Verwalter nicht nur vor, ob er in Aktien, Anleihen oder andere Anlageformen investieren darf, sondern auch, an welchen Märkten er dies tun muss – beispielsweise ausschließlich an den Börsen in Euroland – und ob er sich dabei streng an einem Index orientieren muss oder gewisse Freiheiten genießt.

Diese Eingrenzung bietet nicht nur die Möglichkeit, die Fonds eines Fondstyps zusätzlich zu sortieren und den Anlegern damit den Überblick zu erleichtern. Viel wichtiger ist, dass eine Eingrenzung des Anlagekosmos auch Auswirkungen auf Anlagechancen und Risiken eines Fonds hat. Dies sollten Anleger beim Aufbau ihres Fondsdepots berücksichtigen. Ziel ist es, das Depot so zusammenzustellen, dass das Vermögen möglichst breit gestreut wird und alle wichtigen Anlageregionen abgedeckt werden.

AKTIENFONDS IST NICHT GLEICH AKTIENFONDS

Wie bereits erwähnt, gelten die Aktienbörsen als eigentliche Domäne von Fonds, denn mit ihnen hat der Anleger die Möglichkeit, mit einer Vielzahl von zum Teil sehr ausgetüftelten Anlagestrategien und -konzepten zum Erfolg zu kommen. Anleger müssen sich aber bewusst sein, dass sie mit Aktien anders als mit Anleihen zwar vergleichsweise hohe, allerdings gleichzeitig stark schwankende Renditen erzielen. In guten Jahren sind zweistellige Renditen drin, während die Investoren in Abwärtsphasen durchaus auch herbe Verluste verkraften müssen – wenn sie nicht zuvor verkauft haben. Davor sind auch Fondsanleger nicht gefeit – auch wenn es in diesen Phasen mit einem Fonds vielfach leichter möglich ist, die Verluste in Grenzen zu halten, als mit dem Kauf einzelner Aktien. Denn der Grundgedanke der Fondsanlage, durch eine breite Streuung das Anlagerisiko zu senken, macht sich gerade bei Aktienfonds besonders positiv bemerkbar.

Aktienfonds Welt

Viele Anleger legen ihr Geld sehr vorsichtig an und wollen, wenn überhaupt, nur einen kleinen Teil ihres Fondsdepots mit Aktien bestücken. Sie sind auf der Suche nach einer einfachen und bequemen Anlageform – denn auch nach dem Kauf möchten sie sich möglichst wenig um ihr Geld kümmern. Wie bereits im vorangegangenen Kapitel erläutert, sind Indexfonds in diesem Fall besonders gut geeignet. Mit dieser Entscheidung alleine ist allerdings noch nicht die Frage beantwortet, in welche Regionen und Märkte der Fonds seine Gelder investiert beziehungsweise welchem Index der Fonds folgen soll.

Grundsätzlich gilt: Ein marktbreites Fondsinvestment ist für vorsichtige und/oder bequeme Aktienanleger empfehlenswert. Am breitesten ausgerichtet sind Fonds, die weltweit in Aktien investieren. Sie werden auch „Aktienfonds Welt" oder „Weltfonds" genannt und gelten als Generalisten in der großen Gruppe der Aktienfonds.

Der Vorteil aktiv gemanagter „Aktienfonds Welt" ist, dass der Fondsmanager bei ihnen in der Regel vergleichsweise große Anlagefreiheiten genießt. Er kann

AKTIENFONDS WELT

↗ **Renditechance**

↘ **Sicherheit**

Anlageziel: langfristige Geldanlage

Fondscharakter: Basisfonds

Geeignet für: Basisanlage für den Aktienanteil eines jeden Depots; Aktieneinsteiger, die für den Anfang eine gemanagte Anlageform suchen.
(Bewertungskriterien dazu siehe Seite 184.)

Papiere an den verschiedensten Börsen rund um den Globus kaufen und auf diese Weise ein Depot mit Dutzenden von Titeln aus unterschiedlichen Branchen, Wirtschafts- und Währungsräumen zusammenstellen, dessen Mischung eine gute Balance verspricht.

Wer einen ETF aus dieser Kategorie kaufen möchte, sollte ein Produkt wählen, das sich auf einen Index bezieht, der besonders viele verschiedene Titel umfasst. Dazu gehört klassischerweise der MSCI-World-Index. Die Schwankungen weltweit orientierter Indizes fallen erfahrungsgemäß sehr viel schwächer aus als etwa die eines Börsenbarometers, das sich nur auf Aktien eines Landes bezieht – so wie etwa der Deutsche Aktienindex Dax.

Aufgrund ihres breiten Anlagefokus gelten weltweit investierende Aktienfonds als pflegeleichte Basisfonds (siehe Seite 82). Nimmt man die Vergangenheit als Maßstab, lassen sich mit ihnen stabilere Renditen erzielen als mit Aktienfonds, deren Anlagekosmos stärker eingegrenzt ist – wenn der Anleger lang genug bei der Stange bleibt. Unter „lang genug" verstehen Experten eine Anlagedauer von fünf, besser zehn Jahren. Wichtig ist dabei, dass Anleger nicht zu einem bestimmten Zeitpunkt auf das Geld angewiesen sind, sondern eventuelle zwischenzeitliche Kurseinbrüche aussitzen können.

Von Ende 1998 bis Ende 2013 haben die weltweiten Aktienmärkte gemessen am MSCI-World-Index, wie bereits erwähnt, im Schnitt eine Rendite von 3,4 Prozent pro Jahr gebracht – ein Anlageergebnis, das gute aktiv gemanagte Fonds deutlich übertroffen haben. Ein Anleger, der Ende 2008 eingestiegen ist, hat bis zum 31. Dezember 2013 eine Rendite von 14,3 Prozent pro Jahr erzielt.

Die Indexstatistik zeigt somit, dass zwischenzeitliche Verluste bisher immer ausgeglichen werden konnten. In der Vergangenheit war das Risiko also sehr gering, mit einem Fondsinvestment in die weltweiten Aktienmärkte innerhalb von 15 Jahren im Minus zu landen – selbst wenn der Anleger einen äußerst ungünstigen Kaufzeitpunkt erwischt.

INFO **Diese fünf Gründe sprechen grundsätzlich für Aktienfonds:**

- **Chancenreiche Anlagealternative im Zinstal**

Keine andere Anlageform bietet historisch gesehen so gute Renditechancen wie Aktien. Die jüngste Vergangenheit zeigt einmal mehr, dass selbst hohe Verluste durch eine Börsenkrise (Crash) innerhalb von wenigen Jahren wieder aufgeholt wurden.

- **Investition in Sachwerte**

Mit Aktienfonds beteiligen sich Anleger an Unternehmen und deren Vermögen – und das besteht überwiegend aus Sachwerten wie etwa Immobilien und

Grundstücken, Maschinen sowie Rohstoffen, die allesamt als vergleichsweise inflationssicher gelten.

- **Regelmäßige Erträge durch Dividenden**

Zwar fallen die Gewinnausschüttungen von Unternehmen von Jahr zu Jahr gesehen nicht immer konstant aus, doch bei bekannten und soliden Großkonzernen gehen sie auf lange Sicht dennoch nach oben. Aktienfondsanleger erzielen somit regelmäßige Einnahmen.

- **Anlageform mit Sicherheitsnetz**

Der Wert der meisten Aktienfonds schwankt vergleichsweise stark. Dennoch müssen Anleger langfristig gesehen nicht um ihren Einsatz bangen. Selbst wenn ein Unternehmen im Fondsdepot Konkurs gehen sollte und der Kurs drastisch fällt, sorgt die breite Streuung dafür, dass sich der Verlust insgesamt in Grenzen hält. Das Fondsvermögen selbst ist ein Sondervermögen, das vor dem Zugriff Dritter geschützt ist – auch dann, wenn die Fondsgesellschaft zum Pleitefall werden sollte.

- **Geldschwemme der Notenbank treibt die Kurse**

Auch wenn es mehr und mehr Anzeichen dafür gibt, dass die Finanzkrise langsam überwunden ist, blähen die Notenbanken der großen Industrieländer immer noch die Geldmenge auf und drücken so die Zinsen, um die Banken und das weltweite Finanzsystem zu stabilisieren. Was für viele Anleger zum Problem wird, weil es für sie nur wenig attraktiv verzinste Anlagemöglichkeiten gibt, nützt den Unternehmen. Denn sie können ihre Investitionen oftmals sehr günstig finanzieren, was ihre Gewinnaussichten verbessert. Das stützt die Kurse.

Regionale Aktienmärkte

Doch nicht jeder Anleger will sich vielleicht mit Aktienfonds Welt zufriedengeben. Er wird einzelne Märkte und damit Chancen und Risiken etwas stärker gewichten wollen und damit sein Investment noch genauer seinen individuellen Anlagebedürfnissen und seiner Risikoneigung anpassen. Angesichts des großen Angebotes an Aktienfonds gibt es zahlreiche Möglichkeiten, das Anlagespektrum mehr einzugrenzen beziehungsweise zu fokussieren. Ein erster Schritt dahin ist es, Fonds zu wählen, die jeweils in eine der drei großen Wirtschaftsregionen der Welt investieren:

- Europa,
- Nordamerika und
- Asien/Pazifik.

Innerhalb der regionalen Aktienfonds stellen Fonds, die sich auf Europa konzentrieren (siehe Pfeilkästen Seite 85), die zahlenmäßig umfangreichste Gruppe dar. Bei ihnen nimmt der Fondsmanager größtenteils Titel europäischer Unternehmen ins Depot. Ein entsprechender Indexfonds bezieht sich auf den MSCI Europe.

Fondsanleger können diesen Anlageradius noch weiter einschränken, indem sie zu einem Aktien(index)fonds greifen, der sich auf Euroland beschränkt. In dem MSCI-EMU-Index zum Beispiel fehlen britische und schweizerische Aktien ebenso wie etwa Titel der jungen EU-Mitglieder Polen sowie Tschechien – solange diese Staaten noch nicht an der Währungsunion teilnehmen.

Ein Indexfonds, der hingegen auch die Volkswirtschaften in Europa außerhalb der EU mitberücksichtigt, müsste sich zum Beispiel auf den MSCI Europe beziehen.

Ein Gegengewicht dazu bildet Nordamerika. Der Wirtschaftsverbund von den USA und Kanada ist die weltweit stärkste Wirtschaftsregion überhaupt. Streng genommen gibt es daher für Aktienanleger kaum einen Weg vorbei an dieser Region. Viele große Konzerne, die etwa in der Computer- oder Internetbranche oder im Finanzsektor zu den weltweiten Marktführern zählen, haben hier ihren Sitz. Auf die Aktien der nordamerikanischen Märkte zu verzichten, bedeutet daher auch, Anlagechancen links liegen zu lassen. Für ETFs bildet zum Beispiel der Index MSCI North America eine gute Basis.

Die Region Asien/Pazifik schließlich hat sich in den vergangenen Jahren zur dynamischsten Wirtschaftszone der Welt entwickelt. Angesichts des rasanten Wachstums der Volkswirtschaften in China, im angrenzenden südpazifischen Raum und Indien sowie des hochentwickelten Japan gehen viele Wirtschaftsexperten davon

AKTIENFONDS EUROPA

Renditechance ↗

Sicherheit ↘

Anlageziel: langfristige Geldanlage

Fondscharakter: Basisfonds

Geeignet für: Anleger, die eine alternative Basisanlage zu den Aktienfonds Welt suchen und dabei nur begrenzt Währungsrisiken eingehen wollen.

(Bewertungskriterien dazu siehe Seite 184.)

AKTIENFONDS EUROLAND

Renditechance ↗

Sicherheit ↘

Anlageziel: langfristige Geldanlage

Fondscharakter: Basisfonds

Geeignet für: Anleger, die eine alternative Basisanlage zu den Aktienfonds Welt suchen und dabei kein Währungsrisiko eingehen wollen.

(Bewertungskriterien dazu siehe Seite 184.)

AKTIENFONDS SONSTIGE REGIONEN

↗ bis ↑ Renditechance

↘ bis ↓ Sicherheit

Anlageziel: langfristige Geldanlage

Fondscharakter: Baustein

Geeignet für: Anleger, die einzelne Wirtschaftsregionen in Kombination mit einem breit gestreuten Aktienfondsdepot betonen wollen.
(Bewertungskriterien dazu siehe Seite 184.)

aus, dass dieser Region wirtschaftlich gesehen die Zukunft gehört. Davon können Fondsanleger mit einem auf die Region fokussierten Aktienfonds gezielt profitieren. Das kann bei einem ETF ein Produkt sein, das sich zum Beispiel auf den MSCI Asia/Pacific entweder einschließlich oder ohne Japan bezieht (MSCI Asia/Pacific ex Japan).

Sonderfall Schwellenländer

Eine Sonderstellung unter den genannten Aktienregionen bilden die Schwellenländer, in der Fachsprache Emerging Markets genannt. Dieser englische Begriff lässt sich am besten mit „aufstrebende Märkte" übersetzen. Schwellenländer bilden unter Anlagegesichtspunkten einen Gegenpol zu den Börsen der großen und etablierten Volkswirtschaften (in der Fachsprache: Developed Countries), da deren Wachstum deutlich höher ist als das der Industrienationen.

Es gibt keine allgemeingültige, wissenschaftlich exakte Definition, wann eine Volkswirtschaft als Schwellenmarkt zählt. Aber wenn Anlageexperten von Emerging Markets sprechen, meinen sie üblicherweise die sich entwickelnden Länder in Mittel- und Lateinamerika, Osteuropa, Südostasien und Afrika (in erster Linie Südafrika).

Meist ist in Zusammenhang mit den Emerging Markets jedoch vor allem von den Bric-Staaten die Rede. Diese Abkürzung steht für die weltweit größten und führenden Schwellenländer

- Brasilien,
- Russland,
- Indien und
- China.

Obwohl diese Länder (Volkswirtschaften) auf dem Globus weit voneinander entfernt sind, gibt es einige Fonds, die diese Bric-Länder zusammenfassen und so auch für Anleger mit wenig Geld eine Investition in diese chancenreichen Märkte ermöglichen.

Was die Schwellenländer für Anleger so interessant macht, ist ihr enormes Wachstumspotenzial. Zugleich stellen diese Staaten Milliardenmärkte dar – etwa für Automobile, Nahrungsmittel und Finanzdienstleistungen. Nicht nur Konzerne aus den etablierten Staaten, sondern auch lokale, zum Teil sehr junge Unternehmen sehen deshalb gute Geschäftsaussichten in den Emerging Markets. Viele Fachleute halten daher die Aktienmärkte in diesen Ländern – trotz zwischenzeitlich starker Kurseinbrüche – für die gewinnträchtigsten der Zukunft. Ein Grund dafür: Die meisten Schwellenländer haben viel schneller als die großen Industrienationen die Folgen der Finanzkrise überwunden und Anschluss an ihren alten Wachstumstrend gefunden. China zum Beispiel ist aufgrund seines starken Wachstums nach den USA zur weltweit führenden Wirtschaftsmacht aufgestiegen.

Bereits in der Vergangenheit haben sich die Börsen vieler Emerging Markets weitgehend unabhängig von denen der großen Weltbörsen bewegt. Sie bieten also Aktienanlegern eine gute Möglichkeit, ihr Depot zusätzlich zu diversifizieren – zum Beispiel, indem sie auf einen Indexfonds wie den MSCI Emerging Markets setzen.

AKTIENFONDS EMERGING MARKETS GLOBAL

↑ Renditechance

↓ Sicherheit

Anlageziel: langfristige Geldanlage

Fondscharakter: Beimischung

Geeignet für: Beimischung für ein breit gestreutes Aktienfondsdepot.
(Bewertungskriterien dazu siehe Seite 184.)

Allerdings birgt ein Investment in Schwellenländer auch Risiken und Unsicherheiten. Denn die wirtschaftliche und politische Situation der meisten Schwellenländer ist alles andere als stabil. So kommt es fast regelmäßig in diesen Ländern zu hausgemachten Wirtschafts- und Währungskrisen, die dann auch die internationalen Finanzmärkte in Atem halten – so wie zum Beispiel der Putschversuch in Russland 1991 oder der Staatsbankrott Argentiniens 2002. Zudem sind viele Schwellenländer stark abhängig vom Zustrom ausländischen Kapitals. Nachdem zum Beispiel die US-Notenbank im Sommer 2013 eine straffere Geldpolitik angekündigt hat, sind die Währungen vieler Emerging Markets unter Druck geraten, weil die Anleger ihre Gelder in US-Papiere umschichteten.

Ein weiterer Risikofaktor der Schwellenländer ist, dass die Infrastruktur und das volkswirtschaftliche Entwicklungsstadium der lokalen Finanzmärkte im Vergleich zu den großen Weltbörsen immer noch Schwächen aufweisen. So ist zum Beispiel die Zahl und die Marktkapitalisierung (also der Börsenwert) der an der Börse gehandelten Unternehmen im Verhältnis zur gesamten Wirtschaftsleistung der jeweiligen Länder oftmals verschwindend gering, und die Infrastruktur der lokalen Finanzmärkte hinkt dem Standard hoch entwickelter Börsen mitunter hinterher. In manchen Fällen – dies ist ein weiteres Anlagehindernis – haben ausländische Investoren auch nur eingeschränkten direkten

Zugang zu Schwellenbörsen, oder sie können ihre Anlagegelder nur mit zeitlicher Verzögerung transferieren, weil die jeweilige Landeswährung an den internationalen Devisenmärkten nicht frei handelbar ist.

Fazit: Aus dieser knappen Beschreibung wird bereits deutlich, dass Fonds als Beimischung an sich ideal sind für ein Investment in Schwellenländer. Die Anlage dort erfordert zwar noch mehr Zeit, Mühe, Aufmerksamkeit und Wissen, als dies bei Aktien ohnehin schon notwendig ist. Aber auch hier gilt: Mit einem Regionenfonds lassen sich die Chancen an den Schwellenbörsen gegenüber einem weltweit anlegenden Aktienfonds (siehe Pfeilkasten „Aktienfonds sonstige Regionen", Seite 86) sehr viel gezielter wahrnehmen.

Neben ETFs auf den MSCI Emerging Markets, der die Schwellenregionen weltweit abbildet, können Anleger auch ETFs kaufen, die den Anlagekosmos weiter unterteilen – etwa mit den entsprechenden MSCI-Indizes auf Südamerika, Afrika oder Südostasien. Allerdings steigen bei dieser Investmentstrategie auch die Risiken, da der Fonds die Gelder dann nur sehr viel eingeschränkter streuen kann.

In einzelne Schwellenländer zu investieren empfiehlt sich nur für risikofreudige Anleger mit guten Nerven, die bereit sind, ihr Geld unter Umständen auch sehr kurzfristig an diesen Märkten anzulegen und wieder abzuziehen – und folglich ihr Fondsinvestment laufend zu beobachten.

Länderfonds

Anleger können ihr Aktieninvestment noch stärker regional eingrenzen: Mit einem Länderfonds haben sie die Möglichkeit, gezielt in einen einzigen Markt zu investieren, ohne dass sie sich Gedanken über die Auswahl einzelner Titel machen müssen. Angesichts der Fülle des Fondsangebots lassen sich für fast jede Börse beziehungsweise fast jeden Markt passende Angebote finden.

Dabei sollte der Anleger jedoch beachten, dass viele Ländermärkte sehr klein und damit auch sehr risikoreich sind. Dagegen bieten deutsche, schweizerische, britische, japanische und nicht zuletzt auch nordamerikanische Aktien (einschließlich Kanada) jeweils einen Anlagekosmos, der trotz einer regionalen Eingrenzung genug Spielraum bietet, um das Fondsdepot breit genug zu streuen.

Auch auf diese Märkte entwickelter Länder gibt es ETFs. Für den deutschen Markt ist zum Beispiel ein ETF auf den MSCI Germany eine gute Wahl, für den Schweizer Markt auf den MSCI Switzerland, für den britischen auf den MSCI UK, für Japan auf den MSCI Japan.

Ein fokussiertes Investment in einzelne Länder kann eine gute Entscheidung sein für den Fall, dass die entsprechende Börse aufgrund von wirtschaftlichen und/oder politischen Entwicklungen besonders stark boomt. Beispiele dafür sind das überdurchschnittlich hohe Wachstum der US-Wirtschaft bis zum Beginn der Finanzkrise oder die wirtschaftliche Öffnung Chinas. Diese Entwicklungen haben sowohl den chinesischen als auch den US-Börsen zeitweise hohe Kursgewinne beschert. Anleger, die von solchen Boomphasen profitieren wollen, sollten jedoch sowohl vor als auch nach dem Einstieg an der entsprechenden Börse versuchen abzuschätzen, wie lange diese „Sondereffekte" anhalten könnten und wie tragfähig dementsprechend der Kurshöhenflug ist.

Schlechte Karten haben Anleger, wenn am jeweiligen Markt der Trend kippt – etwa durch einen Konjunktureinbruch. Folge: An der Börse des Landes gehen die Kurse meist von heute auf morgen auf Talfahrt, während die Weltaktienmärkte unter Umständen davon ganz unbeeindruckt bleiben. Mit einem Länderfonds machen Anleger eine derartige Abwärtsbewegung erfahrungsgemäß voll mit, denn auch der Manager eines aktiv gemanagten Fonds hat kaum eine Möglichkeit, dem Abwärtstrend entgegenzusteuern – etwa durch Umschichtung der Fondsgelder in andere,

LÄNDER-AKTIENFONDS (ENTWICKELTE MÄRKTE)

↗ bis ↑ **Renditechance**

↘ bis ↓ **Sicherheit**

Anlageziel: langfristige Geldanlage

Fondscharakter: Baustein

Geeignet für: Baustein für ein breit gestreutes Aktienfondsdepot zur gezielten Betonung einzelner Märkte oder Börsen.

(Bewertungskriterien dazu siehe Seite 184.)

LÄNDER-/REGIONEN-AKTIENFONDS EMERGING MARKETS

↑ **Renditechance**

↓ **Sicherheit**

Anlageziel: kurz- bis mittelfristige Spekulation

Fondscharakter: Beimischung

Geeignet für: Spekulative Beimischung für Aktienfondsanleger, die gezielt in einzelne Schwellenländer investieren wollen.

(Bewertungskriterien dazu siehe Seite 184.)

lukrativere Märkte. Durch das enge Fondskonzept sind ihm hierfür die Hände gebunden. Somit muss der Anleger selbst handeln und mitunter die Notbremse ziehen, indem er aussteigt und seine Fondsanteile verkauft. Auch bei einem Länderinvestment ist also Beweglichkeit gefragt.

Generell sind daher einzelne Länderfonds kaum für eine längerfristige Anlage geeignet. Mehr noch: Sie sind alles andere als bequem, denn anders als bei einem Aktienfonds Welt muss der Anleger die Wertentwicklung solcher Fonds laufend im Auge behalten.

Branchen- und Themenfonds – nur selten eine gute Wahl

Neben Regionen- und Länderfonds bietet die Fondsindustrie auch Branchen- und Themenaktienfonds an. Bei ihnen wird der Anlagekosmos also nicht räumlich, sondern thematisch eingegrenzt. Der Manager eines Branchenfonds kauft ausschließlich Aktien von Unternehmen, die schwerpunktmäßig in einem bestimmten Wirtschaftszweig tätig sind. Bei einem Rohstofffonds zum Beispiel können das Minengesellschaften, Hüttenbetreiber, aber auch Produzenten von Bohrwerkzeugen und Fördermaschinen sein. Andere „Anlagethemen", die vermehrt angeboten werden, sind Internet, Logistik, Infrastruktur, Gesundheit und Umwelt.

Eine solche Eingrenzung bietet auf der einen Seite den Vorteil, dass der Anleger vom jeweiligen Trend, wenn es denn tatsächlich einer ist, gezielt profitieren kann. Auf der anderen Seite ist die Gefahr groß, dass der Fondsmanager das Thema viel „freier" interpretiert, als es der Branchenbegriff nahelegt. Das Internet zum Beispiel ist mittlerweile so allumfassend geworden, dass fast jeder Großkonzern Produkte oder Dienstleistungen anbietet, die sich mit diesem Begriff in Verbindung bringen lassen. Folge: Für das Anlagethema „Internet" kommt praktisch fast jede Aktie infrage, sodass ein solcher Themenfonds unter Umständen ein bunt zusammengewürfeltes Aktiendepot enthält. Der Sinn und Zweck von Themenfonds ist daher umstritten. Nicht zuletzt zeigen die Erfahrungen der Vergangenheit, dass ein Anlagethema nicht selten erst dann von der Fondsbranche „entdeckt" wird, wenn der Boom an der Börse bereits seinen Höhepunkt erreicht oder gar schon überschritten hat.

BRANCHEN-/THEMENFONDS

↑ **Renditechance**

↓ **Sicherheit**

Anlageziel: kurz- bis mittelfristige Spekulation

Fondscharakter: Beimischung

Geeignet für: Spekulative Beimischung für Aktienfondsanleger, die gezielt in einzelne Branchen investieren oder auf einen bestimmten Anlagetrend setzen wollen.
(Bewertungskriterien dazu siehe Seite 184.)

Das Währungsrisiko bei Aktienfonds

Viele Anleger greifen bei Aktien bevorzugt zu einem Regionenfonds, der sozusagen vor der eigenen Haustür, also etwa in Euroland oder gar ausschließlich in Deutschland, investiert. Denn sie gehen davon aus, dass sie auf diese Weise kein Währungsrisiko eingehen (siehe auch Seite 20). Vordergründig betrachtet ist diese Überlegung richtig. Generell sollten Anleger jedoch den Einfluss von Währungskursveränderungen auf das Anlageergebnis eines Aktienfonds nicht überschätzen. Legt man nämlich die Entwicklung der Vergangenheit zugrunde, so zeigt sich, dass Währungskursverschiebungen bei einer Anlagedauer von zehn Jahren und mehr für die Rendite eines Fonds keine große Rolle spielen, wenn das Fondsdepot breit gestreut ist. In diesem Fall kann der Anleger vielmehr davon ausgehen, dass das Verlustrisiko insgesamt aufgrund der besseren Diversifikation des Fonds deutlich geringer ist als etwa das eines reinen Länderfonds, der sich zum Beispiel auf deutsche Titel beschränkt. Ein einfacher Grund dafür, dass sich der Einfluss fremder Währungen im Anlageergebnis nicht so stark bemerkbar macht, ist, dass innerhalb des mittlerweile global ausgerichteten Wirtschaftslebens der nationale Sitz eines Unternehmens zunehmend unwichtig wird. Entscheidend ist vielmehr, in welchen Regionen eine Gesellschaft ihren Hauptumsatz erzielt. Bei sehr großen Konzernen sind solche Währungsüberlegungen zudem zweitrangig, denn diese Firmen sind meist weltweit tätig. Das heißt, sie produzieren und verkaufen rund um den Globus und verteilen auf diese Weise sozusagen „hausintern" das Währungsrisiko im Rahmen ihrer eigentlichen Geschäftstätigkeit. Bei Fonds, die schwerpunktmäßig auf kleine Nebenwerte (siehe Seite 92) setzen, sieht das schon anders aus. So schlägt sich etwa in den Kursen der deutschen Maschinenbau-Unternehmen regelmäßig die große Exportabhängigkeit dieser Firmen nieder. Auf der anderen Seite gibt es auch eine Reihe von Unternehmen, die sich ganz gezielt gegen Währungskursverluste absichern – zum Beispiel europäische Fluggesellschaften: Sie müssen ihre Treibstoffkosten traditionell in der internationalen Handelswährung US-Dollar bezahlen, erzielen ihre Erlöse aber in Euro.

Eine Frage der Größe

Neben der Anlagemethode spielt bei der Aktienanlage auch das Größensegment eine Rolle, aus dem der Fonds seine Titel auswählt. Dies ist vor allem für das Anlagerisiko von Bedeutung. Denn in den meisten Fällen ist zu beobachten, dass sich der wirtschaftliche Erfolg eines Unternehmens auf Dauer auch in seiner Größe niederschlägt. An der Börse werden daher Aktien in Größenklassen unterteilt, die Rückschlüsse auf die „Anlagegüte" eines Papiers zulassen.

- Bluechips (auch Large-Caps genannt): Ganz oben stehen dabei die Standardwerte. Das sind die größten und meist auch bekanntesten Unternehmen eines Aktienmarkts. Meist sind es weltweit tätige Großkonzerne, die innerhalb ihrer Branche eine Spitzenstellung einnehmen und deren Name auch abseits der Finanzmärkte einen guten Ruf besitzt. Im internationalen Sprachgebrauch der Börsianer werden diese Titel auch als Bluechips bezeichnet.
- Mid-Caps: Auf die Bluechips folgen die Werte der „zweiten Reihe": Unternehmen, die es in Sachen Marktkapitalisierung und oft auch Bekanntheitsgrad mit den Standardwerten nicht aufnehmen können, die aber deswegen keine Leichtgewichte sind. Börsianer bezeichnen die Aktien auch als Mid-Caps (Abkürzung für „Middle Capitalization", übersetzt: mittlere Börsenkapitalisierung).
- Small-Caps: Am unteren Ende der Größenskala stehen die Small-Caps (übersetzt: niedrige Börsenkapitalisierung) – Titel, die aufgrund ihrer Größe nur einen vergleichsweise geringen Wert an der Börse besitzen. Dieses zahlenmäßig am üppigsten besetzte Feld stellt für den Fondsmanager die größte Herausforderung dar, denn dort tummeln sich ganz unterschiedliche Unternehmen – junge, aufstrebende Wachstumsunternehmen ebenso wie Gesellschaften, die wirtschaftlich gesehen allenfalls Mittelmaß sind und deswegen besser nicht im Fondsdepot landen sollten.

Allerdings besitzen Small- und Mid-Caps, die als wirklich attraktiv gelten, im Vergleich zu den Bluechips ungleich größere Kurschancen – aber auch deutlich höhere Risiken. Ein Konjunktureinbruch, ein verpasster Markttrend oder Qualitäts- und Firmenmanagementprobleme – all das sind Ereignisse, die Großkonzerne abfedern, die sich bei einem kleinen oder mittleren Unternehmen jedoch relativ schnell zu einer die Existenz bedrohenden Krise ausweiten können und den Aktienkurs abstürzen lassen.

MIT AKTIENFONDS STRATEGISCH ANLEGEN

Die Beschreibung der einzelnen Aktienfondsgruppen zeigt, dass nicht jeder Fondstyp für jeden Anlagezweck und jedes Anlegernaturell infrage kommt. Der nachfolgende Überblick soll Anlegern helfen, die Einsatzmöglichkeiten der einzelnen Fondstypen und -gruppen einzuschätzen und an die eigenen Anlagebedürfnisse individuell anzupassen.

Weltweit anlegende Aktienfonds gelten als erste Wahl und zugleich als Basisanlage für alle, die langfristig in Aktien mittels Fonds investieren möchten. Denn bei diesen Fonds müssen sie sich nicht laufend um ihr Investment kümmern. Damit kommt dieser Fondstyp auch für Anleger infrage, die auf Sicherheit bedacht sind und aufgrund ihrer Risikoneigung eigentlich eher nichts mit Aktien zu tun haben wollen. Denn durch eine maßvolle Beimischung von Aktienfonds zu sicheren Rentenfonds verbessert sich nicht nur die Gesamtrendite. Auch das Schwankungsrisiko insgesamt sinkt.

DIE SCHWANKUNGSBREITE: MESSGRÖSSE FÜR NERVENSTÄRKE

Je größer die Schwankungsbreite einer Geldanlage ist, desto riskanter ist sie und desto bessere Nerven braucht der Anleger. Das Schwankungsrisiko, auch Volatilität genannt, wird in Prozent ausgedrückt. Die Volatilität sagt allerdings nichts darüber aus, ob die Rendite positiv oder negativ war und ob der Kurs gestiegen oder gefallen ist. Sie gibt lediglich Auskunft über das Ausmaß der Kursausschläge.

Wer als Anleger aus Deutschland vorzugsweise Aktien auf dem eigenen Kontinent kaufen möchte, für den bietet sich ein Investment in ETFs an, die sich auf bekannte Europa- oder Euroland-Indizes wie beispielsweise den Stoxx oder Euro Stoxx (siehe Seite 45) oder die bereits genannten MSCI-Indizes beziehen. Diese Fonds bieten bei breiter Streuung in etwa gleiche Renditechancen wie Aktienfonds Welt bei ähnlich überschaubarem Risiko. Gleichzeitig profitiert der Anleger von den Pluspunkten, die ETFs ganz allgemein bereithalten (siehe Seite 46).

Mixen in Eigenregie

Selbstverständlich haben Anleger auch die Möglichkeit, selbst einen Mix aus Regionen- und Länderfonds zusammenzustellen, statt mittels eines einzigen Fonds in Aktien zu investieren. Auch hier sind entsprechende ETFs erste Wahl. Aufgrund des breiten Angebots sowohl an aktiv gemanagten Fonds als auch an ETFs sind unendlich viele Kombinationen denkbar. Eine Mischung aus mehreren Regionen(Index-)fonds für die Regionen Asien/Pazifik (einschließlich Japan), Europa und Nordamerika stellt eine Alternative zu einem weltweit anlegenden Fonds dar. Und durch Beimischung einzelner Länder-(Index-)fonds lassen sich Chancen und Risiken des gesamten Aktienfondsanteils im Depot weiter verfeinern und gezielt dosieren. Ein zusätzlicher kleiner Anteil etwa eines weltweit anlegenden Schwellenländer-(Index-)Fonds zu dem genannten Dreier-Mix oder zu einem Aktienfonds Welt wirkt sich erfahrungsgemäß eher günstig auf die Risikostreuung im Depot aus.

NUR IN KLEINEN PORTIONEN
Schwellenländer-Regionenfonds und -Länderfonds besitzen hingegen einen spekulativen Charakter. Sie sind nur als Beimischung für ebenso erfahrene wie vermögende Anleger mit einem gut sortierten Fondsdepot geeignet.

Fonds mit Einzelaktien kombinieren

Anleger, die mit dem Geschehen an der Börse vertraut sind und sich etwas weiter vorwagen wollen, können natürlich auch daran denken, eine Mischung verschiedener Fonds mit einzelnen Aktien zu ergänzen und auf diese Weise Fonds- und Direktanlage zu kombinieren. Der Vorteil ist, dass sich der Sparer gezielt mit der Auswahl seiner Einzelwerte beschäftigen kann und zusätzlich einzelne Anlageregionen und Länder über Fonds abdeckt. Das spart Anlegern, die ansonsten in Einzelwerte investieren möchten, Zeit und Mühe, denn es vereinfacht vieles.

Der Anleger ist gefordert

Doch wer vergleichsweise spekulative Strategien mithilfe von Fonds verfolgt, sollte daran denken, dass er sich so mehr und mehr von deren Ursprungsgedanken entfernt: Statt einer pflegeleichten Anlageform, die eine Vermögensverwaltung aus einer Hand bietet, nimmt der Anleger dem Fondsmanager das Ruder mal mehr, mal weniger aus der Hand, indem er bis zu einem gewissen Punkt selbst bestimmt, an welchen Aktienmärkten der Welt er sein Geld investiert. Er sollte sich dann auch dessen bewusst sein, dass er einen Teil der Anlageverantwortung von den Schultern des Fondsmanagers auf seine eigenen umlagert. Im schlechtesten Fall steht er für Verluste mit ein, die durch die falsche Wahl der Ein- und Ausstiegszeitpunkte, also schlechtes Timing, entstehen. Selbst konstruierte Kombi-Strategien bieten sich daher nur für erfahrene Anleger an, die sich diese Entscheidungen zutrauen.

RENTENFONDS IST NICHT GLEICH RENTENFONDS

Statistiken etwa der deutschen Bundesbank belegen immer wieder, dass die Mehrheit der Sparer in Deutschland ihr Geld konservativ und vor allem sicher in Zinsanlagen, das heißt auf Sparkonten und in festverzinslichen Wertpapieren, anlegt. Anders als bei Aktien bieten Fonds als Anlagealternative im Bereich der Zinsanlagen nicht so große Vorteile, da sich die Anlagechancen, gleichzeitig aber auch die Risiken und damit die Diversifikationsmöglichkeiten der einzelnen Anleihemärkte und Zinspapiere nicht so stark unterscheiden, wie das an den Aktienbörsen der Fall ist.

Dennoch haben auch zinsorientierte Anleger die Möglichkeit, mit Fonds die Rendite ihrer Zinsinvestments aufzupeppen – etwa, indem sie davon profitieren, dass der Fondsmanager innerhalb des Rentendepots Papiere mit unterschiedlichen Laufzeiten, Währungen und von unterschiedlichen Herausgebern mischt und so ein paar Zehntel an Prozentpunkten mehr an Rendite herausschlagen kann, ohne dass das zu Lasten der Sicherheit geht. Auch hier gilt: ETFs sind eine gute und kostengünstige Alternative für Anleger, die ein einfaches und bequemes Anleiheinvestment suchen, das ihnen vor allem in Phasen mit niedrigen Zinsen die grundsätzliche Chance bietet, ein paar Prozentpunkte mehr an Rendite herauszuholen als mit dem Kauf etwa einer Bundesanleihe.

Rentenfonds Euro

Weil für Zinssparer die Sicherheit ihres Geldes oft an erster Stelle steht, kommen beim Kauf von festverzinslichen Wertpapieren nur Anleihen großer Industriestaaten und Pfandbriefe infrage. Kurzum: Herausgeber, deren Zahlungsfähigkeit erstklassig oder zumindest zweifelsfrei ist und deren Anleihen daher sehr sicher sind. Bei diesen Papieren ist das Risiko, dass einer der Herausgeber dieser Anleihen, also der Schuldner, seinen finanziellen Verpflichtungen nicht nachkommen kann und Zinszahlungen ausfallen oder womöglich die Anleihe am Ende der Laufzeit nicht zurückzahlt, sehr gering.

Außerdem kaufen sehr sicherheitsbewusste Sparer ausschließlich Anleihen, die auf Euro lauten. Denn auf diese Weise wird das Währungsrisiko auf null gesenkt. Anders als bei Aktienfonds sind bei Anleihen nicht die weltweit anlegenden Fonds die sichersten, sondern Rentenfonds, die auf Euro lautende Papiere kaufen, häufig auch „Rentenfonds Euro" oder „Rentenfonds Euroland" genannt. Diese sehr große Gruppe lässt sich wiederum weiter unterteilen nach den Herausgebern von Schuldpapieren – etwa in „Rentenfonds Staatsanleihen Euro", so wie das Finanztest im Produktfinder (siehe Seite 109) tut. Die entsprechende Parallelgruppe wäre „Rentenfonds Unternehmensanleihen Euro", die alle Fonds umfasst, die in auf Euro lautende Anleihen von nicht staatlichen

Herausgebern investieren. ETFs auf Staatsanleihen gelten als sicherer und weniger renditestark als solche, die auch Unternehmensanleihen einbeziehen.

Aber auch das Laufzeitenspektrum eines Rentenfonds (siehe Seite 61) hat einen Einfluss auf seine Chancen und Risiken. Unter den Rentenindizes gibt es spezielle Varianten, die die Renditeentwicklung eines bestimmten Laufzeitenbereichs – etwa drei bis sieben Jahre – oder sogar einzelne Laufzeiten kontinuierlich abbilden. Wer keine spezielle Meinung zur Zinsentwicklung hat, ist am besten mit Fonds bedient, die ein breites Laufzeitenspektrum abdecken.

So empfehlen sich für Anleger, die ausschließlich auf deutsche Staatsanleihen setzen wollen, beispielsweise ETFs, die sich auf Indizes wie den eb.rexx.Government Germany oder den Markit iBOXX Euro Sovereign Germany beziehen, für Anleger, die Staatsanleihen aus dem gesamten Euroraum einbeziehen möchten, ETFs auf den Barclays Capital Euro Treasury, und für etwas wagemutigere Anleger, die neben Staatsanleihen auch Unternehmensanleihen im Fonds haben möchten, ETFs auf den Barclay Capital Euro Aggregate. Diese Indizes umfassen jeweils das gesamte Laufzeitenspektrum.

Auch bei aktiv verwalteten Fonds lässt sich eine durchschnittliche Restlaufzeit für das gesamte Anleihevermögen errechnen. Dabei gilt die Faustregel: Je länger diese (Rest-)Laufzeit der Anleihen, desto stärker macht sich das Auf und Ab der Zinsen am Kapitalmarkt in deren Kurs und damit im Preis des Fondsanteils bemerkbar.

RENTENFONDS EURO

↘ **Renditechance**

↗ **Sicherheit**

Anlageziel: mittel- bis langfristige Geldanlage

Fondscharakter: Basisfonds

Geeignet für: Sichere Basisanlage für jedes Depot. Anleger, die relativ sicher mittel- bis langfristig Geld anlegen und dabei die Möglichkeit haben wollen, während der Laufzeit jederzeit aussteigen zu können.

(Bewertungskriterien dazu siehe Seite 184.)

RENTENFONDS MIT LAUFZEITBESCHRÄNKUNG

↓ **bis** → **Renditechance**

↑ **bis** → **Sicherheit**

Anlageziel: kurz- bis mittelfristige Geldanlagen

Fondscharakter: Beimischung

Geeignet für: Anleger, die gezielt auf eine bestimmte Zinsentwicklung spekulieren möchten.

(Bewertungskriterien dazu siehe Seite 184.)

Erfahrungsgemäß fallen die Renditeunterschiede eines Rentenfonds im Vergleich zum direkten Kauf einer Anleihe nicht sehr groß aus. Welche Vorteile bringt dann überhaupt ein Investment in Rentenfonds Euro? Zunächst einmal erhöht die Streuung auf viele verschiedene Herausgeber die Sicherheit für den Anleger noch weiter. Selbst wenn die Zahlungen eines einzelnen Schuldners auszufallen drohen, so wie Frühjahr 2010 im Fall Griechenlands, macht sich dies im Normalfall nur zu einem Bruchteil in der Rendite des Fonds bemerkbar. Nicht zuletzt haben Anleihen eine feste Laufzeit und werden dann zurückgezahlt. Mit einem Rentenfonds braucht sich der Anleger um die laufende Wiederanlage seines Geldes keine Gedanken zu machen.

Dazu gilt auch bei Rentenfonds: Wo Risiken lauern, bieten sich Anlegern gleichzeitig Chancen. So kann ein aktives, flexibel agierendes Management durch Depotumschichtungen die Laufzeitstruktur und die Barquote des Fonds verändern, um so gezielt Zinstrends am Kapitalmarkt auszunutzen. Rechnet der Fondsverwalter zum Beispiel mit steigenden Zinsen, wird er die durchschnittliche Restlaufzeit herunterfahren und die liquiden und kurzfristig angelegten Mittel erhöhen. Umgekehrt investiert er seine Gelder bevorzugt in Anleihen mit langer Laufzeit, wenn er auf sinkende Renditen spekuliert.

Allerdings gibt es Rentenfonds, die dem Manager dabei Grenzen setzen und an einer eher starren Laufzeitstruktur festhalten – etwa, indem die Anlagerichtlinien dem Manager vorschreiben, dass er durch ständige Umschichtungen und den laufenden Kauf neu herausgegebener Papiere die durchschnittliche (Rest-)Laufzeit des Depots nie unter zum Beispiel sieben Jahre fallen lassen darf. Ähnlich ist es bei den meisten Rentenindexfonds.

AUF DIE LAUFZEIT ACHTEN

Achten Sie bei der Wahl von Rentenfonds auf deren Laufzeitenstrategie. Entscheiden Sie sich am besten für einen Fonds mit einem breiten Laufzeitenspektrum oder für einen, dessen Laufzeitenstrategie zu Ihrer geplanten Anlagedauer passt, um unangenehme Überraschungen zu vermeiden. Generell sollten Sie mit einem Anlagezeitraum von mindestens fünf Jahren kalkulieren, wenn Sie Ihr Geld in Rentenfonds investieren. Das Risiko, Verlust zu machen, ist dann fast ausgeschlossen, und die Kosten für den Kauf und die laufende Verwaltung (siehe Seite 120) machen sich ab diesem Zeitraum nicht mehr allzu stark in der (Netto-)Rendite (siehe Seite 22) bemerkbar.

Weltweit investierende Rentenfonds

Nicht jeder Zinssparer will sich mit den Renditemöglichkeiten zufriedengeben, die am heimischen Kapitalmarkt zu finden sind. Manch einer wagt den Sprung über die Eurogrenzen, weil sich in einigen anderen Währungsräumen höhere Renditen holen lassen als vor der eigenen Haustür.

Fonds bieten dabei den Vorteil, dass sie einen einfachen Zugang zu den internationalen Zinsmärkten ermöglichen.

Mit Rentenfonds Europa können Fondssparer das Anlagespektrum gegenüber den ausschließlich in Euro-Papieren investierenden Fonds behutsam erweitern. Diese Fonds legen ihren Schwerpunkt zwar auch auf Euro-Anleihen, aber der Fondsmanager mischt dazu Papiere aus Ländern außerhalb von Euroland einschließlich der entsprechenden Währungen: zum Beispiel Anleihen, die auf britische Pfund oder polnische Zloty lauten. Diese Strategie bringt nicht selten ein deutliches Plus an Rendite bei einem vergleichsweise überschaubaren Währungsrisiko, denn die Kursschwankungen dieser „Nachbar"-Währungen zum Euro halten sich in Grenzen.

RENTENFONDS FREMDWÄHRUNG

➲ **Renditechance**

➲ **Sicherheit**

Anlageziel: kurz- bis mittelfristige Spekulation

Fondscharakter: Beimischung

Geeignet für: Anleger, die vom höheren Zinsniveau in anderen Währungsräumen profitieren wollen und zusätzlich auf Währungskursveränderungen spekulieren.

(Bewertungskriterien dazu siehe Seite 184.)

Noch einen Schritt weiter gehen Anleger, wenn sie mit einem weltweit anlegenden Rentenfonds, auch Rentenfonds Welt genannt, ihre Gelder an den Kapitalmärkten rund um den Globus investieren. Wie bei den Rentenfonds Euroland ist auch bei den weltweit anlegenden Fonds eine Unterteilung nach Emittenten möglich – zum Beispiel in Rentenfonds, die weltweit in Staatsanleihen, und welche, die in Unternehmensanleihen investieren. Üblich ist es dabei auch, nach der Bonität, also der Kreditwürdigkeit des Herausgebers, zu unterscheiden. Der Zusatz „Investment Grade" bedeutet, dass sich die Fonds auf Papiere mit erstklassiger oder zumindest durchweg guter Bonität, also auf Papiere mit einem guten Rating (siehe nachfolgender Abschnitt), konzentrieren, mithin nur Anleihen vergleichsweise sicherer Herausgeber ins Depot nehmen.

Das entgegengesetzte Anlagekonzept, nämlich ausschließlich Papiere von Emittenten mit nicht so guter Bonität zu kaufen, verfolgen Hochzinsfonds, die im nachfolgenden Abschnitt vorgestellt werden. Allen weltweit anlegenden Rentenfonds ist gemein, dass Anleger mit ihnen höhere Renditechancen in anderen Währungsräumen nutzen und zusätzlich noch auf Devisenkursgewinne hoffen können. Aber es besteht auch das Risiko, entsprechende Verluste einzufahren. Denn anders als bei Aktienfonds erhöht eine breite Streuung auf viele verschiedene Währungen bei Rentenfonds die Gefahr, ein Minus zu machen.

Hochzinsmärkte

Auch bei der Anlage in Zinspapieren gilt: Wer sehr sichere Anleihen kauft, muss deutliche Abstriche bei der Rendite machen. Denn maßgeblich für den laufenden Zins, den ein Herausgeber auf seine Anleihen zahlt, ist seine Kreditwürdigkeit. Faustregel: Je besser die Bonität des Herausgebers, desto sicherer ist die Zahlung von Zins und Tilgung und desto niedriger fällt der laufende Ertrag der Anleihe aus.

Rating: Orientierungshilfe mit Tücken

Die Kreditwürdigkeit von Staaten, Banken und Industrieunternehmen, die Anleihen herausgeben, wird regelmäßig von sogenannten Rating-Agenturen beurteilt. Die bekanntesten sind Moody's, Standard & Poor's und Fitch. Diese Agenturen vergeben ihre Ratings nach einer Art Schulnotensystem. Bei Standard & Poor's zum Beispiel gilt eine Note von „AAA" als Bestwert, bei Herausgebern mit einem Rating

DIE NOTENSKALA DER BONITÄTSPRÜFER

	Moody's	Standard & Poor's, Fitch	Was steckt hinter der Note?
Investment Grade	Aaa	AAA	Hochqualitative Anleihen. Die Rückzahlung von Zinsen und des eingesetzten Kapitals gilt als sehr sicher.
	Aa1; Aa2; Aa3	AA+; AA; AA–	Anleihen mit sehr hoher Sicherheit, geringes Ausfallrisiko. Zins und Tilgung werden mit sehr hoher Wahrscheinlichkeit geleistet.
	A1; A2; A3	A+; A; A–	Gute Bonität. Viele Kriterien deuten darauf hin, dass Zins und Tilgung geleistet werden. Es gibt aber ein Restrisiko.
	Baa1; Baa2; Baa3	BBB+; BBB; BBB–	Durchschnittliche Bonität. Anleger, die nicht spekulieren wollen, sollten keine schlechter bewerteten Anleihen kaufen.
Non-Investment Grade	Ba1; Ba2; Ba3	BB+; BB; BB–	Hohes Risiko. Zurzeit werden Zins und Tilgung zwar noch gezahlt, doch langfristig ist das Risiko eines Zahlungsausfalls hoch.
	B1; B2; B3	B+; B; B–	Spekulative Anlage. Rückzahlung der Anleihen ist stark gefährdet.
	Caa; Ca; C	CCC; CC; C	Hoch spekulativ. Zahlungsverzug ist eingetreten (Moody's) oder es besteht eine direkte Gefahr für einen Zahlungsverzug (S&P).

von „BB" sind dagegen schon Zweifel angebracht, was die Rückzahlung ihrer Schulden angeht. Sie zählen aus Anlegersicht bereits zu einem spekulativen Investment. Anleger, die auf Nummer sicher gehen wollen, sollten daher keinen Herausgeber wählen, dessen Rating schlechter als „A+" oder „A" bzw. „A2" ist (so ist das Bewertungssystem von Standard & Poor's beziehungsweise von Moody's; siehe Tabelle Seite 99).

Dabei muss jedoch berücksichtigt werden, dass die Rating-Agenturen eine Schwäche haben: Sie warten häufig sehr lange, ehe sie ihre Einschätzung an eine veränderte Situation anpassen. So haben Moody's und S&P zum Beispiel im Zuge der zurückliegenden Finanzkrise die Noten vieler Banken gesenkt, nachdem es bereits eine Reihe von Bankpleiten gegeben hatte. Umgekehrt haben die Agenturen in der nachfolgenden Erholung lange gewartet, ehe sie ihre Bonitätseinschätzung bei vielen Geldinstituten und Industriekonzernen wieder nach oben gesetzt haben. Ein gutes Rating ist also nicht mehr als ein Hinweis auf die ausreichende Finanzkraft und Bonität eines Anleiheherausgebers. Beide Faktoren können sich jedoch im Zeitablauf bis zur Fälligkeit eines Zinspapiers ändern.

Allerdings gibt es auch unter Zinsanlegern risikobereite Naturen. Sie können genau den umgekehrten Weg gehen: Statt den Sicherheitsgedanken zu betonen und ausschließlich auf sehr hochwertige Staatsanleihen (oder Pfandbriefe) zu setzen, etwa mit einem ETF auf den Barclay Capital Euro Treasury, konzentrieren sie sich auf Hochzinsanleihen und wahren so ihre Chance auf einen besonderen Renditekick. Hochzinsanleihen sind Papiere, die gemessen am allgemeinen Zinsniveau überdurchschnittlich hohe Renditen bringen. Warum, ist leicht zu erklären: Das Risiko, dass der Herausgeber der entsprechenden Anleihe während der Laufzeit Konkurs anmelden muss und keine Zinsen zahlen, geschweige denn am Ende der Laufzeit seine Anleihe tilgen kann, ist hoch. Viele dieser Herausgeber haben daher ein Rating von „BB" oder schlechter. Damit die Papiere von Emittenten mit schlechter Bonität an der Börse überhaupt Abnehmer finden, müssen sie einen Zinsaufschlag gegenüber den Papieren von erstklassig eingestuften Herausgebern bieten.

In diesen Hochzinsmärkten gibt es grundsätzlich zwei mögliche Anlagestrategien: Der Anleger kauft Staatsanleihen von Schwellenländern (siehe Seite 86), oder er konzentriert sich auf Papiere nicht staatlicher Herausgeber, also Schuldverschreibungen großer Geschäftsbanken und Industriekonzerne. In der Fachsprache werden diese Papiere Bank Bonds beziehungsweise Corporate Bonds genannt.

Natürlich lassen sich die Schuldner aus dieser relativ großen Gruppe nicht alle in einen Topf werfen. Es gibt auch unter den Unternehmensanleihen Herausgeber, die vergleichsweise sicher sind. Dazu gehören beispielsweise international bekannte

Großkonzerne wie etwa Telekommunikationsgesellschaften und Automobilproduzenten, die zum großen Teil als sehr solide gelten. Auf der anderen Seite gibt es relativ kleine Unternehmen mit einem eher zweifelhaften Ruf als Anleiheherausgeber. Mitunter werden deren Aktien noch nicht mal an der Börse gehandelt.

In diesem Anlagespektrum bietet sich der Kauf spezieller High-Yield-Fonds an (high yield, übersetzt: hohe Zinsen), denn hier können sie ihre Vorteile voll ausspielen: Durch eine breite Streuung – viel breiter, als das einem Privatanleger möglich wäre – lässt sich das höhere Risiko dieser Papiere in den Griff bekommen. Erweist sich eine der Anleihen als Flop, weil der Herausgeber seine Zahlungen einstellt, wird das durch die überdurchschnittlich hohe Verzinsung der anderen Papiere, die am Ende vereinbarungsgemäß zurückgezahlt werden, meistens wettgemacht. Zudem behält der Fondsmanager die Übersicht über das große Angebot und kommt bei Papieren, die neu auf den Markt gebracht werden, wesentlich besser zum Zuge als ein Normalsparer – nicht zuletzt, weil viele dieser Papiere in der kleinsten Nennwertstückelung (siehe Seite 61) von 10000 oder gar 50000 Euro aufgelegt werden. Für einen Privatanleger ist der direkte Kauf solcher Papiere also nicht nur sehr risikoreich, sondern wegen der hohen Mindestanlagebeträge oft auch unerschwinglich. Mit einem High-Yield-Fonds – zum Beipsiel einen ETF auf den Barclays-High-Yield-Very-Liquid-Index – bekommt er jedoch vergleichsweise einfachen Zugang zu diesen Investments, denn hier ist der Einstieg bereits mit ein paar hundert Euro möglich. Der Fonds selbst legt dagegen Millionenbeträge an, sodass er auch Papiere mit einem höheren Nennwert ohne Probleme kaufen kann.

RENTENFONDS HIGH YIELD

↗ **Renditechance**

↘ **Sicherheit**

Anlageziel: mittel- bis langfristige Geldanlage

Fondscharakter: Beimischung

Geeignet für: Risikobereite Anleger, die höhere Renditen bei vertretbarem Risiko suchen. Nur zur Beimischung für ein breit gestreutes Fondsdepot geeignet. (Bewertungskriterien dazu siehe Seite 184.)

MIT RENTENFONDS STRATEGISCH ANLEGEN

Der vorangegangene Abschnitt zeigt, dass der Manager eines Rentenfonds mit ganz unterschiedlichen Strategien die Rendite des Fonds beeinflussen kann. Grundsätzlich hängt das Anlageergebnis in erster Linie zwar davon ab, wie sich im Anlagezeitraum das allgemeine Zinsniveau an den Kapitalmärkten, in die der Fonds investiert, entwickelt. Durch den zusätzlichen Kauf von Währungspapieren, eine bestimmte Laufzeitenstruktur und die Mischung unterschiedlicher Bonitäten kann der Manager dem Fonds jedoch ein zusätzliches Profil geben. Das muss nicht gleich dazu führen, dass daraus ein hochspekulatives Investment wird. Auch manche Rentenfonds Euro nehmen zum Beispiel „konservative", also vergleichsweise sichere Unternehmensanleihen mit ins Depot.

Bei Rentenfonds, die ihr Geld außerhalb der Eurozone anlegen, spielt außerdem die Währungskursentwicklung eine Rolle. Kurzläuferfonds, die ausschließlich Papiere mit Restlaufzeiten von weniger als drei Jahren ins Depot nehmen, sind Alternativen zu Tages- und Festgeldkonten, die aber gegen gute Bankangebote selten eine Chance haben. Fonds, die auf lange Laufzeiten setzen, stehen im Wettbewerb mit langfristigen Bundeswertpapieren und Bankschuldverschreibungen, die in den vergangenen Jahren aber zeitweise historisch niedrige Zinsen abgeworfen haben. Anders sieht die Situation bei High-Yield-Fonds aus: Auf Jahre mit zweistelligen Renditen folgten in der Vergangenheit mehr oder minder ausgeprägte Verlustphasen. Das heißt: Die Renditechancen sind höher als bei Euro-Rentenfonds, die Risiken aber ebenfalls.

Rentenfonds gezielt einsetzen

Fehlt es dem Anleger nicht nur an Zeit und Engagement, sondern auch am notwendigen Kapital, um ein strukturiertes Zinsdepot aufzubauen, sind vor allem Rentenindexfonds eine gute Alternative zum Kauf einzelner Anleihen. Wer sich zum Beispiel mit Überlegungen zu Laufzeiten und Währungskursen gar nicht erst auseinandersetzen will, für den ist ein Renten-(Index-)fonds Euro, der in einen Mix aus Anleihen mit kurzen, mittleren und langen Laufzeiten investiert, eine gute Wahl.

Rentenfonds lassen sich darüber hinaus auch mit Aktienfonds Welt oder einem breiten Mix aus Länder- und Regionen-Aktienfonds sinnvoll ergänzen. Auf diese Weise kann der Anleger ein pflegeleichtes Basisdepot (siehe Seite 61) zusammenstellen, bei dem er lediglich die Anteile von Aktien- und Zinsfonds an die eigenen Anlageziele und den eigenen Anlegertypus anpassen muss (siehe Seiten 147, 159). Genauso gut lassen sich Rentenfonds aber auch mit bereits vorhandenen Zinsanlagen, etwa einem Tagesgeldkonto und/oder einem Sparbrief, kombinieren.

Die Anlageergebnisse der Vergangenheit zeigen zwar, dass mit lupenreinen Rentenfonds Euro je nach Anlagezeitraum selten mehr zu holen war als mit vergleichbaren Direktanlagen. Durch Beimischung von breit streuenden Rentenfonds Welt und Europa kann der Anleger jedoch seine Renditechancen aufbessern, und das zusätzliche Risiko hält sich dennoch in einem vergleichsweise engen Rahmen. Allerdings sollten diese Fonds nur zur Abrundung eines größeren Depots mit sicheren Anleihen und Rentenfonds Euro eingesetzt werden.

Ideal kombinieren lassen sich High-Yield-Fonds. Für Zinssparer, die ganz auf Nummer sicher gehen wollen, sind diese Fonds zwar nicht geeignet, dazu ist das Verlustrisiko zu groß. Wer aber einen Hochzinsfonds in einem größeren Depot mit sicheren Zinspapieren und Rentenfonds mixt, kann seine Renditechancen stark erhöhen und gleichzeitig das Gesamtrisiko des Depots deutlich senken. Der Anteil von High-Yield-Fonds sollte jedoch höchstens 10 Prozent betragen.

Auch Anleger, die eine bestimmte Meinung zur zukünftigen Zinsentwicklung haben, können dies mit einem entsprechenden Rentenfonds gezielt umsetzen. Voraussetzung ist, dass sie einen Fonds mit klarem Laufzeitenprofil kaufen. Kurzläuferfonds erster Qualität sind zum Beispiel eine gute Wahl für denjenigen, der stark steigende Zinsen am Kapitalmarkt erwartet. Wer dagegen von langfristig fallenden Renditen ausgeht, sollte zu einem Fonds greifen, der bevorzugt in langlaufende Papiere investiert.

SELBST ENTSCHEIDEN ODER RUNDUM-SORGLOS-PAKET?

Allerdings: Wenn Sie in dieser Weise selbst eine Art aktives Fondsmanagement betreiben und dabei, wenn auch nur als Beimischung, relativ spekulative Fonds kaufen, sollten Sie wie bei der Kombination verschiedener Aktienfonds bedenken, dass Sie dem Fondsmanager einen Teil des Anlage- und Entscheidungsprozesses aus der Hand nehmen und Zins- und Währungschancen beziehungsweise -risiken in bestimmten Grenzen eigenständig steuern.

AUSWAHL UND KAUF

Qualität hat ihren Preis – diese Regel gilt bei Fonds nicht unbedingt. Denn bei dieser Anlageform zehren eine Reihe ganz unterschiedlicher Kostenbestandteile an der Rendite. Dazu kommt, dass Anleger Fonds über äußerst vielfältige Handelswege kaufen können, deren Vor- und Nachteile sie kennen sollten.

ORIENTIERUNGSHILFE FÜR FONDSANLEGER

Die in den vorangegangenen Kapiteln vorgenommene Vorstellung der Fonds nach Gruppen und Typen ist zwar eine unverzichtbare Orientierungshilfe, um Chancen und Risiken einschätzen zu können. Aber wie findet man im großen Angebot einen Fonds, der nicht nur zu den eigenen Anlagezielen passt, sondern auch noch qualitativ gut ist? Angesichts der weit über 10 000 hierzulande angebotenen Fonds stellt sich für jeden Fondsanleger die Frage nach der Qualität. Denn natürlich gibt es zwischen den einzelnen Angeboten innerhalb einer Fondsgruppe in diesem Punkt mehr oder minder große Unterschiede.

Es bedarf also eines fairen Vergleichs, um diese Unterschiede messbar und auch für in Finanzdingen unerfahrene Anleger nachvollziehbar zu machen. Die meisten Anleger würden sicherlich, wenn man sie danach fragte, einen Fonds „gut" nennen, der in der Vergangenheit eine hohe Rendite erbracht hat. So zu urteilen ist naheliegend, denn wer einen Fonds kauft, möchte, dass der Fondsmanager das Beste aus dem Anlagebetrag herausholt. Doch Fakt ist, dass auch noch einige andere Kriterien zählen, um einen „guten" Fonds zu finden. Zu groß ist die Gefahr, völlig falsche Schlussfolgerungen zu ziehen, wenn man allein die Rendite mehrerer Fonds miteinander vergleicht.

Der erste Fehler wäre, absolute Renditezahlen wahllos einander gegenüberzustellen. Ein Fonds, der in einem Jahr 5 Prozent erwirtschaftet hat, ist nicht automatisch schlechter als einer, der 10 Prozent geschafft hat. Wer so vorgeht, vergleicht Äpfel und Birnen miteinander. Schließlich muss stets berücksichtigt werden, in welche Anlageformen ein Fonds investiert, also welcher Gruppe er zugeordnet werden kann. Aktienfonds lassen sich nicht mit Rentenfonds vergleichen. Und auch innerhalb einer Fondsgruppe legen die einzelnen Fonds ihre Gelder mitunter in ganz unterschiedlichen Märkten und Regionen und nach verschiedenen Strategien an. Entsprechend unterschiedlich fallen die Ergebnisse aus: Ein Rentenfonds, der in sichere Staatsanleihen investiert (siehe Seite 95), erzielt ganz andere Ergebnisse als einer, der mit Zinspapieren aus Schwellenländern spekuliert, ein Aktienfonds, der ausschließlich Standardaktien kauft und seine Gelder weltweit streut, ganz andere als einer, der sie in kleine, hochspekulative Nebenwerte steckt (siehe Seite 92).

Es kommt also darauf an, immer nur die Fonds innerhalb einer Gruppe miteinander zu vergleichen und dabei die Anlageergebnisse in Relation zum Marktumfeld zu setzen – etwa mithilfe des Fondsgruppendurchschnitts und eines Index. Dies sind faire Beurteilungsmaßstäbe dafür, wie gut oder schlecht ein Fondsmanager gearbeitet hat.

Das setzt dann allerdings auch voraus, dass dafür ein Index verwendet wird, dessen Zusammensetzung und regionale Ausrichtung sich mit der Anlagestrategie des Fonds in etwa decken. In der Praxis können Anleger angesichts der ausgetüftelten Anlagemodelle, die einige Fonds verfolgen, in diesem Punkt schnell an Grenzen stoßen.

Zeitspannen unbedingt beachten

Wichtig in diesem Zusammenhang ist auch, die Anlageergebnisse einzelner Fonds für jeweils identische Zeiträume miteinander zu vergleichen und einen passenden Zeitraum zu wählen. Eine Spanne von zum Beispiel einem Jahr gilt für einen Aktienfonds als viel zu kurz und wenig aussagekräftig.

Umgekehrt kann aber auch die Wahl eines sehr langen Zeitraums, etwa zehn Jahre, über Schwächen des Fondsmanagements hinwegtäuschen – beispielsweise, indem sieben schwache Jahre durch drei überragend gute Jahre am Ende ausgebügelt wurden.

Empfehlenswert ist es daher, innerhalb des Betrachtungszeitraums auch die Resultate für Teilabschnitte zu beachten, um so ein vollständigeres Bild von der qualitativen Konstanz der Anlageergebnisse eines Fonds zu bekommen. Doch selbst wenn ein Fonds in einer eng gefassten, untereinander vergleichbaren Gruppe ein gutes Anlageergebnis erzielt, heißt das immer noch nicht, dass der Fonds für jeden Anleger infrage kommt. Genauso wichtig wie eine hohe Rendite ist, dass der Fonds gemessen am Anlageergebnis keine unverhältnismäßig großen Risiken eingeht, die unter Umständen viel höher sind, als es der Risikoneigung des Anlegers entspricht.

Eine Rendite von beispielsweise 15 Prozent mag zwar unter Umständen auch in Relation zum Vergleichsindex auf den ersten Blick beeindruckend sein. Doch wenn die Nerven des Anlegers zwischenzeitlich blank liegen, weil er für dieses Anlageergebnis hohe Kursschwankungen in Kauf nehmen muss, wird er vielleicht dankend abwinken. Für ihn kann der Fonds eine bessere Wahl sein, der im gleichen Zeitraum zum Beispiel „nur" 6 Prozent erzielt hat, dafür aber kaum Kursschwankungen aufweist, weil der Fondsmanager nur sehr geringe Risiken eingegangen ist.

INFO **Babylonisches Sprachgewirr**

Wenn es um den Ertrag eines Fonds geht, jonglieren Bankberater und Finanzexperten gerne mit den unterschiedlichsten Begriffen. Die einen sprechen von „Performance", andere wiederum von „Wertentwicklung" oder „Wertzuwachs", und nicht zuletzt gibt es auch noch die „Rendite".
Alle Begriffe stehen für den Anlageerfolg, den ein Fonds innerhalb eines bestimmten Zeitraums im Verhältnis zum Kapitaleinsatz (ohne Berücksichtigung der Kaufkosten) hatte. Dennoch gibt es im Detail Unterschiede, die Verwirrung stiften können.

- Kursentwicklung: Kennzahl, die lediglich die Kursveränderungen berücksichtigt. Steigt zum Beispiel der Anteilspreis eines Fonds innerhalb eines halben Jahres von 100 auf 120 Euro, dann entspricht das einer Kursentwicklung von 20 Prozent für dieses halbe Jahr. Auf Jahresbasis würde das wegen des zu berücksichtigenden Zinseszinseffektes allerdings einem Ergebnis von 44 Prozent entsprechen.
- Wertentwicklung/Performance: Neben den Kursveränderungen gehen auch die Ertragsausschüttungen wie Zinsen und Dividenden (siehe Seite 55) in die Berechnung ein. Bei der Berechnung der Wertentwicklung/Performance wird dann unterstellt, dass der Anleger die Ausschüttung in Fondsanteile reinvestiert hat und so den Zinseszinseffekt nutzt.
- Rendite: Die Wertentwicklung beziehungsweise die Performance entspricht nur in Ausnahmefällen der Rendite. Während die Rendite immer als ein Prozentwert pro Jahr angegeben wird, beziehen sich Wertentwicklung/Performance nicht unbedingt auf einen Jahreszeitraum. Die Zeitspanne kann beliebig variieren. Die Wertentwicklungen/Performances zweier Fonds sind allerdings lediglich dann miteinander vergleichbar, wenn sie exakt im gleichen Zeitraum erzielt worden sind. Für Anleger ist wichtig zu wissen: Die Angabe der Performance oder der Wertentwicklung besitzt nur einen eingeschränkten

Informationsgehalt, wenn nicht klar ist, auf welche Zeitspanne sich dieser Wert bezieht. Eine Performance von beispielsweise 100 Prozent in einem Jahr stellt eine ganz andere Leistung dar als in zehn Jahren.

- Rechenfalle Zinseszinseffekt: Ein typischer Stolperstein bei der Berechnung der Rendite ist, dass der Wert bei Zeiträumen von unter einem Jahr einfach im Verhältnis zur Anzahl der Monate multipliziert wird, also zum Beispiel mit zwölf, wenn die Performance für einen Monat angegeben wurde, oder bei mehrjährigen Angaben durch die Anzahl der Jahre dividiert wird. Wer so kalkuliert, blendet den wichtigen Zinseszinseffekt aus. Eine Performance von 100 Prozent in zehn Jahren ergibt nicht etwa eine jährliche Rendite von 10 Prozent (100 Prozent dividiert durch zehn Jahre), sondern wegen des Zinseszinseffekts „nur" von rund 7,2 Prozent.
- Rechenfalle aufeinanderfolgende Zeiträume: Eine weitere Fehlerquelle ist, wenn Performancewerte oder Wertentwicklungszahlen aufeinanderfolgender Zeiträume einfach addiert oder subtrahiert werden. Ein einfaches Beispiel: Ein Fonds erwirtschaftet in einem Jahr ein Plus von 20 Prozent und im nächsten Jahr ein Minus von 10 Prozent. Der Anleger hat nach zwei Jahren nicht etwa einen Wertzuwachs von 10 Prozent, sondern nur von 8 Prozent erzielt. Denn angenommen, der Einstandskurs liegt bei 100 Euro, dann sind daraus nach dem ersten Jahr 120 Euro geworden. Ende des zweiten Jahres ist das Papier nur noch 108 Euro (120 – (120 × 0,9)) wert.

So oder so: Kennzahlen bringen Klarheit

Um herauszufinden, in welchem Verhältnis die Wertentwicklung eines Fonds zum eingegangenen Risiko steht, verwenden Fachleute eine Reihe von Kennzahlen. Eine der wichtigsten ist die Volatilität (siehe Seite 93). Dabei gilt, dass ein Anleger, der bei seinen Geldanlagen auf Nummer sicher gehen will, von zwei beziehungsweise mehreren Fonds denjenigen wählt, der bei annähernd gleichem Ergebnis die geringere Wertschwankung aufweist.

Ein einfaches Beispiel dafür: Einen Fonds, der einigermaßen stabil 6 Prozent pro Jahr abwirft und nach drei Jahren auf ein Gesamtergebnis von rund 19 Prozent kommt (100 × 1,06 × 1,06 × 1,06 – 100 = 19,1), werden sicherheitsorientierte Anleger eher kaufen als einen, der im ersten Jahr 10 Prozent gewinnt, im Jahr drauf 5 Prozent verliert und zum Schluss noch einmal fast 14 Prozent zulegt (1. Jahr: 100 × 1,1 = 110; 2. Jahr: 110 x (1 – 0,05) = 104,5, 3. Jahr: 104,5 x 1,14 – 100 = 19,13).

Auf drei Jahre gesehen kommen beide Fonds auf das annähernd identische Endergebnis. Doch das Beispiel zeigt auch: Je höher die Schwankungen des Fondsanteils, desto größer ist die Wahrscheinlichkeit, dass ein gutes Ergebnis nur ein „Glückstreffer" war, der sich durch die Wahl des Betrachtungszeitraums und des Stichtags ergeben hat. Gleiches gilt umgekehrt: Ein schlechtes Ergebnis kann einfach nur „Pech" sein, das auf die zufällige Wahl der Stichtage oder des Anlagezeitraums zurückzuführen ist.

RENDITERECHNER FRAGEN GENAU NACH

Lassen Sie sich nicht von zwei- oder dreistelligen Wertzuwächsen blenden. Fragen Sie Ihren Bankberater stattdessen nach der durchschnittlichen Jahresrendite für diesen Zeitraum – alternativ mit und ohne Berücksichtigung der Kaufgebühren.

Nicht nur nackte Zahlen betrachten

Neben diesen rein quantitativen Kriterien scheiden sich die Meinungen der Fachleute in der Frage, inwieweit auch qualitative Kriterien bei der Wahl eines Fonds eine Rolle spielen sollten. Dazu gehören die Qualität des Fondsmanagers ebenso wie der Managementansatz (siehe Seite 81) und die Reputation der Fondsgesellschaft.

Der Haken daran: Mit objektiven Kriterien sind diese Merkmale nicht zu messen. So steht zum Beispiel außer Frage, dass ein Wechsel des Managers bei einem aktiv gemanagten Fonds ein gewisses Risiko darstellt. Aber genauso gut kann es sein, dass der neue Mann oder die neue Frau mit unverbrauchten Ideen frischen Wind in das Fondsdepot bringt. Zudem arbeiten heute viele Fondsgesellschaften mit einem Teamansatz, damit ein Fonds nicht zu abhängig wird von einem einzelnen Manager.

Die Fondsbewertung von Finanztest

Kaum ein Anleger, der beginnt, sich mit Fonds zu beschäftigen, dürfte in der Lage sein, die qualitativ und quantitativ besten Fonds zu ermitteln und die Produkte aus dem breiten Angebot der in Deutschland zugelassenen Fonds herauszupicken, die zu seinen Anlagebedürfnissen passen. Die Stiftung Warentest bietet genau für diesen Fall unabhängige Hilfestellung an. Sie nimmt seit rund 20 Jahren die Qualität von Fonds regelmäßig unter die Lupe, um so Verbrauchern eine Orientierung bei der Wahl ihrer Geldanlagen zu geben. Die Ergebnisse veröffentlicht sie monatlich aktualisiert in ihrer Zeitschrift Finanztest, und in Form eines Analysewerkzeugs, dem Fonds-Produktfinder, den sie online auf ihrer Homepage unter www.test.de/fonds zur Verfügung stellt.

Auch unerfahrene Anleger können die Ergebnisse nachvollziehen und für sich selbst nutzen – unabhängig davon, ob sie Geld neu in einen Fonds investieren oder nachschauen wollen, wie gut oder schlecht sich die Fonds in ihrem Depot im Vergleich entwickeln. Sie können das Angebot auch nach einzelnen Fondsgruppen eingrenzen und sich zum Beispiel alle Aktienfonds Welt oder Rentenfonds Staatsanleihen Euroland anzeigen lassen.

Informationen zu rund 17 000 Fonds

In beiden Fällen bekommen sie über den Produktfinder online wesentliche Basisinformationen zu insgesamt über 17 000 Fonds. Dazu gehören zum Beispiel das Auflagedatum und die Höhe der laufenden Kosten eines bestimmten Fonds. Sie bekommen außerdem Angaben dazu, ob es sich um einen aktiv gemanagten Fonds oder einen ETF handelt, ob die Erträge ausgeschüttet oder thesauriert werden (siehe Seite 136), welche Anlageergebnisse der Fonds in den vergangenen zwölf Monaten beziehungsweise in den vergangenen fünf Jahren erwirtschaftet hat. Sie erfahren zudem, welches Anlagerisiko er dabei eingegangen ist, das heißt, wie groß die Kursschwankungen waren.

Strenge Auswahlkriterien

Alle diese Informationen können interessierte Fondssparer zunächst kostenfrei abfragen. Für eine Anlageentscheidung viel wichtiger ist aber die Bewertung des Fonds. Sie gibt Aufschluss darüber, wie sich der Fonds in puncto Performance und Risiko im Vergleich zu Fonds aus derselben Gruppe (siehe Seite 82) geschlagen hat. Dazu filtern die Experten der Stiftung Warentest zunächst das gesamte Feld nach bestimmten Kriterien aus. Aussortiert werden Fonds, die

- steuerlich intransparent sind, sodass Käufer erhebliche steuerliche Nachteile haben,
- ihre Anlagen in ausländischen Währungen wie zum Beispiel Dollar oder Schweizer Franken absichern, weil dies aus Sicht eines Anlegers, der im Euroraum zu Hause ist, nicht sinnvoll ist,
- nur eingeschränkt gehandelt werden können – zum Beispiel ETFs, die nicht an einer deutschen Börse notiert werden (siehe Seite 129),
- jünger als fünf Jahre sind,
- ein Gesamtvolumen von unter 50 Millionen Euro aufweisen,
- sehr spezielle Anlagestrategien verfolgen und deshalb für Privatanleger kaum geeignet sind.

Die verbleibenden Fonds bekommen eine Finanztest-Bewertung zwischen einem Punkt (stark unterdurchschnittlich innerhalb der Fondsgruppe) und fünf Punkten (stark überdurchschnittlich). Per Ende März 2014 waren das rund 3 000 Fonds aus insgesamt 36 Fondsgruppen, wobei laufend sowohl neue Fonds als auch neue Fondsgruppen hinzukommen.

Glücks- und Pechrendite

Für die Finanztest-Bewertung ermitteln die Fonds-Experten zunächst die Monatsrenditen der vergangenen fünf Jahre. Dann trennen sie die Monate, in denen der jeweilige Fonds ein Plus erwirtschaftet hat, von jenen, in denen er Verlust gemacht hat. Aus den Gewinnmonaten wird das Chancenmaß berechnet – die

„Glücksrendite". Aus den Monaten mit einem Minus wird das Risiko des Fonds ermittelt („Pechrendite").

Je besser das Verhältnis von Chancen zu Risiken ist, desto höher fällt die Finanztest-Bewertung aus: Die besten 10 Prozent einer Fondsgruppe bekommen fünf Punkte, die schlechtesten 10 Prozent erhalten einen Punkt. Die 30 Prozent Mittelmaß erhalten drei Punkte. Die Viertel jeweils unmittelbar über beziehungsweise unter dem Mittelmaß bekommen vier beziehungsweise zwei Punkte. Wichtig zu wissen: Mit jedem neuen Monat kann sich die Bewertung ändern.

Allerdings können sich der Finanztest-Bewertung zufolge gute Fonds erheblich voneinander unterscheiden. Ein Fonds erhält vielleicht gerade deshalb fünf Punkte, weil sein Manager sehr offensiv investiert hat und er eine hohe „Glücksrendite" erzielt hat. Ein anderer Fondsverwalter bekommt unter Umständen deswegen die Höchstwertung, weil er ein besonders geringes Risiko eingegangen ist. An dieser Stelle ist der Anleger gefragt. Er muss sich entscheiden, ob er bei seiner Auswahl eher hohen Chancen oder einem geringen Risiko den Vorzug geben will.

Zusätzliche Orientierung

Der kostenpflichtige Teil des Produktfinders gibt zusätzliche Orientierung. Dort schlüsseln die Experten der Stiftung Warentest die Bewertung weiter auf nach den Renditen eines Fonds in den vergangenen zwölf Monaten und in den vergangenen fünf Jahren – und zwar relativ zu den Fonds seiner Fondsgruppe. Die Einjahresrendite lässt Rückschlüsse darauf zu, wie gut oder schlecht sich ein Manager aktuell geschlagen hat.

Die Kennzahl „Marktorientierung" gibt konkrete Hinweise darauf, wie eng sich der Fondsverwalter beim Aufbau des Depots am jeweiligen Markt orientiert oder ob er eher seinen eigenen Ideen folgt. Ein niedriger Wert bei der Marktorientierung weist auf eine eigenwillige Anlagestrategie hin. Ein Wert von 100 Prozent bedeutet, dass sich der Fonds genau mit dem Markt bewegt. Werte über 80 Prozent bedeuten immer noch eine relativ große Nähe zum Markt. Je weiter der Fonds unter diesem Wert liegt, desto mehr eigene Ideen bringt der Manager ins Spiel. Der Anleger kann davon profitieren, indem er bewusst einen Fonds wählt, der eigene Strategien verfolgt, er trägt dann aber auch das Risiko, dass der Manager mit seinen Entscheidungen unter Umständen danebenliegt.

Schulzensur für Fonds-Emittenten

Neben der Stiftung Warentest haben sich auch andere Unternehmen darauf spezialisiert, die Qualität von Fonds zu untersuchen. Deren Experten ermitteln für eine Vielzahl von Fonds regelmäßig deren Anlageergebnisse und führen mitunter einen umfassenden Check durch. Auf Basis dieser Daten erstellen sie Ranglisten, die sie in Tages- und Wochenzeitungen, Zeitschriften oder im Internet veröffentlichen und so der breiten Öffentlichkeit zur Verfügung stellen. Manche Anbieter vergeben auch Ratings – so wie Bonitätsagenturen am Anleihemarkt (siehe Seite 99).

In puncto Ausfallrisiko haben Anleger bei einem Fonds zwar wenig zu befürchten, weswegen das Rating bei Fonds eher einer Qualitätsnote gleichkommt und nicht etwa die Bonität der Fondsgesellschaft bewertet. Aber beim Fonds-Rating stehen die Anleger vor dem Problem, dass es in Sachen Noten ein Wirrwarr gibt. Die einen Anbieter verwenden Buchstaben, andere Sterne, wieder andere Medaillen.

Gänzlich verwirrend ist, dass ein und derselbe Fonds bei einem Anbieter eine gute Note bekommt, bei einem anderen jedoch im Mittelmaß versinkt. Der Grund: In Sachen Methodik und Konzeption kocht jede Fondsrating-Agentur ihr eigenes Süppchen. Die einen vergeben nur Noten an die „besten" Fonds, die anderen beurteilen alle Produkte. Mal ist die Wertentwicklung maßgebend, in einem anderen Fall spielt auch das Gespräch mit dem Fondsmanager eine Rolle.

Der unerfahrene Anleger wäre überfordert, müsste er sich mit all diesen Konzepten beschäftigen. Er käme kaum klar mit der Flut an Bewertungen. Anleger sind daher gut beraten, wenn sie Fondsbewertungen – auch Finanztest-Bewertungen – weder als Vollkaskoversicherung noch als eine Art Unbedenklichkeitsbestätigung im Sinne einer Tüv-Plakette verstehen.

Ein entscheidendes Dilemma einer jeden Bewertung, egal ob in einer Bestenliste oder bei einem Rating, lässt sich auch mit einer noch so ausgetüftelten Testsystematik nicht umgehen: Es ist eine Vergangenheitsbetrachtung auf Basis der historischen Wertentwicklungen und in manchen Fällen einer qualitativen Analyse des Managements. Daraus eindeutige Hinweise auf die Erfolgswahrscheinlichkeit eines Fonds in der Zukunft abzuleiten, ist, wenn überhaupt, nur bedingt möglich.

INFO **Fondsanalysen im Internet**

- Lipper Leaders: www.lipperleaders.com
- Morningstar: www.morningstar.de
- Standard & Poor's: www.standardandpoors.com
- Stiftung Warentest: www.test.de/fonds

UND BITTE NIE VERGESSEN! Bewertungen sind nicht mehr als eine Entscheidungshilfe beim Fondskauf. Denn sie signalisieren Ihnen lediglich, welcher Fondsmanager in jüngerer Vergangenheit mit dem Geld seiner Kunden gut gewirtschaftet hat. Beim Fondsvergleich der Stiftung Warentest können Sie zudem genau abschätzen, wie marktnah, also aktiv ein Fonds gegenüber einem ETF mit vergleichbarem Anlageschwerpunkt gemanagt wird. Eine Garantie für eine zukünftig ebenso gute Wertentwicklung bekommen Sie damit nicht. Denn im Lauf der Zeit kann sich aus den verschiedensten Gründen die Anlagequalität eines Fonds ändern – positiv, aber auch negativ.

Doch eine sorgfältige Fondsanalyse, ob mit oder ohne Note, bewahrt den Sparer zumindest davor, einem Depotverwalter zu vertrauen, dessen Arbeit bislang nicht zu überzeugen wusste. Sie hilft also, grobe Fehler zu vermeiden, indem sie Anleger dabei unterstützt, nicht gerade den schlechtesten Fonds zu wählen. Denn, um ein Bild aus dem Fußball zu wählen, die Kreisligisten unter den Fonds steigen selten in die Bundesliga auf – auch wenn es gelegentlich Ausnahmen geben mag.

Wichtig ist auf jeden Fall, sich nach dem Kauf nicht allein auf das Urteil der Experten zu verlassen, sondern auch selbst in regelmäßigen Abständen die Wertentwicklung der eigenen Fonds zumindest mit der allgemeinen Markttendenz, etwa einem passenden Index, zu vergleichen.

Vergleichsweise einfach ist das bei Indexfonds möglich. Hilfestellung dafür gibt es an zahlreichen Stellen im Internet (Hinweise siehe Seite 182).

GUTE BERATUNG DRINGEND GESUCHT

Trotz dieser Orientierungshilfen durch Fondsratings wird nicht jeder nach der Lektüre dieses Ratgebers alle Dinge sofort selbst in die Hand nehmen wollen. Manch ein Anleger wird darüber hinaus fachmännischen Rat suchen, um seine Fondsgeschäfte erfolgreich abwickeln zu können. Erste Anlaufstelle ist dabei in vielen Fällen der Berater der eigenen Hausbank.

Der Berater ist bereits mit der Eröffnung eines Depots gesetzlich verpflichtet, eine erste, einführende Anlageberatung vorzunehmen. Diese Regelung ist seit dem Jahresbeginn 2010 durch das „Gesetz zur verbesserten Durchsetzbarkeit von Ansprüchen von Anlegern aus Falschberatung" sogar noch verschärft worden. Das Gesetz ergänzt die Regeln des Wertpapierhandelsgesetzes (WpHG) und die EU-Richtlinie über die Märkte für Finanzinstrumente, kurz Mifid genannt, zur Anlageberatung und den Aufklärungs- und

Sorgfaltspflichten, die Banken ebenso wie freie Finanzberater und Vermögensverwalter gegenüber ihren Wertpapierkunden erfüllen müssen.

Wesentliche Anlegerinformationen

Seit 1. Juli 2011 sind zudem Produktinformationsblätter (PIB) in der Anlageberatung vorgeschrieben. Dabei gibt es bei Investmentfonds die Ausnahme, dass das Informationsblatt durch das „Key Investor Information Document" (KIID) ersetzt wird, das anstelle des bis dahin verwendeten vereinfachten Verkaufsprospektes im Zuge einer Beratung oder eines Fondskaufs an den Anleger ausgehändigt werden muss. Oftmals wird das KIID auch unter dem Titel „Wesentliche Anlegerinformationen" verteilt. Das Dokument soll darüber informieren, wie der Fonds genau funktioniert, was er kostet, welche Anlageformen in dem Fonds enthalten und welche Risiken dementsprechend mit dem Investment verbunden sind. Der Gesetzgeber verlangt, dass die Unterlage einfach und verständlich geschrieben ist, maximal zwei DIN-A-4-Seiten umfasst und keine Werbung enthalten darf.

Das Beratungsprotokoll

Zudem ist ein schriftliches Protokoll zwingender Bestandteil jedes Beratungsgesprächs, wenn es um Wertpapiere wie Fonds, aber auch Aktien und Anleihen geht. Eine Ausnahme gibt es dabei: Geht der Kunde auf eigene Initiative in die Filiale beziehungsweise zu einer Direktbank oder ruft seinen Berater an und erteilt ihm ohne vorherige Beratung den Auftrag zum Kauf etwa eines Fonds, ist das Protokoll nicht notwendig. Meist lassen sich die Banken in diesem Fall eine entsprechende Erklärung unterschreiben, dass der Anleger keine Beratung gewünscht hat oder ihm alle für die Anlageentscheidung relevanten Informationen bekannt sind. Doch kann das ein Anleger überhaupt einschätzen? Und was kann als eigene Initiative gelten?

Nicht nur aufgrund solcher Unklarheiten ist die Unsicherheit im Umgang mit den neuen Regeln in vielen Fällen groß. Ein weiterer Grund dafür ist, dass sich die Bankenverbände und die deutsche Finanzdienstleistungsaufsicht Bafin bisher nicht auf ein einheitliches Formular oder Formblatt einigen konnten, das die wichtigsten Standardfragen auflistet und auf dem der Verlauf des Beratungsgesprächs dokumentiert wird. Nicht zuletzt hat die Stiftung Warentest in vergangenen Untersuchungen immer wieder festgestellt, dass viele Banken bei dem Ausfüllen der Protokolle nachlässig sind und zum Teil gravierende Fehler machen.

Keine konkreten Vorgaben

Konkrete Vorgaben zum Verlauf und Inhalt des Beratungsgesprächs macht der Gesetzgeber nämlich nicht. Er hat lediglich einige Mindestanforderungen festgelegt. Im Protokoll müssen unter anderem

- der Anlass der Beratung,
- die Dauer des Gesprächs,

- die finanzielle Situation des Kunden,
- seine Anlageziele und
- die Empfehlungen der Bank inklusive einer Begründung

festgehalten werden.

Diese Pflicht entfällt, wenn der Kunde mit seinem Berater lediglich über ein neues Sparprodukt wie beispielsweise Tagesgeld oder Festgeld spricht. Gleiches gilt, wenn der Kunde seiner Bank ein Vermögensver-

CHECKLISTE: Beratungsprotokoll

Die Anforderungen und Sorgfaltspflichten, die der Gesetzgeber den Banken bei der Anlageberatung mittlerweile aufgibt, sind hoch. Viele Bankberater sind immer noch unsicher im Umgang mit dem Beratungsprotokoll und machen Fehler beim Ausfüllen, wie Recherchen von Finanztest in der Vergangenheit mehrfach gezeigt haben. Grundsätzlich gilt: Das Protokoll ist gesetzlich vorgeschrieben, und der Bankberater muss es nach einer persönlichen Beratung seinem Kunden aushändigen. Folgende Informationen müssen darin enthalten sein:

- ☐ Wer das Gespräch veranlasst hat – die Bank oder der Anleger?
- ☐ Wie lange das Gespräch gedauert hat.
- ☐ Welche Angaben der Kunde zu seinen persönlichen und finanziellen Verhältnissen gemacht hat.
- ☐ Welche Kenntnisse und Erfahrungen der Kunde mit Geldanlagen hat.
- ☐ Welche Anlageziele der Kunde hat.
- ☐ Welche Empfehlungen der Berater gegeben hat – auch die, von denen der Kunde direkt Abstand genommen hat.
- ☐ Vollständige Angaben über die empfohlenen Anlageprodukte, dazu gehören vor allem Erläuterungen zu den Renditechancen und Verlustrisiken.
- ☐ Warum der Berater die einzelnen Produkte gerade diesem Kunden empfohlen hat beziehungsweise warum er der Meinung ist, dass sie zu den Wünschen des Kunden passen.
- ☐ Der Berater – und nicht etwa der Kunde – muss das Protokoll unterschreiben und nach der Beratung, auf jeden Fall aber vor dem Abschluss einer Geldanlage, aushändigen. Bei einer telefonischen Beratung reicht es, das Protokoll per Post zu verschicken. Findet der Kunde in der Unterlage nachweislich Unstimmigkeiten oder Fehler vor, kann er von einem am Telefon geschlossenen Kaufvertrag innerhalb von sieben Tagen zurücktreten.

Nicht zu verwechseln mit dem Protokoll ist das Produktinformationsblatt (im Falle von Fonds das KIID), das der Berater ebenfalls aushändigen muss.

waltungsmandat erteilt hat, in dessen Rahmen das Geldhaus eigenständige Anlage-Entscheidungen im Sinne des Kunden trifft. Laut Gesetzestext muss der Berater dem Kunden eine Ausfertigung des Protokolls „unverzüglich" nach Abschluss der Anlageberatung zur Verfügung stellen, auf jeden Fall aber vor einem „auf der Beratung beruhenden Geschäftsabschluss" – und der Berater muss das Dokument zu guter Letzt auch unterschreiben.

Dass der Kunde das Beratungsprotokoll ebenfalls unterschreibt, sieht das Gesetz nicht vor. Im Beratungsalltag bestehen jedoch einzelne Geldinstitute darauf. Das Problem dabei: Bei einer möglichen Auseinandersetzung kann sich die Bank auf den Standpunkt stellen, die Unterschrift sei so zu deuten, dass der Kunde das Protokoll inhaltlich anerkannt habe. Doch genau das dürfte im konkreten Fall strittig sein. Aus diesem Grund sollten die Kunden das Protokoll nicht unterschreiben.

Auch die Fondsgesellschaften können schludern

Möglichkeiten zu schludern haben aber nicht nur die Banken und Sparkassen, die eine Beratung übernehmen. Auch der Service der Fondsgesellschaften lässt mitunter zu wünschen übrig. So kommt es vor, dass die Unterlagen, die die Gesellschaften auf Anforderung zuschicken oder die sich im Internet herunterladen lassen, inhaltliche Defizite aufweisen. Interessierte Leser suchen nicht selten aktuelle Daten zur Wertentwicklung eines Fonds einschließlich eines passenden Vergleichsmaßstabes ebenso vergebens wie Informationen zu dem Risiko, das sie mit dem Kauf eines bestimmten Fonds eingehen.

Schwächen in der Praxis

Zu hohe Erwartungen sollten Bankkunden an die Instrumente des Anlegerschutzes nicht haben. Die Stiftung Warentest hat in den vergangenen Jahren regelmäßig die Anlageberatung der Banken getestet und dabei immer wieder zum Teil erhebliche Schwächen bei den Leistungen der Geldhäuser festgestellt. So hangeln sich viele Berater mit Standardformulierungen ebenso durch die Dokumentation wie durch den sogenannten Suitability-Test. Dieser sperrig klingende Test schreibt dem Berater vor, dass er nur Produkte empfehlen darf, die für den jeweiligen Kunden „geeignet" sind. Um beurteilen zu können, was als „geeignet" gelten kann, muss der Berater zuvor nach den Kenntnissen und Erfahrungen mit Geldanlagen, den finanziellen Verhältnissen und den individuellen Anlagezielen seines Kunden fragen.

Die Bank ordnet den Anleger auf Basis dieser Unterlagen einer bestimmten Risiko- oder Anlagekategorie zu, die wiederum bestimmte Anlageformen umfasst, für die der Anleger dann „zugelassen" ist. Das gilt vor allem für den Punkt „Risiken" (der vorgeschlagenen Anlageform), über die der Berater aufklären muss.

Auf die Defizite in Sachen Anlageberatung hat der Gesetzgeber mittlerweile reagiert. Banken und unabhängige Finanzbe-

CHECKLISTE: Materialien der Fondsgesellschaften

Welche Informationen sollten die Materialien der Fondsgesellschaft sinnvollerweise enthalten?

- ☐ **Wertentwicklung:** Die meisten Fondskäufer werden erwarten, dass der Anbieter Angaben dazu macht, wie ein Fonds in unterschiedlichen Zeiträumen abgeschnitten hat – etwa als Durchschnittsangaben in Prozent pro Jahr. Um diese Daten einordnen zu können, sollte auch gesagt werden, wie der Fonds im Vergleich zu einem passenden Marktindex und zu den anderen Fonds innerhalb seiner Fondsgruppe (siehe Seite 81) abgeschnitten hat. Bei Fremdwährungsfonds interessiert die Frage: Wie ist das Anlageergebnis in Euro ausgefallen?
- ☐ **Anlagekonzept:** Ebenso von Interesse ist, wo der Anlageschwerpunkt des Fonds liegt – also zum Beispiel eher bei Anleihen oder bei Aktien – und in welchen Märkten er dabei anlegt. Handelt es sich um einen Aktienfonds, ist es wichtig, ob der Manager bei der Auswahl eher auf kleine oder große Titel setzt.
  Bei Rentenfonds hingegen interessiert, welche Bonitäten und Laufzeiten der Manager bevorzugt (siehe Seite 95). Und nicht zuletzt werden eher auf Sicherheit bedachte Anleger wissen wollen, wie hoch der Fremdwährungsanteil (siehe Seite 97) im Fondsdepot ist.
- ☐ **Risiko:** Auskunftsfreudige Gesellschaften sagen, ob es eine hausinterne Risikoklasse gibt, in die der Fonds eingeordnet wird, und wie sich diese Risikoklasse definiert. Dazu wird angegeben, wie hoch die Wertschwankungen des Fondsanteils über einen bestimmten Zeitraum sind.
- ☐ **Depotstruktur:** Nicht in allen, aber in sehr vielen Fällen bekommen Anleger auf der Internetseite der Fondsgesellschaft Informationen darüber, wie das Fondsvermögen aufgeteilt und wie hoch der Barbestand ist. Dazu werden meistens auch die zehn am stärksten gewichteten Positionen aufgelistet. Außerdem wird das Depot nach Ländern, Branchen, Sektoren und – bei Rentenfonds – nach Emittenten aufgeteilt. Seltener werden Interessenten allerdings fündig, wenn sie wissen wollen, wie viele verschiedene Positionen das Depot insgesamt enthält.
- ☐ **Kosten:** Selbstverständlich möchte jeder Anleger wissen, was er für die Arbeit der Fondsgesellschaft zahlt. Wie hoch sind zum Beispiel der Ausgabeaufschlag (siehe Seite 120) und die laufenden internen Kosten? Und gibt es eine Erfolgsvergütung, und wenn ja, woran orientiert sich der Bonus?
- ☐ **Steuern:** Für immer mehr Anleger ist nach der Einführung der Abgeltungsteuer (siehe Seite 135) auch interessant: Werden die Erträge ausgeschüttet oder wieder mit angelegt?

rater müssen ihren Kunden nunmehr wie oben beschrieben zu jedem Anlageprodukt einen die wesentlichen Anlegerinformationen zusammenfassendes Prospekt aushändigen. Eine Verpflichtung, unabhängig zu informieren, ist angesichts der Untersuchungsergebnisse der Stiftung Warentest positiv zu beurteilen. Doch in der Praxis führen solche Standards oft zu einer Art Schubladendenken.

Fatale Folge: Wer beispielsweise für seine Bank als in Anlagedingen unerfahren gilt, kann meist nicht so ohne Weiteres Aktienfonds, geschweige denn einzelne Aktien kaufen. Jeder Neueinsteiger sollte deshalb von seinem Anlageberater eine individuelle, persönliche Beratung verlangen und bekommen – oder es anderswo versuchen.

Sonderfall: Direktbanken

Direktbanken sind nur per Telefon oder Internet zu erreichen (siehe Seite 126). Sie bieten meist keine Beratung an. Bei ihnen muss sich der Kunde die entsprechenden Formulare aus dem Internet herunterladen und selbst ausfüllen.

Richter haben Anlegerrechte gestärkt

Der Kunde tut gut daran, seine Bank darüber zu informieren, wenn sich später einmal seine Vermögensverhältnisse verändert haben oder er den Wunsch hat, risikoreichere Anlagen zu kaufen. Dann kann nach einer weiteren Beratung eine Umgruppierung vorgenommen werden. Mit zwei Urteilen Anfang 2007 hat zudem der Bundesgerichtshof (BGH) die Rechte von Bankkunden und Privatanlegern deutlich verbessert.

Bis zu diesem Zeitpunkt hatten Anleger, die das Gefühl hatten, von ihrer Bank oder ihrem Finanzvermittler falsch beraten worden zu sein – etwa weil eine angeblich sichere Anlage plötzlich Verluste machte –, maximal drei Jahre nach dem Beratungsgespräch Zeit, um juristische Schritte einzuleiten. Danach war die Sache verjährt.

Die Karlsruher Richter haben mit ihrem Spruch diese Praxis geändert (Az. XI ZR 44/06). Dem Urteil zufolge beginnt diese Verjährungsfrist nunmehr erst mit Anspruchsentstehung und der Kenntnis des Geschädigten, also erst dann, wenn das Investment tatsächlich rote Zahlen schreibt.

In einem zweiten Urteil kurz danach hat der BGH einem Fondskäufer Recht gegeben. Danach muss der Berater, der den Kauf vermittelt, gegenüber seinem Kunden sämtliche Provisionen, die er von der Fondsgesellschaft bekommt, ausdrücklich nennen und auflisten (Az. XI ZR 56/05) – so wie es mittlerweile auch die EU-Finanzrichtlinie verlangt.

Außerdem haben Kunden demzufolge Anrecht auf eine klare, verständliche Auflistung sämtlicher Kosten, die mit einer Geldanlage verbunden sind, und sie haben Anspruch darauf, dass zum Beispiel die Bank Wertpapiertransaktionen immer zum jeweils günstigsten Marktpreis abwickelt.

CHECKLISTE: Beratungsgespräch

Wenn Sie vor und während des Beratungsgesprächs ein paar Punkte beachten, ist die Gefahr deutlich geringer, dass Sie mit Produkten nach Hause gehen, die nicht zu Ihnen und Ihren Anlagezielen passen.

- ☐ **Anlageziele abstecken.** Bereiten Sie sich auf das Beratungsgespräch vor. Überlegen Sie sich, warum Sie Ihr Geld an der Börse anlegen wollen und welche Zwecke Sie damit verfolgen – etwa einen langfristigen Vermögensaufbau oder die Finanzierung der Ausbildung für Ihre Kinder in beispielsweise 15 Jahren.
- ☐ **Termin vereinbaren.** Eine Anlageberatung gibt es meist schon in der Bankfiliale um die Ecke. Viele Kreditinstitute haben aber spezielle Vermögensberatungs- oder Wertpapiercenter, in denen besonders geschulte Mitarbeiter bereitstehen. Nutzen Sie solche Angebote und vereinbaren Sie dort einen Beratungstermin, sodass sich der Bankmitarbeiter ausreichend Zeit für Sie nehmen kann.
- ☐ **Aufrichtig bleiben.** Füllen Sie den Fragebogen beziehungsweise das Protokoll der Bank zusammen mit dem Anlageberater nach bestem Wissen und Gewissen aus. Geben Sie nicht, etwa aus Eitelkeit, vor, mehr über die Börse und Aktien zu wissen, als es tatsächlich der Fall ist. Und betonen Sie nicht Ihre Risikobereitschaft. Auf diese Weise stellen Sie am ehesten sicher, dass eine realistische Einordnung in diejenige Risikokategorie erfolgt, die Ihren Anlagezielen und Ihrem Kenntnisstand entspricht. Anderenfalls verschlechtern Sie Ihre Chancen, Ihre Bank oder Sparkasse bei einer möglichen Falschberatung haftbar machen zu können. Denken Sie aber auch daran, dass Sie nicht verpflichtet sind, alle Fragen zu beantworten.
- ☐ **Einblick fordern.** Fordern Sie Einblick und eine gründliche Erläuterung des Kategoriesystems Ihrer Bank und darüber, warum Sie in welche Risikostufe eingeordnet worden sind. Sie haben ein gesetzlich verankertes Recht, dies zu erfahren.
- ☐ **Dokumentieren.** Lassen Sie sich alles schriftlich geben. Verlangen Sie eine Kopie des Beratungsprotokolls und lassen Sie sich die Anlagevorschläge des Beraters schwarz auf weiß geben. Machen Sie sich außerdem Notizen während des Gesprächs – zum Beispiel, welche anderen Anlagevarianten Ihnen vorgeschlagen, wovon unter Umständen ausdrücklich abgeraten und welche Kosten genannt wurden.
- ☐ **Hart bleiben.** Schließen Sie keine Geldanlage ab, ehe Sie nicht das Beratungsprotokoll bekommen und geprüft haben. Lassen Sie sich nicht einschüchtern, falls der Berater Sie auffordert, das Protokoll vorher zu unterschreiben. Sie sind dazu gesetzlich nicht verpflichtet. Gleiches gilt für Empfangsbestätigungen. Sollten Sie zu einem späteren Zeitpunkt Ansprüche vor Gericht wegen Falschberatung geltend machen wollen, müssen Sie damit rechnen, dass Ihre Unterschrift gegen Sie verwendet wird.
- ☐ **Zeugen mitnehmen.** Gehen Sie, wenn möglich, nicht allein zum Beratungsgespräch. Mit der Aussage eines neutralen Zeugen verbessern Sie Ihre Ausgangslage, sollte es zu einem späteren Zeitpunkt zu einer Auseinandersetzung mit der Bank kommen.

DIE KOSTEN BEIM FONDSKAUF

Ein wichtiger Punkt bei jeder Geldanlage sind die Kosten, denn sie schmälern am Ende den Ertrag, der für den Anleger übrig bleibt.

Viele Fonds, vor allem die aktiv gemanagten, sind – dies sei gleich zu Anfang gesagt – kein kostengünstiges Investment. Denn die Fondsgesellschaften bitten ihre Anleger für eine ganze Reihe von Posten zur Kasse – und das mitunter recht ordentlich. Wer andere sein Geld für sich verwalten lässt, muss auf jeden Fall davon ausgehen, dass diese Dienstleistungen nicht zum Nulltarif angeboten werden. Ärgerlich für den Anleger ist daran, dass lediglich ein Teil der Kosten für ihn sichtbar ist, der andere bleibt eher verborgen.

Der Ausgabeaufschlag

Der vermeintlich dickste Brocken bei einem aktiv gemanagten Fonds ist der Ausgabeaufschlag. Er wird einmalig bei jedem Kauf eines Fondsanteils fällig und ist eine Art Vertriebsprovision für die Bank oder den Finanzvermittler. Die Höhe des Aufschlags wird von der Fondsgesellschaft für jeden Fonds individuell festgesetzt (siehe Seite 55). Bei Rentenfonds (siehe Seite 61) ist ein Aufschlag von 3 Prozent auf den jeweils aktuellen Rücknahmepreis (siehe Seite 9) üblich. Bei Immobilien- und Aktienfonds (siehe Seite 56 bzw. 71) sind meistens 5 Prozent, mitunter aber auch schon mal bis zu 7 Prozent fällig – also deutlich mehr als das, was an Provision beim Kauf von Wertpapieren über die Börse (siehe Seite 129) anfällt. Zu beachten ist aber auch, dass bei der Rückgabe des Fonds an die Fondsgesellschaft keine weiteren Kosten entstehen – zumindest bei deutschen Fondsgesellschaften. Einige ausländische Anbieter haben abweichende Regelungen. Doch das ist die Ausnahme.

Rabatte auf den Ausgabeaufschlag

Es gibt für Fondskäufer jedoch Mittel und Wege, den regulären Ausgabeaufschlag zu mindern oder sogar ganz um ihn herumzukommen. Fonds können über unterschiedliche Kaufquellen geordert werden (siehe Seite 125) – etwa über spezielle Internetangebote der Fondsgesellschaften selbst oder Direktbanken, also Banken, die kein eigenes Filialnetz betreiben, sondern nur per Telefon und Internet ihre Dienste anbieten, und über freie Fondsvermittler. Zudem können Fondssparer alternativ ihre Anteile auch über ihre Bank an der Börse kaufen statt direkt von ihrer Bank. Dann zahlen sie statt des Ausgabeaufschlags die Gebühren für den Börsenkauf, was oft günstiger ist. ETFs werden sogar ausschließlich über diesen Weg gehandelt.

EIN UMWEG SPART BARES GELD
Nach Beobachtungen der Stiftung Warentest sind viele Fonds ganz ohne Ausgabeaufschlag oder mit erheblichem

INFO **So berechnen Sie den Ausgabeaufschlag**

Der Ausgabeaufschlag muss in den Fondsunterlagen und auf dem Kaufauftrag vermerkt werden. Das ist gesetzlich vorgeschrieben. Der Anleger kann ihn aber auch im Kursteil einer Tageszeitung oder im Internet nachlesen. Dort werden üblicherweise der Rücknahmepreis und der höhere Verkaufspreis, also der Ausgabepreis eines Fonds, genannt. Der Ausgabeaufschlag lässt sich dann nach folgender Formel errechnen:

$$\text{Ausgabeaufschlag (in Prozent)} = \frac{(\text{Ausgabepreis} \times 100)}{\text{Rücknahmepreis}} - 100$$

Die Höhe des Ausgabeaufschlags ist ganz entscheidend für die Rendite, denn je höher der anfängliche Kostenposten, desto geringer der Betrag der Anlagesumme, der netto gesehen investiert wird.

Beispiel: Bei einem Ausgabeaufschlag von 5 Prozent und einem Anlagebetrag von 100 Euro fließen nach Abzug der Kosten nur 95,24 Euro in das Fondsvermögen.
Bei einer Anlagedauer von zehn Jahren bleiben von einer durchschnittlichen Wertentwicklung von 5 Prozent pro Jahr am Ende nur 4,49 Prozent übrig.

HOHER AUSGABEAUFSCHLAG KOSTET RENDITE

Angenommene Rendite	5,0	5,0	10,0	10,0	15,0	15,0
Ausgabeaufschlag	2,5	5,0	2,5	5,0	2,5	5,0
Laufzeit Einmalanlage	**So viel bleibt von der Rendite**					
3 Jahre	4,14	3,31	9,10	8,23	14,06	13,14
5 Jahre	4,48	3,98	9,46	8,93	14,43	13,88
10 Jahre	4,74	4,49	9,73	9,46	14,72	14,44
20 Jahre	4,87	4,74	9,86	9,73	14,86	14,72

Alle Angaben in Prozent pro Jahr

Rabatt über einen Fondsvermittler erhältlich (Surftipps siehe Seite 182). Wenn Sie Fonds bei Ihrer Hausbank kaufen, werden Sie nur bei hohen Anlagesummen und abhängig von Ihrem Verhandlungsgeschick Rabatte aushandeln können.

Alternative: No-Load-Fonds

Eine Alternative zu Fonds mit Ausgabeaufschlag sind sogenannte No-Load-Fonds, die eine Reihe von Fondsgesellschaften in ihrem Programm haben und manchmal auch unter der Bezeichnung Trading-Fonds anbieten. No-Load bedeutet frei übersetzt: ohne (Kosten-)Belastung. No-Load-Fonds werden von der Fondsgesellschaft folglich ohne Aufschlag oder Rücknahmeabschlag verkauft.

Die Tücke in puncto Kosten steckt bei No-Load-Fonds jedoch im Detail: Sie haben deutlich höhere laufende interne Verwaltungskosten, die Jahr für Jahr anfallen. Dieser Kostennachteil macht sich umso stärker bemerkbar, je länger der Anleger den Fonds hält.

Bei kurzen Anlagezeiträumen ist ein No-Load-Fonds daher günstiger als ein identisch gemanagter Fonds mit Ausgabeaufschlag, bei dem erst einmal der anfängliche Abschlag erwirtschaftet werden muss, bevor der Anleger etwas verdient. Mit zunehmender Anlagedauer werden dann allerdings Fonds mit Aufschlag immer konkurrenzfähiger und überholen den No-Loader. Wie lange es konkret dauert, bis ein No-Load-Fonds teurer wird als ein identisch gemanagter Fonds mit Ausgabeaufschlag, wird damit zu einem Rechenexempel (siehe Tabelle Seite 121).

Die Depotkosten

Wer einen Fonds kauft, muss auch eine Möglichkeit besitzen, seine Anteile zu verwahren. Dazu muss der Anleger entweder separat oder direkt bei der jeweiligen Kaufquelle vorher ein Depotkonto eröffnet haben, über das sämtliche Fondstransaktionen abgewickelt werden. Für dieses Depotkonto wird er in vielen Fällen zusätzlich zu den reinen Transaktionskosten zur Kasse gebeten. Das treibt die Kosten des Fondsinvestments weiter in die Höhe.

DEPOTKOSTEN: SO WEIT KANN DIE SPANNE REICHEN

Nach den Untersuchungen der Stiftung Warentest differieren die Kosten für ein Wertpapierdepot je nach Anlagesumme und Zahl der Posten von Anbieter zu Anbieter erheblich. Bereits ein kleineres Modelldepot mit einem Volumen von 7 000 Euro und – angenommenen – zehn Transaktionen pro Jahr im Gegenwert von 1 750 Euro (zur Hälfte jeweils Käufe und Verkäufe) schlägt mit 50 bis in der Spitze 273 Euro pro Jahr zu Buche. Dabei entfällt allerdings ein Großteil der Kosten auf die Ordergebühren. Das Depotkonto selbst bieten einige Banken sogar zum Nulltarif an. Ein wichtiges Kriterium ist, ob das Depot allein für Fonds oder auch zum Kauf und zur Verwahrung anderer Wertpapiere wie etwa Aktien genutzt wird. Im letzteren Fall können sich je nach Anbieter und Depotvermögen die Kosten mitunter auch verdoppeln.

Die depotführende Stelle bietet mit dem Depotkonto nicht nur die Verwahrung an. Sie kümmert sich auch um die laufende Verwaltung der Fondsanteile (und eventuell weiterer Papiere). So schreibt sie zum Beispiel die jährlichen Erträge gut und erledigt – sofern gewünscht – die Wiederanlage ausgeschütteter Erträge.

Folgekosten der Fondsanlage

Neben dem offen ausgewiesenen Ausgabeaufschlag gibt es bei jedem Fonds eine Reihe laufender Kosten, die der Anleger nicht auf den ersten Blick sieht. Zu diesen Kosten gehört vor allem die Verwaltungsvergütung. Natürlich wollen die Fondsgesellschaft und nicht zuletzt der Fondsmanager für ihre Arbeit bezahlt werden. Deshalb berechnet die Fondsgesellschaft für ihre Tätigkeit pro Jahr einen bestimmten festen Prozentsatz vom Fondsvermögen.

Dieser Satz liegt bei aktiv verwalteten Fonds zwischen 0,5 und teilweise deutlich über 2 Prozent, die die Depotbank anteilig über das Jahr hinweg vom Fondsvermögen abbucht. Dazu kommt die Vergütung für die Depotbank, die unter anderem die Ausgabe und Rücknahme von Fondsanteilen und die Anteilsberechnung übernimmt (siehe Seite 9). Dafür bekommt das Institut pro Jahr zwischen 0,03 und 0,2 Prozent vom Fondsvermögen, wieder anteilig pro Tag gezahlt. Hinzu kommen noch vom Fondsvermögen unabhängige Kosten etwa für die Erstellung von regelmäßigen Dokumenten wie den Jahres- und Zwischenbericht (siehe Seite 9). Und nicht zuletzt berechnen Banken und Broker, die für den Fonds Wertpapiere handeln, Gebühren und Provisionen.

Um einiges günstiger kommen Anleger in puncto laufende Kosten bei ETFs weg. Die Kostenquote liegt bei diesem Fondstyp deutlich unter der von aktiv verwalteten Fonds, mitunter beträgt sie nicht mal 0,1 Prozent pro Jahr. Davon profitieren Anleger ganz direkt, denn für sie bleibt unter dem Strich vom Anlageergebnis deutlich mehr übrig.

Ärgernis Erfolgsbeteiligung

Zusätzlich zu den vergleichsweise höheren laufenden Kosten lauert bei vielen aktiv gemanagten Fonds eine weitere Kostenfalle. Denn eine Reihe von Fondsgesellschaften hat in den vergangenen Jahren eine Erfolgsvergütung eingeführt. Meist sieht die so aus: Schafft ein Fonds in einem Jahr ein besseres Anlageergebnis als ein bestimmter Vergleichsmaßstab, kassiert die Fondsgesellschaft einen Teil dieser Mehrrendite ein. Im Einzelfall wird ein Satz von 20 bis 25 Prozent abgezwackt. Als Vergleichsmaßstab gilt dabei üblicherweise ein Index. Kein Thema ist hingegen die Erfolgsvergütung bei Indexfonds, denn ihr Konzept besteht gerade darin, ein Anlageergebnis zu erzielen, das immer in etwa auf dem des Index liegt, auf den sich der jeweilige Fonds bezieht.

Was auf den ersten Blick nach einer fairen Regelung aussieht, hat im Detail seine Tücken. Mitunter bezieht sich der Erfolgsbonus auf einen wenig bekannten Index, dessen Wertentwicklung der Anleger kaum nachvollziehen kann, zuweilen sogar auf eine Kombination aus zwei oder drei Indizes. Die entsprechenden Indizes werden zwar im Kleingedruckten der Fondsunterlagen genannt, doch ob sie wirklich ein fairer Vergleichsmaßstab sind, kann ein unerfahrener Anleger kaum nachprüfen. Häufig wird zum Beispiel der Zeitraum der Erfolgsmessung zu kurz gewählt. Zudem können sich Anleger die Daten dieser Indizes kaum beschaffen, geschweige denn, dass sie den Gesamtwert berechnen können.

Beim Kauf eines aktiv gemanagten Fonds sollten Anleger genau hinschauen, ob deren Manager eine Erfolgsvergütung erhält, und den Bankberater oder Fondsvermittler (siehe Seite 128) um genaue Informationen bitten, nach welchen Kriterien der Bonus gezahlt wird. Denn dieser Posten mindert zusätzlich den Anteilspreis und damit die Rendite.

Ärgerlich daran ist, dass Fonds, bei denen eine Erfolgsvergütung anfällt, nach den bisherigen Erfahrungen und Analysen der Stiftung Warentest nicht automatisch bessere Ergebnisse abliefern als Fonds ohne Bonuszahlung. Oftmals – so der Verdacht von Kritikern – geht es den Fondsgesellschaften nur darum, bei ihren Kunden zusätzlich abzukassieren.

KEINE FRAGE DES PREISES

Letztlich ist es aber für die Anleger bei der Wahl eines Fonds eher zweitrangig, ob dieser kostengünstig oder vergleichsweise teuer ist. Zwar ist es immer gut, wenn die internen Kosten möglichst niedrig ausfallen, aber wirklich ausschlaggebend ist die Rendite, die der Fonds nach Abzug dieser Kosten erwirtschaftet. Grundregel: Es ist besser, einen Fonds zu kaufen, der eine höhere Rendite abwirft, auch wenn die internen Kosten hoch sind, als einen, der sparsam wirtschaftet, aber trotzdem nur eine niedrige Rendite erzielt.

WO KANN ICH FONDS KAUFEN?

Einen Fonds zu kaufen ist ganz einfach – jedenfalls wenn es kein bestimmter sein soll, denn dann haben Anleger gleich mehrere Kaufquellen zur Auswahl. Diese haben wiederum bestimmte Vor- und Nachteile. Welche sich davon am besten eignen, hängt von unterschiedlichen Faktoren ab: Wie groß soll das Spektrum der Fonds sein, aus dem Anleger auswählen möchten? Ist die Möglichkeit einer persönlichen Beratung gewünscht? Und nicht zuletzt, welchen Stellenwert räumen die Anleger den Kosten ein, die bei den einzelnen Kaufquellen in Rechnung gestellt werden?

Banken und Sparkassen

Die meisten Anleger, die Fondsanteile erwerben wollen, tun dies über ihre Hausbank. Weit über die Hälfte aller Fonds werden auf diesem Wege verkauft. Der Vorteil für den Sparer: Er muss nicht seine Bankverbindung wechseln oder eine zweite eröffnen. Zudem bekommt er eine persönliche Beratung bei der Auswahl eines Fonds. Der Schwachpunkt der Geldhäuser vor Ort ist, dass die Berater von sich aus in vielen Fällen ausschließlich instituts- oder gruppeneigene Fonds anbieten und sich oft – wenn überhaupt – nur mit diesen Fonds auskennen.

Jedes große Kreditinstitut besitzt eine eigene Fondsgesellschaft, darüber hinaus sind in den vergangenen Jahren einige Gesellschaften verkauft oder fusioniert worden und so unter dem Dach eines neuen Finanzkonzerns gelandet. Die größte deutsche Fondsgesellschaft, die DWS, gehört allerdings schon seit Jahrzehnten zur Deutschen Bank, die Cominvest, frühere Commerzbank-Tochter, ist mittlerweile in das Eigentum der Allianz-Versicherung übergegangen, die Deka-Bank steht für den Sparkassensektor und die Union-Investment ist den Genossenschaftsbanken, also den Volks- und Raiffeisenbanken, zuzurechnen.

Am liebsten hausgemacht und aktiv gemanagt

Viele Banken, Sparkassen und Volksbanken bieten ausschließlich die hauseigenen aktiv gemanagten Fonds an. Das Problem für den Anleger: Nicht jedes hauseigene Angebot ist das beste innerhalb einer Fondsgruppe. Vergleichsweise verlockend klingt da das Angebot einiger Banken, die das Best-choice-Prinzip (= das beste Angebot ermitteln beziehungsweise wählen) verfolgen. Das heißt, der Berater sucht institutsübergreifend aus einer großen Menge von Fonds die qualitativ besten heraus, die zu dem jeweiligen Kunden passen. Inwieweit dieser Anspruch in jedem Fall eingelöst wird, sei dahingestellt. Aber es ist zumindest ein Ansatz, der zu mehr Transparenz, Qualitätswettbewerb und Anlegerorientierung beim Fondskauf über eine Bank oder Sparkasse führt. Schönheitsfehler: Die Zahl der Banken, die sich dieses Geschäftsprinzip auf die Fahnen geschrieben haben, lässt sich weiterhin an ein paar Fingern abzählen. Am besten fragen Anleger in der Erstberatung offen, nach welchen Kriterien und aus welcher Palette der Berater die empfohlenen Fonds auswählt.

Wer bei einer Filialbank einen institutsfremden Fonds kauft, muss damit rechnen, dass er dabei ordentlich zur Kasse gebeten werden kann. Denn zu dem üblichen Ausgabeaufschlag (siehe Seite 120) werden für Fremdfonds häufig höhere Gebühren für die Verwahrung auf dem Depotkonto in Rechnung gestellt. Auch sonst schneiden die Filialbanken in puncto Kosten schlecht ab, denn über den Ausgabeaufschlag können Anleger mit dem Bankberater in der Regel nur bei hauseigenen Fonds verhandeln. Offiziell zumindest räumen die Filialbanken im Gegensatz zu anderen Kaufquellen nur selten einen Nachlass bei diesem Kostenposten ein. Ein Versuch ist aber stets lohnend.

Gezielt nach ETFs fragen

Gezielt nachfragen müssen Anleger auch, die bei einer Filialbank einen ETF kaufen möchten, denn von sich aus bieten die Bankberater diese kostengünstigen Produkte so gut wie nie an, weil sie der Bank nur wenig Provision bringen. Wenn selbst konkretes Nachbohren auf taube Ohren beim Berater trifft oder er gar nicht erst bereit ist, eine Order auszufüllen, sollten Fondsinteressierte das Institut wechseln. Denn ETFs kann jede Bank über die Börse besorgen.

Direktbanken und Discountbroker

Für Anleger, die ihre Fonds möglichst kostengünstig kaufen möchten, können Direktbanken und Discountbroker eine überlegenswerte Alternative sein. Diese Institute verzichten auf ein teures Netz von Geschäftsstellen und sind vorzugsweise per Telefon und über das Internet zu erreichen. Was diese Institute besonders für Fondskäufer interessant macht, ist die Tatsache, dass sie bei den meisten Anbietern aus einem breiten, institutsübergreifenden Angebot auswählen können.

Auch der Kauf von ETFs ist bei Direktbanken in der Regel kein Problem. Zudem bieten sie im Gegensatz zu den meisten Filialbanken in der Regel auch Sparpläne auf ETFs.

INFO **Bestellnummer für Investmentfonds**

Damit es im Fondshandel nicht zu kostspieligen Verwechslungen oder Missverständnissen kommt, erhält jeder Fonds eine zwölfstellige Kennnummer, die Isin (International Securities Identification Number). Obwohl die Isin die bis dahin gebräuchliche Wertpapierkennnummer (WKN) bereits im Jahr 2003 abgelöst hat, verwenden manche Institute immer noch die WKN.

Ein weiterer Vorteil ist, dass diese Geldhäuser bei vielen Fonds ganz offiziell Rabatte auf den Ausgabeaufschlag gewähren – meist sind es 50 Prozent, in Ausnahmefällen oder bei einem zeitlich befristeten Sonderangebot sind auch schon mal 100 Prozent drin. Und sie führen das Wertpapierdepot zu wesentlich günstigeren Konditionen als die Filialbanken, bei einzelnen Anbietern ist es sogar kostenfrei. Ebenso wie bei Filialbanken lassen sich dort auch andere Wertpapiere wie etwa Aktien oder Anleihen verwahren.

Das große Manko der Discountbroker und Direktbanken ist indes: Sie bieten in den meisten Fällen keine persönliche Beratung an. Der Anleger muss sich weitgehend alleine zurechtfinden und selbst wissen, welche Fonds er kaufen will.

Fondsgesellschaften

Direktbanken und Discountbroker sind nicht die Einzigen, die Fonds günstig verkaufen. Für Anleger, die langfristig planen und daran interessiert sind, nicht nur am Anfang preiswert einzusteigen, sondern ihr Geld zu einem späteren Zeitpunkt auch zu niedrigen Kosten in einen anderen Fondstyp umschichten zu können, gibt es eine Alternative: den Kauf und die Verwahrung direkt bei der Fondsgesellschaft (siehe Seite 9).

Allerdings hat auch dieser Kaufweg einen Haken: Die Fondsgesellschaften bieten überwiegend nur aktiv gemanagte Fonds aus dem eigenen Programm an und leisten, ebenso wie die Direktbanken, keinerlei Beratung. Interessierte Anleger müssen, wie beim „Fabrikverkauf" üblich, auf eigene Faust das Angebot durchforsten. Der große Pluspunkt ist allerdings, dass die Kunden meistens günstige Konditionen beim „Switchen" bekommen. Das heißt, wenn sie zu einem anderen Fonds innerhalb des Hauses wechseln, zahlen sie einen reduzierten oder mitunter gar keinen Ausgabeaufschlag. Banken, Sparkassen und Discounter behandeln dagegen jede Umschichtung wie eine Neuanlage und berechnen demzufolge jedes Mal die vollen Kosten.

Dafür bitten die Fondsanbieter ihre Privatkunden immer öfter für die Depotführung zur Kasse. Lange Zeit war dieser Service durchweg kostenlos, mittlerweile gibt es jedoch kaum noch eine Gesellschaft, die für die Verwahrung ihrer Anteile keinen Obolus verlangt.

Ein weiteres Ärgernis: die Art und Weise, wie viele Fondsgesellschaften die Provision für die Depotführung – meist zwischen 10 und 35 Euro pro Jahr – einkassieren. Die meisten Anbieter wählen einen für den Kunden einfachen Weg: Sie verkaufen Fondsanteile aus dem Depot, sodass mit dem Erlös die Kosten beglichen werden können. Diese Gebührenpraxis ist für den Anleger aber teuer. Denn dadurch vermindert sich sein Kapitalstock und damit der Zinseszinseffekt. Füllt der Anleger den Bestand wieder auf, fallen schließlich erneut Kaufkosten an. Einziger Trost: Bei geringen Depotkosten ist dieser Effekt in der Endabrechnung zu vernachlässigen.

Fondsvermittler

„Ich kann auf Beratung verzichten und möchte aktiv gemanagte Fonds oder ETFs zum unschlagbar günstigen Preis kaufen" – Anleger, die diese Strategie verfolgen, sollten überlegen, Kunde bei einem Fondsvermittler zu werden. Wer die über das Internet angebotenen Dienste von Fondsvermittlern, auch Fondsshops genannt, in Anspruch nimmt, bekommt nicht selten den vollen Rabatt auf den Ausgabeaufschlag. „Ist denn der Einkauf dort überhaupt sicher?", mag sich der eine oder andere misstrauische Anleger fragen. Die Sorge scheint auf den ersten Blick angebracht. Die Vermittler haben häufig nicht mehr als eine Büroadresse und dazu ihre Internetpräsenz (Internetadressen seriöser Vermittler siehe Seite 183). Dennoch arbeiten die meisten Fondsvermittler seriös, nur läuft der Kauf dort etwas anders ab als beispielsweise bei der Hausbank.

So arbeiten die Fondsvermittler

Die Vermittler arbeiten Hand in Hand mit speziellen Banken, die sich ausschließlich auf das Geschäft mit Fonds spezialisiert haben und Fonds auch lagern. Dabei gibt es eine klare Aufgabenteilung: Der Vermittler stellt den Kundenkontakt her, und die Bank verbucht die Fondsanteile auf ein Depot des Anlegers. Mitunter wickelt der Vermittler aber das Geschäft direkt über die jeweilige Fondsgesellschaft ab, und die Anteile werden dort verwahrt. In beiden Fällen kann der Anleger meist nur Fonds über das jeweilige Depot ordern, nicht aber andere Wertpapiere.

Bei deutschen Fondsgesellschaften, die in der Regel über ein breites Filialnetz des Mutterkonzerns ihre Fonds vertreiben wollen, sind Fondsshops nicht gerade beliebt. Wenn überhaupt, dann gestatten sie ihnen offiziell einen Preisnachlass von 50 Prozent auf den Ausgabeaufschlag.

Dem Vermittler bleibt es überlassen, seinen (verbleibenden) Anteil an der Vertriebsprovision an den Kunden weiterzugeben. Den konkreten Rabatt kann der Anleger auf gezielte Nachfrage herausfinden.

Um alle Formalitäten wie Depoteröffnung und Kaufauftrag kümmert sich der Vermittler. Ist dann das Depot eröffnet, tritt er in den Hintergrund. Direkter Vertragspartner des Anlegers ist die Fondsbank oder die Fondsgesellschaft. Der Vermittler bekommt dadurch im Normalfall keinen Zugriff auf das Geld seiner Kunden, denn diese wickeln alle Zahlungen direkt mit der depotführenden Stelle ab. Bedenken wegen der Seriosität sind nur angebracht, wenn der Betreiber des Fondsshops Überweisungen auf sein eigenes Konto verlangt. Bei der Fondsbank liegt das Geld sicher. Die Überweisung landet auf einem Treuhandkonto, bis der Gegenwert des Kaufauftrages abgebucht wird. Die im Gegenzug erworbenen Fondsanteile gehören dem Anleger. Sollte die Fondsbank Konkurs anmelden, hat der Insolvenzverwalter weder Zugriff auf das Treuhandkonto noch auf das Fondsdepot.

Zusätzlich bei den Depotkosten sparen

Beim Vermittler können Anleger nicht nur beim Ausgabeaufschlag sparen. Einige erstatten ab einem bestimmten Depotwert am Jahresende ihren Kunden sogar die Kosten, die die Bank oder die Fondsgesellschaft für das Depot verlangt.

Keine Provisionen, keine Gebühren, dazu Kostenerstattung – woran verdienen die Vermittler überhaupt, wird sich manch einer fragen. Zum einen an der „Bestandsprovision" – einer Art Treuegebühr, die ihnen die Fondsgesellschaft zahlt. Sehr viel springt dabei für den Vermittler allerdings nicht raus. Richtig lukrativ ist für ihn der provisionsträchtige Verkauf von geschlossenen Fonds (siehe Seite 73) und Versicherungsverträgen. Wer über einen Vermittler kauft, muss sich also darauf einstellen, dass er später des Öfteren Anrufe und E-Mails von ihm erhält. Das kann nervig sein, aber wer standhaft bleibt, kann beim Fondskauf richtig sparen.

Eine ausführliche Beratung in Sachen Fonds bieten viele Vermittler nicht. Es gibt jedoch Ausnahmen. Einige verstehen sich als Vermögensmanager ihrer Kunden. Sie erklären auf Wunsch nicht nur ausführlich die ausgewählten Fonds, sondern überwachen auch hinterher das Depot in regelmäßigen Abständen und informieren den Kunden, wenn sich eine Umschichtung anbietet – oftmals mit dem nicht ganz uneigennützigen Hintergedanken, diesem dann auch andere, provisionsträchtigere Anlageformen verkaufen zu können.

Fondshandel über die Börse

Neben den klassischen Orderwegen können Anleger inzwischen Tausende von Fonds über eine deutsche Börse ordern. Das gilt nicht nur für die börsengehandelten Indexfonds, die ETFs, sondern auch für viele aktiv gemanagten Fonds. Die an der Börse notierten Fonds werden während des ganzen Tages fortlaufend gehandelt. Das ist ein Unterschied zum Kauf und Verkauf über die Fondsgesellschaft, die nur einmal am Tag einen Kurs feststellt (siehe Seite 9). An der Börse hingegen kann der Anleger am selben Tag kaufen und wieder verkaufen. Das heißt, im Extremfall kann er mit Fonds wie mit Aktien kurzfristig spekulieren – was sich aber allein schon wegen der Kosten selten lohnen dürfte. Dafür kann der Anleger bei seinen Börsenorders eine Preisober- oder -untergrenze festlegen, bis zu der er bereit ist zu kaufen oder zu verkaufen, in der Fachsprache auch Limit genannt.

Und er kann per Internet die aktuellen Kurse abfragen, sodass er schon vor Erteilung seines Auftrags in etwa absehen kann, was er pro Anteil zahlen muss. Beim Kauf über die Fondsgesellschaft erfährt er das erst nachträglich, wenn er die Kaufabrechnung bekommt.

Pluspunkt: Die niedrigen Kosten

Für den Anleger kann sich der Weg an die Börse aber aus einem viel wichtigeren Grund lohnen: Der Kauf dort ist billiger als bei anderen, traditionellen Kaufquellen, allerdings nicht so günstig wie bei einem

Fondsvermittler. An der Börse kann der Anleger zwar nicht selbst tätig werden. Er ist auf die Dienste einer Filial- oder Direktbank angewiesen, die den Kauf und gegebenenfalls den Verkauf abwickelt. Dafür verlangt das Geldhaus eine Provision von ihren Kunden – meist ist das 1 Prozent vom Auftragswert, dazu kommen (geringe) Makler- und Börsengebühren.

HANDELSWEGE STRATEGISCH NUTZEN

Direktbanken und Discountbroker sind auch beim Kauf an der Börse eine Alternative zu den Filialbanken. Sie wickeln eine Order oft um die Hälfte günstiger ab. In beiden Fällen müssen Sie allerdings mit bestimmten Mindestkosten kalkulieren. Beim Börsenkauf sind im Gegensatz zum Kauf über die Fondsgesellschaft zwar keine Mindestanlagesummen zu beachten. Aber dieser Vorteil verliert durch die Gebühren erheblich an Gewicht. Denn auch für den Kauf über die Börse sollten Sie etwa 3000 bis 5000 Euro mitbringen. Sonst schlagen die Bankgebühren als Fixkosten so stark zu Buche, dass sämtliche Kostenvorteile aufgezehrt werden. Bei Sparplänen auf ETFs gelten diese Mindestanlagesummen nicht, denn der Anleger zahlt nicht die Börsenkosten, sondern einen Pauschalsatz (siehe Seite 168).

Beim Verkauf Kosten sparen

Wer später seine Anteile wieder über die Börse verkaufen will, zahlt sämtliche Gebühren und Provisionen ein zweites Mal. Doch in dem Fall gibt es einen Kniff: Der Fondssparer kann zwar günstig über die Börse kaufen, muss aber nicht wieder dort verkaufen. Er kann stattdessen seine Anteile direkt an die Fondsgesellschaft zurückgeben – und zahlt dafür keinen Cent.

Wer die Wahl hat, hat die Qual

An der Börse lauert allerdings noch ein weiterer Kostenposten: der Spread. So heißt die Differenz zwischen dem Verkaufskurs des Börsenhändlers und dem Kurs, zu dem er Anteile gleichzeitig zurückkauft. In der Fachsprache heißt der Verkaufskurs Briefkurs, der Kaufkurs wird Geldkurs genannt.

Die Tücke besteht darin, dass der Spread keine feste Größe ist. Er unterscheidet sich je nach Fonds, Handelssituation und Börsenplatz. Denn Fonds werden nicht nur an der Deutschen Börse in Frankfurt gehandelt, sondern auch an den kleineren Regionalbörsen etwa in Stuttgart und Berlin. Diese kleinen Regionalbörsen bieten zum Teil eine größere Auswahl und mehr Service als die deutsche Leitbörse. So können Anleger zum Beispiel über die Homepages einiger Börsen (Adressen ab Seite 182) nicht nur die aktuellen Kurse, sondern auch den Spread für einen Fonds abfragen. Einschließlich der Bankprovisionen lässt sich dann bei einem aktiv gemanagten Fonds genau ausrechnen, ob der Kauf über die Börse oder – zu einem reduzierten Ausgabeaufschlag – über einen Fondsvermittler günstiger ist. Als Faustregel gilt: Bei Fonds, die sich mit einem Rabatt von mehr als 75 Prozent über einen Vermittler oder eine Direktbank kaufen lassen, sowie bei No-Load-Fonds (siehe Seite 122) lohnt eine Börsenorder nicht.

Doch wie so oft kommt es auf den Einzelfall an. Der Weg an die Börse bietet dem Anleger schließlich auch die Möglichkeit, die Beratung (siehe Seite 113) durch den Mitarbeiter einer Filialbank in Anspruch zu nehmen, dann aber günstig am Kapitalmarkt zu ordern, anstatt das teure Hausprodukt zu kaufen. Dies ist nur dann nicht möglich, wenn der Fonds (noch) nicht an der Börse gehandelt wird.

Welchen Handelsweg wählen?

Welcher der beschriebenen Vertriebswege – Filialbank, Direktbank, Fondsgesellschaft, Fondsvermittler, Börse – in welcher Situation und für wen der geeignete ist, hängt vor allem vom individuellen Beratungsbedarf des Anlegers und seiner Erfahrung ab. Wer zum ersten Mal einen Fonds kauft und keine genauen Vorstellungen davon hat, welcher Fondstyp zum eigenen Anlageziel passt, der ist bei seiner Hausbank wahrscheinlich zunächst am besten aufgehoben, sollte die Ratschläge des Bankberaters aber nicht völlig unkri-

TIPP

Darauf sollten Sie beim Fondskauf achten

- Geben Sie sich nicht mit dem erstbesten Angebot zufrieden, sondern informieren Sie sich bei verschiedenen Anbietern über die Kaufkonditionen, wenn Sie sich für einen bestimmten Fonds entschieden haben.
- Wichtiger als Rabatte beim Kauf ist immer die Qualität des Fonds. Nützliche Hinweise zu diesem Thema finden Sie ab Seite 105.
- Fragen Sie beim Kauf über Vermittler stets nach den aktuellen Rabatten beim Ausgabeaufschlag und den Depotkosten. Denken Sie daran, dass der Rabatt verhandelbar ist – auch bei Ihrer Hausbank. Falls Sie eine Beratung vom Vermittler wollen, sollten Sie auch die Kosten dafür vorab klären. Seriöse Anbieter weisen von sich aus darauf hin.
- Wenn Sie sich für den Kauf beim Fondsvermittler entscheiden, hüten Sie sich, auf deren aggressive Werbung für andere Produkte wie geschlossene Immobilienfonds einzugehen.
- Vorsicht, wenn Zahlungen direkt an den Vermittler geleistet werden sollen. Seriöse Vermittler (Surftipps siehe Seite 183) bahnen nur den Abschluss bei der Fondsgesellschaft oder der Fondsbank an. Auch wenn eine Vollmacht für das bei der Gesellschaft eröffnete Investmentkonto verlangt wird, sollten Sie einen Rückzieher machen.
- Der Kauf über die Börse lohnt erst ab höheren Beträgen und nur, wenn es den Fonds bei einer anderen Kaufquelle nicht ohne vollen Rabatt auf den Ausgabeaufschlag gibt.

tisch befolgen, denn die Beratungsqualität ist häufig nicht optimal (siehe Seite 116). Und wer ETFs kaufen möchte, muss aktiv danach fragen.

Direktbanken und Fondsvermittler sind in puncto Kaufkosten eine günstigere Alternative, doch bieten nur wenige eine persönliche Beratung an, was nicht jedermanns Sache ist.

Der Einstieg in die Fondswelt mit einem Depot bei der Bank um die Ecke hat den Charme, dass derjenige, der nach einiger Zeit etwas Erfahrung in Sachen Fondsanlage gesammelt hat und seine Fonds mit diesem „Einsteigerpaket" selbst aussucht, dann über die Börse ordern kann. So lassen sich die Kosten deutlich drücken, ohne dass die Bankverbindung gewechselt werden muss – wobei diese Alternative zusätzlich noch offensteht.

Ein Depot und der Kauf direkt bei der Fondsgesellschaft sind vor allem für Anleger interessant, die aktiv gemanagte Fonds kaufen wollen, und zwar von einem bestimmten Anbieter. Dann müssen sie für spätere Umschichtungen

VIER WEGE ZUM FONDS

Anleger können beim Fondskauf zwischen mehreren Bezugsquellen wählen. Dieser kleine Einkaufsführer stellt die gängigsten vor.

	Gibt es Rabatte auf den Ausgabeaufschlag?	Wie hoch sind die jährlichen Depotverwaltungskosten?	Wie sind die Konditionen beim Umschichten?
Banken und Sparkassen	Gelegentlich auf Nachfrage. Börsenkauf prüfen.	Mittel bis hoch, meist abhängig vom Depotwert.	Meist voller Ausgabeaufschlag.
Direktbanken/ Discountbroker	Meist ja, bei Einmalanlagen häufiger. Börsenkauf prüfen.	Günstig bis mittel: zwischen 0 und 35 Euro.	Häufig Rabatte auf den Ausgabeaufschlag.
Fondsgesellschaften	Sehr selten	Oft keine. In Ausnahmefällen werden bis zu 35 Euro verlangt..	Meist günstig, weil kein neuer Ausgabeaufschlag anfällt.
Fondsvermittler in Zusammenarbeit mit Fondsbanken	Meist ja, häufig bis zu 100 Prozent, auch auf viele Sparpläne.	Günstig bis mittel: meist zwischen 12 und 40 Euro.	Meist günstiger, da häufig hohe Rabatte auf den Ausgabeaufschlag.

Quelle: Finanztest Spezial: Geldanlage mit Investmentfonds

keine oder nur geringe Ausgabeaufschläge zahlen.

Wer genau weiß, in welche Fonds er anlegen will, zum Beispiel, weil er sich in den laufend aktualisierten Untersuchungen von Finanztest kundig gemacht hat (siehe Seite 109), sollte entweder über die Börse ordern oder zu einem Fondsvermittler gehen. Dort sind Fonds sehr häufig am billigsten zu bekommen.

Schnäppchenangebote sowie Rabatte bieten auch Direktbanken und Discountbroker an. Sie sind eine gute Wahl, wenn der Anleger ETFs kaufen möchte oder neben Fonds noch Aktien und Anleihen günstig kaufen will. Diese kann er ebenfalls dort verwahren lassen. Bei einem Fondsvermittler geht das nicht. Selbstverständlich gibt es auch die Möglichkeit, zweigleisig zu fahren: Fondskauf beim Vermittler und Aktien sowie Anleihen über eine Direktbank ordern. Zwei Bankverbindungen beziehungsweise Depots bedeuten aber auch doppelte Verwaltungsarbeit – beispielsweise bei den Freistellungsaufträgen (siehe Seite 139).

Ist das Depot offen für andere Wertpapiere?	Wie funktioniert der Fondskauf?	Geeignet für Anleger, ...
Ja	Meist persönlich. Geldtransfer meist über Lastschrift vom Girokonto.	... die persönliche Beratung wollen und ihre Fonds nicht online oder per Telefon kaufen möchten.
Ja	Per Telefon, Fax oder online. Es gibt ein Abrechnungskonto, von dem Geld abgebucht wird.	... die nicht auf Beratung angewiesen sind und auch andere Wertpapiere im Depot haben wollen.
Nein	Per Telefon, Fax oder online. Geldtransfer mit Lastschrift oder Überweisung vom Konto.	... die ihre Fonds häufig wechseln, aber bei einer Gesellschaft bleiben wollen. Sie sollten keine Beratung benötigen.
Meist nein	Per Telefon, Fax oder online. Geldtransfer meist per Lastschrift vom Girokonto.	... die nicht auf Beratung angewiesen sind.

FONDSSPARER UND STEUERN

Viele Bürger ärgern sich über die immer komplizierteren Steuerregeln, die der Staat erlässt. Davon wissen auch Anleger ein Lied zu singen. Für Fondssparer gelten dabei die gleichen Steuerregeln wie für alle anderen Wertpapierbesitzer. Gerade deshalb gehört es für sie zum Pflichtprogramm, sich damit zu beschäftigen.

STEUERREGELN FÜR ANLEGER

Der Ertrag eines Fondsinvestments setzt sich aus mehreren Komponenten zusammen: Zum einen fallen Zinsen und Dividenden an. Diese Erträge werden entweder einmal pro Jahr an die Anleger ausgeschüttet, oder aber sie werden bei thesaurierenden Fonds einbehalten und wieder angelegt. Dazu kommen – als zweite Ertragskomponente – Kurssteigerungen der Vermögenswerte im Fondsdepot.

Lange Zeit wurden die einzelnen Erträge, also Zinsen und Dividenden auf der einen und realisierte Kursgewinne auf der anderen Seite, in Deutschland unterschiedlich besteuert. Das hat sich mit Einführung der Abgeltungsteuer Anfang 2009 geändert. Seither gilt für Zinsen, Dividenden und realisierte Kursgewinne ein einheitlicher Steuersatz von 25 Prozent, dazu kommen 5,5 Prozent Solidaritätszuschlag. Ist der Anleger kirchensteuerpflichtig, muss er auf seine Kapitalerträge auch noch Kirchensteuer zahlen.

Was heißt Abgeltungsteuer?

Abgeltungsteuer heißt: Bekommt der Fondsanleger zum Beispiel 100 Euro Zinsen ausgeschüttet, behält die Bank bei der Auszahlung 25 Euro davon ein und führt sie an das Finanzamt ab. Dazu kommen noch knapp 1,40 Euro Solidaritätszuschlag (5,5 Prozent von 25 Euro) und gegebenenfalls die Kirchensteuer. Das sind je nach Bundesland noch einmal 8 oder 9 Prozent von den 25 Euro. Bei einem Kirchensteuersatz von 9 Prozent würden zusätzlich etwas mehr als 2,20 Euro an die Kirche fließen.

Grundsätzlich ist die Abgeltungsteuer immer zu dem Zeitpunkt fällig, zu dem Anleger Zinsen oder Dividenden zufließen oder zu dem sie Papiere mit Gewinn verkaufen. Bei Fonds gibt es jedoch einige Besonderheiten zu beachten. Fallen bei einem Wertpapier im Fondsdepot Zinsen oder Dividenden an, fließen diese zunächst ungeschmälert, also ohne Steuerabzug, dem Fondsvermögen zu. Das Gleiche gilt, wenn der Fondsmanager einzelne Aktien oder Anleihen verkauft. In diesem Fall wird ein realisierter Kursgewinn zunächst nicht besteuert. Erst wenn der Fonds die aufgelaufenen Erträge an die Anleger ausschüttet, meist ist das einmal pro Jahr, hält der Fiskus die Hand auf. Bis dahin stundet das Finanzamt also streng genommen Fondsanlegern die Abgeltungsteuer.

Verkauft der Anleger vorher seine Anteile, ist es mit dem Stunden vorbei. Dann muss er den erzielten Wertzuwachs versteuern, auch wenn der Fonds die Erträge noch nicht ausgeschüttet hat. Er versteuert also die aufgelaufenen, aber noch nicht ausgeschütteten Erträge und die Kursgewinne der Wertpapiere zum Verkaufszeitpunkt.

Keine Regel ohne Ausnahme

Spezielle Steuerregeln gibt es bei thesaurierenden Fonds. Der Fiskus käme bei ihnen erst dann zum Zuge, wenn der Anleger sie verkauft und der erzielte Zuwachs des Anteilspreises besteuert wird. Unter Umständen müsste er also Jahre auf sein Geld warten. Bei thesaurierenden Fonds gelten deshalb sämtliche Erträge zum Geschäftsjahresende des Fonds als zugeflossen, Steuerexperten nennen das Zuflussfiktion. Das heißt: Auf die über das Jahr hinweg vereinnahmten Kapitalerträge wird Abgeltungsteuer fällig. Die anteilig erzielten Kursgewinne werden dagegen erst zu dem Zeitpunkt versteuert, zu dem der Anleger verkauft.

Um die Abrechnung mit dem Fiskus kümmert sich dabei die Fondsgesellschaft. Sie entnimmt den fälligen Steuerbetrag dem Fondsvermögen und führt das Geld an das Finanzamt ab. Über die Zahlung erhalten die Fondsanleger eine entsprechende Steuerbescheinigung (siehe Seite 144), die sie in ihrer Einkommensteuererklärung verwenden können – zum Beispiel dann, wenn sie einen Freistellungsauftrag für ein anderes Anlagekonto nicht ausgeschöpft haben und sich gezahlte Abgeltungsteuer anteilig erstatten lassen können (siehe Seite 139).

Und was ist, wenn der Eigentümer eines thesaurierenden Fonds gar keine Abgeltungsteuer zahlen muss, weil seine gesamten Kapitalerträge unter dem Sparerpauschbetrag (siehe Seite 139) liegen? In diesem Fall bekommt der Fondsanleger in der Regel so viele neue Fondsanteile in sein Depot, wie es der anteilig auf sein Fondsvermögen abgeführten Steuer entspricht.

VORSICHT THESAURIERENDE AUSLANDSFONDS!

Die Ausnahme: Bei Fonds aus dem Ausland gilt das Prinzip der Zuflussfiktion nicht. Hier müssen Anleger selbst tätig werden (siehe Seite 141).

Wann die Anlage KAP ins Spiel kommt

Die Berechnung der Steuer bei Fonds, die im Inland verwahrt werden, nimmt in jedem Fall die Depotbank beziehungsweise Fondsgesellschaft vor. Der Anleger ist jedoch gut damit beraten, den Steuerabzug anhand seiner Abrechnungen oder Steuerbescheinigungen (siehe Seite 144) zu kontrollieren.

Mit der Steuerzahlung sind sämtliche Ansprüche des Fiskus erledigt. Anleger müssen also später nicht mehr prinzipiell im Rahmen ihrer Steuererklärung die Anlage KAP, in der die Kapitaleinkünfte abgerechnet werden, ausfüllen. Dies zu tun kann allerdings trotzdem sinnvoll sein – vor allem dann, wenn der persönliche Steuersatz für die Kapitaleinkünfte unter

TIPP Bei geringem Einkommen NV-Bescheinigung beantragen

Unter bestimmten Umständen können Sie Kapitaleinkünfte auch dann steuerfrei vereinnahmen, wenn diese den Sparerpauschbetrag (siehe nachfolgender Abschnitt) überschreiten. Voraussetzung ist, dass Ihre jährlichen Einkünfte insgesamt so gering sind, dass Sie keine Einkommensteuern darauf zahlen müssen. Für das Jahr 2014 können zum Beispiel Alleinstehende bis zu 9 182 Euro an Kapitaleinkünften steuerfrei einnehmen, vorausgesetzt, sie haben keine weiteren Einnahmen. Dieser Betrag ergibt sich aus der Summe von steuerfreiem Grundfreibetrag (8 345 Euro), Sonderausgabenpauschbetrag (36 Euro) und Sparerpauschbetrag (801 Euro). Liegen Ihre Einkünfte darunter, können Sie eine Nichtveranlagungsbescheinigung, kurz NV-Bescheinigung, beim Finanzamt beantragen. Wenn Sie diese Ihrer depotführenden Bank vorlegen, zahlt sie Ihnen Ihre Kapitalerträge steuerfrei aus, auch wenn diese den Sparerpauschbetrag übersteigen.
Antragsformulare bekommen Sie beim Finanzamt oder im Internet unter www.formulare-bfinv.de.

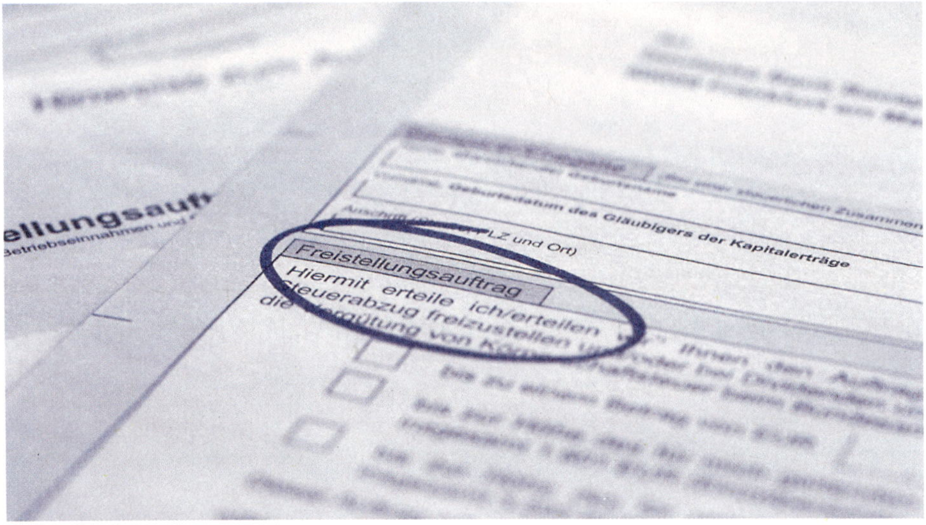

25 Prozent liegt. Denn alle, die einen niedrigeren persönlichen Steuersatz haben, müssen auch nur diesen niedrigeren Satz für ihre zu versteuernden Kapitaleinkünfte zahlen. Die vorab zu viel gezahlte Abgeltungsteuer wird ihnen dann nach Abgabe der Steuererklärung erstattet.

Das Ausfüllen der Formulare empfiehlt sich auch dann, wenn Anleger ihre Freistellungsaufträge und den Sparerpauschbetrag (nachfolgender Abschnitt) nicht ausgeschöpft und dadurch zu viel Abgeltungsteuer gezahlt haben. Oder aber der Fonds hält Aktien oder Anleihen aus dem Ausland, und dort wurden bei den Ertragszahlungen dieser Papiere EU-Zinssteuer beziehungsweise landesspezifische Unternehmenssteuern oder Quellensteuer einbehalten. Mit der Steuererklärung kann der Fondsanleger die bereits im Ausland gezahlten Steuern zumindest anteilig auf seine deutsche Steuerlast anrechnen lassen. Vielfach wird die Verrechnung von der (inländischen) Depotbank beziehungsweise Fondsgesellschaft bereits vorab vorgenommen, sofern von Dividenden ausländischer Unternehmen im Fondsdepot bereits Steuern abgezogen wurden und diese auf die deutsche Abgeltungsteuer zumindest bis zu einem Satz von 25 Prozent anrechenbar sind.

WAS DER BESTANDSSCHUTZ BEDEUTET

Wer sein Geld bereits seit einigen Jahren in Fonds und anderen Wertpapieren anlegt, sollte das Kaufdatum seiner Anteile prüfen. Die steuerliche Regelung, nach der nicht nur Zinsen und Dividendeneinkünfte, sondern auch Kursgewinne zu versteuern sind, gilt nur für Papiere, die nach dem 1. Januar 2009 angeschafft wurden. Für alle Wertpapiere und Fondsanteile, die bis Ende 2008 gekauft wurden, besteht ein Bestandsschutz. Das heißt, bei einem späteren Verkauf wird ein etwaiges Kursplus von der Steuer verschont. Die seit 2009 ausgezahlten Dividenden und Zinsen unterliegen allerdings der Abgeltungsteuer – egal, wann der Anleger seine Fondsanteile gekauft hat. Vorsicht: Auch für Verluste gilt bei Altfonds eine andere Regelung als bei Fonds, die ab 2009 gekauft wurden (siehe Seite 141).

SO SINKT DIE STEUERLAST

Bevor Anleger allerdings tatsächlich zur Kasse gebeten werden, können sie bestimmte Freibeträge und Pauschalen in Anspruch nehmen. Am wichtigsten ist dabei der Sparerpauschbetrag. Er gilt für alle Kapitalerträge, also Zinsen, Dividenden und Verkaufsgewinne durch Kurssteigerungen. Für Alleinstehende beträgt er 801 Euro und für Ehepaare/gesetzliche Lebenspartner 1 602 Euro.

Nachteil dabei: Über diesen Sparerpauschbetrag sind auch sämtliche Werbungskosten wie etwa die Kosten für das Depotkonto abgegolten. Höhere Ausgaben können – anders als vor Einführung der Abgeltungsteuer – nicht mehr gesondert als Werbungskosten geltend gemacht werden. Ob diese Einschränkung bei den Werbungskosten jedoch auf Dauer Bestand haben wird, ist fraglich. Denn dass ein Steuerzahler seine tatsächlichen Werbungskosten bei anderen Einkunftsarten auch dann geltend machen kann, wenn sie bestimmte vom Gesetzgeber festgelegte Grenzen übersteigen, haben hohe deutsche Gerichte wiederholt bestätigt. Eine spätere juristische Klärung dieses Sachverhalts ist somit wahrscheinlich. Ein entsprechendes Musterverfahren ist beim Bundesfinanzhof anhängig (Az. BFH – VIII R 13/13).

Den Freistellungsauftrag nutzen

Damit bei Dividenden- und Zinszahlungen oder einem Verkauf nicht unnötig Abgeltungsteuer einbehalten wird, die Anleger aufgrund der Pauschbeträge am Jahresende auf jeden Fall wiederbekämen, können sie ihrer Bank einen Freistellungsauftrag erteilen. Darin wird festgelegt, bis zu welchem Betrag Kapitalerträge ohne Steuerabzug ausbezahlt werden sollen. Erst

TIPP **Einspruch einlegen**

Wenn Sie höhere Werbungskosten in Ihrer Einkommensteuererklärung geltend machen können als den Sparerpauschbetrag, sollten Sie Einspruch beim Finanzamt einlegen und auf das Verfahren hinweisen. Der Steuerbescheid bleibt dann in diesem Punkt bis zu einer (wahrscheinlich höchstrichterlichen) Entscheidung offen.

INFO **Freistellungsaufträge**

Für die Annahme sowie Änderung von Freistellungsaufträgen dürfen Banken und Sparkassen keine Gebühren verlangen. Dies hat der Bundesgerichtshof in einer Grundsatzentscheidung festgelegt (Az. XI ZR 269/96 und XI ZR 279/96).

wenn die im Auftrag genannte Summe erreicht ist, überweist die Bank für jeden darüber hinausgehenden Betrag Abgeltungsteuer an das Finanzamt.

Wer sein Geld bei mehreren (inländischen) Banken angelegt hat, kann seinen Pauschbetrag beliebig aufteilen, indem er jedem Institut, bei dem er Konten oder Depots unterhält, einen gesonderten Freistellungsauftrag erteilt. Die Summe der in allen Freistellungsaufträgen festgelegten Beträge darf 801 Euro für Alleinstehende beziehungsweise 1 602 Euro für Ehepaare/gesetzlich eingetragene Lebenspartnerschaften nicht übersteigen. Andernfalls müssen Anleger damit rechnen, dass das Finanzamt nachfragt, in welcher Höhe Kapitaleinnahmen angefallen sind.

Den Kindern Geld übertragen?

Ferner können Eltern noch mit einer einfachen Strategie einer Besteuerung entgehen: indem sie für ihre Kinder ein Konto eröffnen und dorthin Teile ihres Vermögens übertragen. Juristisch gesehen entspricht das einer Schenkung. Der Vorteil: Jedes Kind kann 2014 Kapitaleinnahmen von 9 182 Euro steuerfrei vereinnahmen, denn auch Minderjährigen stehen Sparerpauschbetrag, Grundfreibetrag und der Sonderausgabenpauschbetrag zu. Sie können entweder über eine Einkommensteuererklärung geltend gemacht werden, oder die Eltern beantragen beim zuständigen Finanzamt eine Nichtveranlagungsbescheinigung (siehe Seite 137), mit der die Kapitalerträge auch dann steuerfrei ausbezahlt werden, wenn der Sparerpauschbetrag überschritten wird. Voraussetzung ist, dass die jährlichen Zins- und Dividendeneinnahmen maximal 9 182 Euro betragen und das Kind keine weiteren Einkünfte, etwa aus einem Ferienjob, erzielt.

VORSICHT VERMÖGENSGRENZEN! Dabei sollten Sie allerdings beachten: Wenn Kinder Einnahmen von mehr als 4 452,50 Euro jährlich oder mehr als rund 371 Euro im Monat haben, können sie nicht mehr beitragsfrei in der gesetzlichen Krankenkasse mitversichert werden. Auch für andere (staatliche) Leistungen wie Bafög gelten Einkommens- und Vermögensgrenzen. Zudem gilt: Auf das übertragene Vermögen können die Eltern nicht mehr ohne weiteres zurückgreifen, sondern es nur im Rahmen ihres elterlichen Sorgerechts ausgeben – etwa für die Ausbildung ihrer Kinder. Werden die Kinder volljährig, können sie über das restliche geschenkte Geld frei verfügen.

Wollen Eltern sichergehen, dass ihr Kind das geschenkte Vermögen zum Beispiel für seine Ausbildung nutzt, können sie dies bei der Schenkung zur Auflage machen. Dafür sollten sie aber unbedingt den Rat eines Steuerberaters oder auch eines Anwalts einholen, der sich mit Erb- und Schenkungsteuerrecht befasst.

KURSVERLUSTE UND AUSLANDSERTRÄGE

Besondere Steuerregelungen, die Anleger kennen sollten, gibt es zudem bei Kursverlusten und Auslandsdividenden.

Kursverluste

Wie sieht es steuerlich aus, wenn ein Fondsinvestment mal mit einem Verlust endet? In der Regel zieht das Finanzamt Verluste, die in Zusammenhang mit der Geldanlage entstanden sind, von der Summe aus Zinsen, Kursgewinnen und Dividenden ab, die im gleichen Kalenderjahr angefallen sind. Allerdings können Verluste aus reinen Aktiengeschäften lediglich mit Gewinnen verrechnet werden, die beim Verkauf von Aktien entstanden sind. Gewinne und Verluste, die auf einem Depot anfallen, das bei einer Bank unterhalten wird, verrechnet das Institut intern, bevor es Abgeltungsteuer abführt. Verluste aus dem Verkauf von Fondsanteilen und Zertifikaten – auch wenn sie sich auf Aktien oder Aktienindizes beziehen – können vollständig mit allen Kapitalerträgen und Kursgewinnen des Jahres verrechnet werden.

Anders ist die Regelung, wenn ein Anleger Verluste mit Fonds realisiert, die er vor 2009 erworben hatte. Weil er den Fonds außerhalb der früher geltenden Spekulationsfrist von einem Jahr wieder verkauft hat, kann er die Verluste aus diesem privaten Veräußerungsgeschäft steuerlich nicht geltend machen, da der Fiskus auf der anderen Seite auch Kursgewinne bei solchen Geschäften steuerfrei lässt. Wurden vor 2009 gekaufte Papiere innerhalb der Spekulationsfrist von einem Jahr mit Verlust verkauft, können beziehungsweise konnten diese Altverluste nur noch in der Steuererklärung für das Jahr 2013 (oder früher) mit Gewinnen aus Kapitalvermögen verrechnet werden. Dazu zählen jedoch in keinem Fall Zins- und Dividendeneinkünfte.

Erträge aus dem Ausland

Viele Fonds investieren nicht nur in Aktien oder Anleihen deutscher, sondern auch ausländischer Herausgeber, um das Anlagerisiko breiter zu streuen oder ganz einfach, weil dies das Anlagekonzept des Fonds vorsieht – etwa bei Länderfonds. Grundsätzlich macht das Finanzamt in puncto Ertragszahlung keinen Unterschied zu Papieren deutscher Herausgeber. Werden die entsprechenden Zins- und Dividendenerträge ausgeschüttet, behält die Depotbank in Deutschland auch hiervon Abgeltungsteuer ein.

Anders ist die Lage bei thesaurierenden Fonds. Bei ihnen führen weder die Depotbank noch die Fondsgesellschaft von den laufend erzielten und wiederangelegten Erträgen Steuern ab. Folge: Der Fondsanleger muss selbst aktiv werden und die aufgelaufenen Erträge im Fondsdepot Jahr für Jahr in seiner Steuererklärung angeben. Wurden bereits im Ausland Steuern auf Zinserträge oder Dividendenzahlungen von der jeweiligen Finanzverwaltung vor Ort einbehalten, können diese gegenüber dem deutschen Finanzamt geltend gemacht werden – in welcher Höhe genau, hängt allerdings vom Einzelfall ab. Wurde zum Beispiel für eine Anleihe die EU-Zinssteuer von 35 Prozent etwa in der Schweiz gezahlt, rechnet das deutsche Finanzamt diese Abgabe komplett auf die in Deutschland fällige Steuer von 25 Prozent an. Im Ausland gezahlte Quellensteuern oder Ertragssteuern auf Dividenden erkennt der deutsche Fiskus dagegen üblicherweise maximal in Höhe der Abgeltungsteuer an. Nicht selten kann der Steuerabzug im Ausland allerdings nur anteilig mit der deutschen Steuer verrechnet werden. Genau geregelt ist das im jeweiligen Doppelbesteuerungsabkommen, das die Bundesrepublik mit über 80 Staaten weltweit geschlossen hat.

Über die bereits im Ausland gezahlten Steuern erhält der Fondsanleger in den meisten Fällen automatisch eine Bescheinigung seiner Bank oder Fondsgesellschaft. Diese Angaben über die in einem

TIPP **Steuerehrlich bleiben**

Nicht jeder Anleger aus Deutschland unterhält sein Fondsdepot bei einer deutschen Bank. Viele Sparer besitzen auch ein Konto oder ein Depot im Ausland. Dort gelten andere steuerliche Spielregeln, meist sind sie deutlich anlegerfreundlicher. Zum Beispiel werden in Luxemburg, Österreich oder in der Schweiz ausländischen Anlegern Kapitalerträge ohne Steuerabzug gutgeschrieben. Auf Zinserträge wird jedoch die EU-Zinssteuer erhoben. Sie beträgt derzeit 35 Prozent. Die Steuer ist also höher als der Satz, den der deutsche Fiskus verlangt. Sie wird aber ausschließlich für Papiere fällig, die der EU-Zinsrichtlinie unterliegen. Bei Mischfonds lässt sich nur nach dem Fondsprospekt beurteilen, ob dies der Fall ist. Das bedeutet aber nicht, dass der Anleger seine im Ausland erzielten Erträge nicht versteuern müsste, wenn der Sparerpauschbetrag ausgeschöpft ist. Jeden Euro und Cent, der über den Pauschbetrag hinausgeht, muss er ganz normal in seiner Steuererklärung aufführen und in Deutschland versteuern, anderenfalls begeht er Steuerhinterziehung. Die Banken in den EU-Ländern sind verpflichtet, Namen, Adresse, Kontonummer und Höhe der Zinserträge ihrer deutschen Kunden an das Bundesamt für Finanzen zu melden. Lange Zeit gab es in Europa ein paar Länder, für die diese Regel nicht galt. Doch die europäischen Regierungschefs unternehmen besondere Anstrengungen, um diesen Zustand zu beenden.

Jahr aufgelaufenen Erträge des Fonds muss der Anleger in die Einkommensteuererklärung übertragen. Dies ist auch empfehlenswert, um einer späteren Doppelbesteuerung vorzubeugen. Denn verkauft der Anleger irgendwann seine Anteile, zieht seine Depotbank sämtliche seit dem Kaufzeitpunkt erzielten Erträge zur Berechnung der Abschlagsteuer heran – auch dann, wenn er den größten Teil davon über die Jahre hinweg bereits versteuert hat.

Daraus folgt: Bewahren Sie Ihre Steuerbescheide und Kopien der eingereichten Steuerformulare auf – vor allem KAP und gegebenenfalls AUS –, dazu die Steuerunterlagen, die Sie von Ihrer Bank und Fondsgesellschaft erhalten haben, damit Sie gegenüber dem Finanzamt belegen können, welche anteiligen Erträge des Fonds Sie Jahr für Jahr bereits versteuert haben.

Fonds mit Sitz im Ausland

Auch ausländische Fondsanbieter müssen die Steuerregeln beachten, die für die deutsche Fondsbranche gelten. Das heißt, sie müssen ihre Ertragsquellen aufdecken und alle erforderlichen Steuerdaten veröffentlichen, damit der Fiskus die Erträge auch korrekt besteuern kann. Der deutsche Gesetzgeber verwendet hierfür den Begriff des „transparenten Fonds". Mit einem solchen Fonds haben Anleger keine Probleme. Dagegen müssen Besitzer „semitransparenter" und „intransparenter" Fonds mit einer empfindlichen Strafbesteuerung rechnen. Doch diese Fonds stellen unter den Tausenden hierzulande angebotenen Fonds die Ausnahme dar. Im Zweifelsfall sollte der Anleger vor dem Kauf bei einer ausländischen Fondsgesellschaft klären, ob sie sich an die Regeln des deutschen Fiskus hält. Alternativen gibt es genug.

DER LEIDIGE PAPIERKRAM

Um gegenüber dem Finanzamt sämtliche bereits gezahlten Steuern belegen zu können, ist es wichtig, die Informationen und Auszüge der Banken und Fondsgesellschaften gut aufzubewahren. Eine wichtige Unterlage für die Steuererklärung ist die Jahressteuerbescheinigung. Allerdings sind Banken, Sparkassen und andere Finanzdienstleister seit Einführung der Abgeltungsteuer nicht mehr dazu verpflichtet, diese Bescheinigung für ihre Kunden auszustellen.

JAHRESSTEUERBESCHEINIGUNG BEANTRAGEN

Wenn Ihnen Ihr kontoführendes Institut nicht automatisch eine Jahressteuerbescheinigung zuschickt, sollten Sie sie beantragen. Denn auf diese Weise können Sie schwarz auf weiß dokumentieren, wie viel Abgeltungsteuer Sie bereits während der Laufzeit bezahlt haben, wenn Sie zum Beispiel einen thesaurierenden Fonds verkauft haben. So können Sie verhindern, dass die Depotbank beim Verkauf unter Umständen eine Doppelbesteuerung vornimmt. Auch die korrekte Besteuerung beim Verkauf von Fondsanteilen aus einem Sparplan können Sie anhand der Jahressteuerbescheinigung leichter nachprüfen. Dabei gilt, dass jeder Fondsanteil einzeln besteuert wird – je nachdem, zu welchem Preis er im Zuge des Sparplans gekauft wurde. Verkaufen Sie nur einen Teilbestand, unterstellt das Finanzamt, dass die zuerst erworbenen Anteile auch wieder zuerst verkauft werden.

Für diese Jahressteuerbescheinigung darf das Geldhaus keine Gebühren verlangen. Vom Grundgedanken her soll die Jahresbescheinigung Anlegern helfen, die diversen Formulare in der Steuererklärung richtig auszufüllen. Einen genauen Blick verdient die Unterlage dennoch, denn angesichts der vielen Neuregelungen kann es schnell zu fehlerhaften Angaben auf der Bescheinigung kommen.

Anleger, denen bei der Jahresbescheinigung etwas unklar ist, sollten sich umgehend an ihre Bank oder Fondsgesellschaft wenden und sich die entsprechenden Angaben erläutern lassen. Die Fondsgesellschaften sind verpflichtet, sehr detaillierte steuerliche Angaben zu jedem ihrer Fonds zu erstellen, da der Anleger die im Fondsdepot angefallenen Ertragszahlungen im Einzelnen gar nicht nachvollziehen kann. Die Jahressteuerbescheinigung nennt jedoch nur den Gesamtwert der jeweiligen Erträge. Wollen Anleger aufgeschlüsselte Daten, kann eine Erträgnisaufstellung sinnvoll sein. Die Kosten dafür darf die Bank allerdings in Rechnung stellen.

DER WEG ZUM ZIEL

Die vorhergehenden Kapitel haben gezeigt, dass es Fonds in unzähligen Varianten gibt. „Wie soll ich denn nun mein Geld anlegen?", werden sich viele Sparer jetzt fragen. Ganz einfach lässt sich diese Frage nicht beantworten. Aber der Vorteil des breiten Angebots ist, dass Fonds für fast jedes Anlageziel eine passende Lösung bieten. Dazu sollte aber vor dem Kauf eine Reihe von Fragen geklärt werden – zum Beispiel, wie viel Risiko der Anleger bereit ist zu akzeptieren.

WELCHER ANLEGERTYP BIN ICH?

Geht es daran, ein Anlagekonzept zu entwickeln, muss der Sparer neben seinen Anlagezielen (siehe Seite 159) und seinen Einkommens- und Vermögensverhältnissen (siehe Seite 156) auch seine „Anlagementalität" berücksichtigen. Wer eher vorsichtig und auf Sicherheit bedacht ist, dem ist mehr damit gedient, zu wertstabilen Fonds wie etwa Rentenfonds zu greifen als zu spekulativen Aktienfonds. Das bedeutet im Gegenzug aber auch, dass er auf eine überdurchschnittlich hohe Rendite verzichten muss. Das ist sozusagen der Preis für die Sicherheit. Ein Sparer hingegen, der stets auf der Suche nach den Fonds mit den höchsten Renditen ist, muss sich fragen, ob er auch bereit ist, die damit verbundenen Risiken zu tragen. Allein das Wissen um die Möglichkeit von Verlusten bedeutet schließlich noch nicht, dass er auch abschätzen kann, wie gelassen er reagiert, wenn diese Situation eintritt. Die Erfahrung zeigt, dass viele Anleger nur auf den schnellen Gewinn fixiert sind. Doch wenn es anders kommt und der Kurs 5 oder 10 Prozent unter dem gezahlten Einstandspreis liegt, bringt es sie um den Schlaf, auch wenn dieses Minus zunächst lediglich auf dem Papier steht.

Das Problem der „gefühlten" Risikobereitschaft

Jeder Fonds-Interessierte sollte sich daher fragen, wie viel Risiko er tatsächlich bereit ist zu tragen. Grundsätzlich scheint die Antwort darauf nicht allzu schwer zu sein. Die Schwierigkeit dabei ist meist, dass Kopf und Bauch das Risiko unterschiedlich beurteilen. Werden Anleger direkt danach gefragt, sind erfahrungsgemäß viele nicht bereit, größere Risiken einzugehen. Daran ist nichts Verwerfliches. Im Gegenteil: Wer sich und dieser Einstellung treu bleibt, wird wahrscheinlich selten einen kompletten finanziellen Fehlgriff machen. Und warum kommt es dann doch immer wieder vor, dass bis dato brave Sparbuchbesitzer über Nacht zu wilden Spekulanten werden? Die eigene Psyche spielt ihnen einfach einen Streich. Wer stets auf Nummer sicher gehen will, muss automatisch mit mageren Renditen vorliebnehmen. Eben das fällt so manchem Sparer genau dann schwer, wenn ihm in einer guten Börsenphase vor Augen geführt wird, dass sich beispielsweise mit Aktien innerhalb weniger Tage oder Wochen ganz leicht 10 Prozent Rendite und mehr herausholen lässt.

Den eingeschlagenen Kurs verfolgen

Geradezu fatale Auswirkungen kann es dann haben, wenn der Sparer beginnt, zwischen totalem Sicherheitsdenken und höherer Risikobereitschaft hin- und herzuspringen. Doch genau so verhält sich oftmals die Mehrheit der Sparer, wie es das allgemeine Anlageverhalten in den vergangenen Jahren beweist. Denn die vielen Anleger, die sich mit Aktien und Aktienfonds im Zuge der Finanzkrise die Finger verbrannt und ihre Gelder abgezogen hatten, vollzogen die Kehrtwende. Plötzlich waren sichere Bundesanleihen und die Zinsangebote der Banken gefragt. Den seit Mitte 2009 andauernden Kursaufschwung bei Aktien haben viele daher verpasst.

Dieses Beispiel zeigt, wie wichtig es ist, nicht alles auf eine Karte zu setzen, sondern den einmal eingeschlagenen Weg konsequent weiterzugehen und nicht ständig nach rechts und links auszuweichen, weil dort vermeintlich bessere oder sicherere Gelegenheiten locken.

MUSTERDEPOTS HELFEN BEI DER ORIENTIERUNG

Fazit: Die Anlagementalität ist eine sehr individuelle Eigenschaft, sodass pauschale Empfehlungen kaum möglich sind. Zur besseren Orientierung hat Finanztest allerdings drei Musterdepots gebildet, die wir im Folgenden vorstellen. Sie liefern einen Anhaltspunkt dafür, welchen Aktienanteil ein Anleger in seinem Depot in etwa halten sollte, wenn er bestimmte Vorstellungen davon hat, welche Rendite er anstrebt und welches Risiko er bereit ist, dafür einzugehen.

Drei Risikotypen zur Orientierung

Welche Depotaufteilung entspricht nun meiner Risikoneigung, werden sich einige Anleger sicherlich fragen. Ganz genau lässt sich das nur für den Einzelfall beantworten. Finanztest hat dazu einen Orientierungsmaßstab erarbeitet, der Anlegern dabei hilft, ihr Fondsdepot so zusammenzustellen, dass es zu ihrem Risikoprofil passt. Dazu haben die Experten anhand historischer Daten nachgerechnet, mit

TIPP **Die Anlagementalität bestimmen**

Im Internet haben Sie die Möglichkeit, Ihren Anlagetyp zumindest grob zu bestimmen. Unter der Adresse www.behavioral-finance.de, Menüpunkt „Risikotool" bieten die Experten der Universität Mannheim einen Test an, mit dem Anleger ihre Risikoeinstellung bestimmen können. Denken Sie allerdings daran, dass diese Tests zwangsläufig sehr schematisch vorgehen und die Ergebnisse lediglich Anhaltspunkte für das individuelle Anlageverhalten liefern. Eine ausführliche und gute Anlageberatung durch einen gut ausgebildeten Wertpapierexperten ersetzen sie nicht.

welchen Renditen sie – abhängig von der Laufzeit – rechnen können, wenn sie Aktienfonds und Rentenfonds in unterschiedlichem Verhältnis miteinander mischen, und welche Verlustwahrscheinlichkeit jeweils bei diesen verschiedenen Depotmischungen besteht.

Grundlage dafür waren die historischen Renditen internationaler Aktien und deutscher Staatsanleihen von 1970 bis 2013. Anleger, die sich nach diesen Berechnungen richten wollen, können diese beiden Anlageformen vergleichsweise einfach und kostengünstig über einen entsprechenden ETF (siehe Seite 46) in ihrem Depot zusammenstellen – und so die für sie passende Mischung aus Aktien- und Rentenfonds finden. Auch wenn die Ergebnisse dieser Studie keine Garantie für zukünftige Entwicklungen der untersuchten Anlagen geben, helfen sie Fondsanlegern dabei, eine Struktur und damit eine grundsätzliche Ausrichtung ihres Portfolios zu finden. Denn sie zeigen exemplarisch, wie sinnvoll es ist, sein Depot mit unterschiedlichen Wertpapieren beziehungsweise Assetklassen (siehe Seite 24) zu bestücken.

Die Ergebnisse der Berechnungen werden in den drei Grafiken auf Seite 150 jeweils für die Anlagezeiträume von fünf, zehn und fünfzehn Jahren abgebildet. Die Darstellungen sehen auf den ersten Blick etwas gewöhnungsbedürftig aus, sie sind im Grunde aber ganz einfach zu lesen. Die grüne Linie im Bündel jeweils ganz oben und die rote Linie jeweils unten zeigen, welche Mindestrendite ein Anleger mit 1 beziehungsweise 99 Prozent Wahrscheinlichkeit bei einer stetig höheren Aktienquote erzielen konnte. Beispielsweise wurde bei einer Laufzeit von zehn Jahren und einer Aktienquote von 50 Prozent mit 1 Prozent Wahrscheinlichkeit eine Rendite von 16 Prozent erzielt, und mit einer Wahrscheinlichkeit von 99 Prozent wurde immerhin noch eine Rendite von etwas über 1 Prozent erzielt. An den äußersten Begrenzungen lässt sich somit abschätzen, wie wahrscheinlich eine anfänglich angestrebte Mindestrendite ist. Im vorher-

Rendite nach 5 Jahren Laufzeit

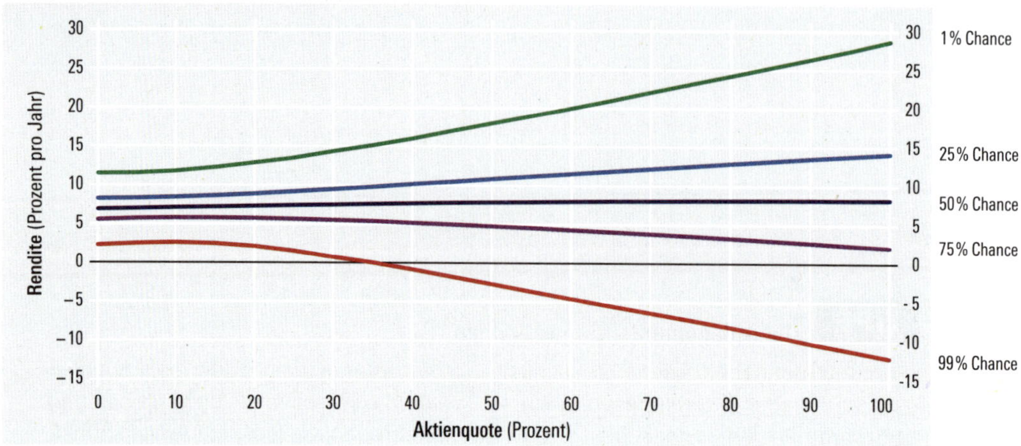

Rendite nach 10 Jahren Laufzeit

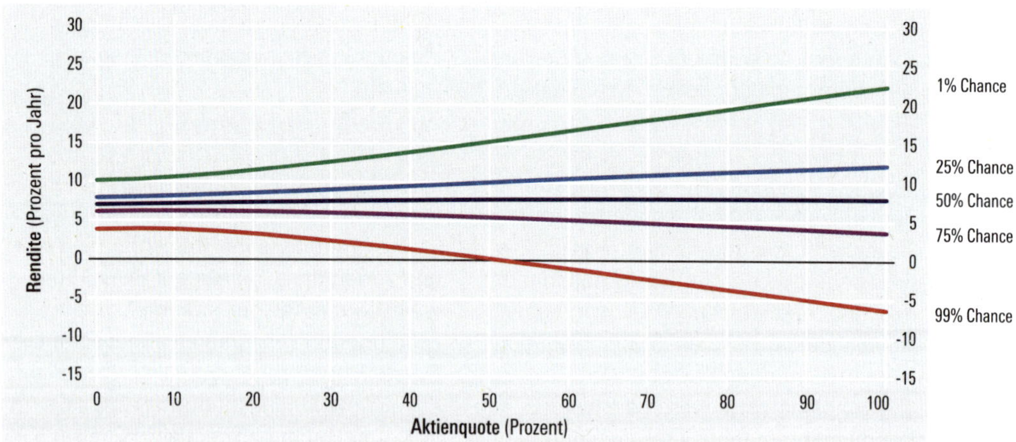

Rendite nach 15 Jahren Laufzeit

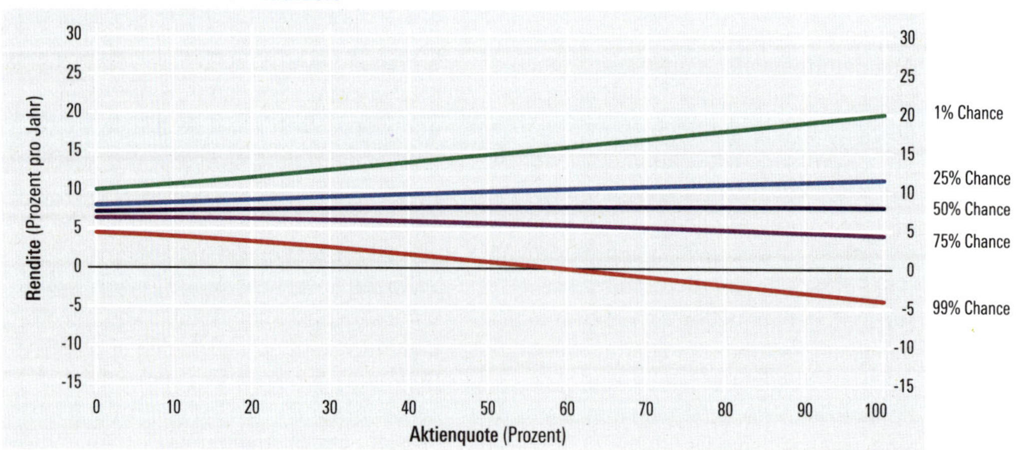

GRAFIKEN: Sie zeigen, mit welcher Wahrscheinlichkeit Anleger welche Mindestrenditen erzielen konnten. Beispielsweise bedeutet die 1-%-Linie, dass mit einer Wahrscheinlichkeit von 1 Prozent diese Renditen erreicht oder übertroffen wurden.

gehenden Beispiel (Laufzeit zehn Jahre, Aktienquote 50 Prozent) besteht beispielsweise die 99-prozentige Chance, dass der Anleger eine Rendite über 1 Prozent erzielen wird, mit einer Wahrscheinlichkeit von 50 Prozent erreichet er mehr als 7,7 Prozent. Auf eine ordentliche Mindestrendite von knapp 6 Prozent kommt er mit einer Wahrscheinlichkeit von 75 Prozent.

Es liegt auf der Hand, dass dieser Ratgeber nicht sämtliche individuellen Ausprägungen aller Anlagementalitäten berücksichtigen kann. Das würde die Ratschläge und Empfehlungen schnell unüberschaubar machen und am Ende unter Umständen mehr verwirren als Orientierung geben. Im folgenden Abschnitt stellen wir daher beispielhaft Depotvorschläge für drei Anlegertypen mit unterschiedlicher Risikobereitschaft vor – einen vorsichtigen, einen ausgewogenen, einen renditeorientierten.

Dabei steht die Überlegung im Mittelpunkt, dass sich die Risikobereitschaft beziehungsweise die Renditevorstellungen eines Anlegers nur sehr ungenau mit Attributen einordnen lassen, weil diese Begriffe nicht wirklich objektiv sind. So können sich beispielsweise zwei Anleger als „vorsichtig" einstufen, im direkten Vergleich besitzen sie aber ein sehr unterschiedliches Risikoempfinden. Zudem spielt auch die Anlagedauer eine große Rolle. Als Faustregel gilt: Je länger der Anleger sein Geld investiert, desto größer ist die Chance, dass zwischenzeitliche Verluste durch eine nachfolgende positive Börsenentwicklung wieder ausgeglichen werden. Ein vergleichsweise guter und sachlicher Anhaltspunkt ist dabei die Verlusttoleranz eines Anlegers.

Wir haben daher folgende Unterteilung getroffen:

- Ein vorsichtiger Anleger sollte darauf achten, dass das Risiko, Verlust zu machen, während der Laufzeit, vor allem aber am Ende, so gering wie möglich ist. Hundertprozentig lässt sich das natürlich für keine Geldanlage ausschließen. Aber eine Wahrscheinlichkeit von 99 Prozent, am Ende ohne Verlust dazustehen, wird vermutlich auch ein vorsichtiger Sparer als annähernd sicher empfinden.
- Ein ausgewogener Anleger akzeptiert grundsätzlich ein Verlustrisiko, das höher ist als das des vorsichtigen Anlegers. Allerdings wird er deswegen nicht einem Hasardeur gleich sofort Haus und Hof aufs Spiel setzen wollen. Er wird versuchen, sein Depot so aufzubauen, dass die Verlustwahrscheinlichkeit im ungünstigsten Fall 10 bis maximal 20 Prozent beträgt. Oder umgekehrt: Er schließt eine Geldanlage auch dann ab, wenn er unter Umständen nur 80 Prozent seines Einsatzes am Ende der Anlagedauer – oder bei einem vorzeitigen Verkauf – zurückbekommt.
- Ausgesprochen renditeorientierte Anleger sind darauf bedacht, möglichst viel aus ihrem Geld zu machen. Für die Aussicht auf höhere Ertragschancen sind sie dann auch bereit, ein größeres (Verlust-) Risiko in Kauf zu nehmen.

Das Sicherheitsdepot

Das Sicherheitsdepot spiegelt das Anlagebedürfnis von vorsichtigen Anlegern wider, denn es weist das geringste Risiko der drei Musterdepots auf. Das Mischrezept: Etwa 15 Prozent des Geldes werden in einen breit streuenden Aktienfonds – zum Beispiel ein ETF, der sich auf den MSCI-World-Index (siehe Seite 44) bezieht – investiert und 85 Prozent in einen ETF mit deutschen Staatsanleihen – ein dafür passender Index ist zum Beispiel der eb.rexx Government Germany oder der Markit iBOXX Euro € Sovereigns Germany. Den Simulationsrechnungen von Finanztest zufolge hätte das Sicherheitsdepot je nach Anlagedauer mit 99-prozentiger Wahrscheinlichkeit eine Mindestrendite zwischen rund 2,5 und 4,5 Prozent pro Jahr erzielt. Dies ist natürlich keine Garantie für die Zukunft. Es kann auch besser oder schlechter laufen. Mit 75-prozentiger Wahrscheinlichkeit war aber über zehn Jahre Laufzeit eine Mindestrendite von immerhin 6,2 Prozent drin. Im Idealfall – also bei optimalem Timing – wären sogar über 12,6 Prozent herausgesprungen.

Der Effekt ist wie bereits beschrieben: Mischt der Anleger seinem Depot Aktienfonds bei, sinkt dadurch das Gesamtrisiko des Sicherheitsdepots gegenüber einem Depot ganz ohne Aktienanlagen. Denn Aktien und Anleihen entwickeln sich oftmals gegenläufig zueinander. In der Fachsprache heißt das, dass sie nicht oder teilweise negativ miteinander korreliert sind. Die Preisschwankungen der Aktien- und der Rentenfonds gleichen sich unter dem Strich also weitgehend aus. So lag die Mindestrendite bei einem Depot mit 15 Prozent Aktienanteil nach fünf Jahren Laufzeit höher als ohne Aktienanteil.

Das ausgewogene Depot

Fondsanleger, die nicht zu 100 oder zumindest zu 99 Prozent auf Nummer sicher gehen wollen und Verluste im ungünstigen Fall auch mal „aussitzen" können, weil sie nach Ablauf der geplanten Anlagedauer nicht auf das Geld angewiesen sind, können sich überlegen, eine höhere Aktienquote als beim Sicherheitsdepot zu wählen. Das ausgewogene Depot steht exemplarisch dafür. Mit einer Aktienquote von 40 Prozent bietet es höhere Renditechancen als das Sicherheitsdepot. Dennoch ist die Wahrscheinlichkeit eines Verlusts insgesamt gering, wie die Ergebnisse der Simulationen zeigen: Zu 99 Prozent erzielen Anleger mit diesem Depot bei längeren Laufzeiten eine positive Rendite, lediglich über fünf Jahre besteht das Risiko in einem von 100 Fällen, einen Verlust von 0,8 Prozent zu machen.

Anleger, die höhere Aktienfondsquoten in ihrem Depot wünschen und lieber auf einen Mischfonds (siehe Seite 65) setzen als auf reine Aktien- beziehungsweise Rentenfonds, sollten sich unbedingt nach dem Anlageschwerpunkt des Produktes erkundigen. Sehr flexibel anlegende Mischfonds fahren ihre Aktienquote im Zeitablauf hoch und runter. Für den Anleger heißt das: Er muss entweder Annah-

DAS SICHERHEITSDEPOT (15 % AKTIENFONDS, 85 % RENTENFONDS)

Anlagedauer / Renditeerwartung	5 Jahre	10 Jahre	15 Jahre
99 % Chance auf mindestens	2,5 %	3,8 %	4,5 %
75 % Chance auf mindestens	5,8 %	6,2 %	6,4 %
50 % Chance auf mindestens	7,2 %	7,2 %	7,2 %
25 % Chance auf mindestens	8,6 %	8,2 %	8,0 %
1 % Chance auf mindestens	12,3 %	10,7 %	10,0 %

DAS AUSGEWOGENE DEPOT (40 % AKTIENFONDS, 60 % RENTENFONDS)

Anlagedauer / Renditeerwartung	5 Jahre	10 Jahre	15 Jahre
99 % Chance auf mindestens	−0,8 %	1,7 %	2,7 %
75 % Chance auf mindestens	5,2 %	5,6 %	6,1 %
50 % Chance auf mindestens	7,7 %	7,6 %	7,6 %
25 % Chance auf mindestens	10,2 %	9,4 %	9,1 %
1 % Chance auf mindestens	16,0 %	13,5 %	12,5 %

DAS RENDITEDEPOT (70 % AKTIENFONDS, 30 % RENTENFONDS)

Anlagedauer / Renditeerwartung	5 Jahre	10 Jahre	15 Jahre
99 % Chance auf mindestens	−6,4 %	−2,2 %	−0,5 %
75 % Chance auf mindestens	3,8 %	4,9 %	5,4 %
50 % Chance auf mindestens	8,0 %	7,9 %	7,9 %
25 % Chance auf mindestens	12,2 %	10,9 %	10,3 %
1 % Chance auf mindestens	29,7 %	18,0 %	16,0 %

men über den Fonds treffen oder einen Mischfonds mit vergleichsweise stabilem Mischungsverhältnis wählen, da sonst die Depotstruktur, die Finanztest entwickelt hat, nicht anwendbar ist.

Das Renditedepot

Anleger, die dazu in der Lage sind, mit Verlusten umzugehen, die aber genauso bewusst ihre Chancen an den Kapitalmärkten suchen, können den Aktienanteil in ihrem Fondsdepot noch weiter hochfahren. Beim Renditedepot liegt der Aktienanteil bei 70 Prozent. Mit einer Fifty-fifty-Wahrscheinlichkeit waren in der Vergangenheit Mindestrenditen zwischen 7 und 8 Prozent pro Jahr möglich – unabhängig vom jeweiligen Anlagezeitraum.

Der Fairness halber muss allerdings auch festgestellt werden: Es bestehen im Simulationszeitraum auch höhere Verlustrisiken – was einmal mehr die Regeln des magischen Dreiecks der Geldanlage (siehe Seite 18) belegt, nach denen höhere Renditechancen einhergehen mit größeren Risiken. Dabei gilt es nicht nur auf das Endergebnis zu schauen, sondern auch auf die Zeit, die dazwischen liegt. Mögliche zwischenzeitliche Verluste können massiv sein. Diese müssen Anleger mental verkraften können. Faustregel: Je höher der Aktienfondsanteil, desto stärker schwankt erfahrungsgemäß der Gesamtwert des Depots während der Laufzeit.

In diesem Fall zahlt es sich aus, nicht auf das Geld angewiesen zu sein. Denn wer seine Fondsinvestments nicht zu einem bestimmten Termin verkaufen muss, hat einen Verlust zunächst nur auf dem Papier stehen. Grundsätzlich aber gilt: Ein Renditedepot erfordert eine entsprechend hohe Risikobereitschaft.

Es geht auch individuell

Die drei Musterdepots sind selbstverständlich nur Anlagevorschläge, die zwangsläufig schematisch bleiben. Jeder Anleger sollte daher die Möglichkeit wahrnehmen, Fonds mit unterschiedlichem Anlageschwerpunkt noch individueller als mit den drei Musterdepots zu kombinieren und zumindest bei größeren Vermögen auch noch andere Fondstypen wie beispielsweise offene Immobilienfonds dabei zu berücksichtigen, um auf diese Weise sein persönliches Fondsportfolio aufzubauen.

Die Grafiken auf Seite 150 helfen dabei, eine Aktienquote zu finden, bei deren Schwankungsbreite sich ein Anleger anhand seiner Risikobereitschaft gerade noch wohlfühlen kann, weil das Verlustrisiko in einem akzeptablen Verhältnis zu den Renditechancen steht.

Alternativ kann auch mittels der Grafik rechts die Aktienquote festgelegt werden, die der gewünschten Mindestrendite entspricht. Die Gebrauchsanweisung für diese Grafik ist einfach: Wer in keinem Fall sein Fondsinvestment mit einem Verlust beenden möchte, sollte – je nach Anlagehorizont – eine Aktienquote wählen, bei der die Renditekurve für die geplante Laufzeit nicht unter die Nulllinie fällt.

INFO

Chancen und Risiken von gemischten Depots

Die Grafiken zeigen, wie sich die Durchschnitts- und Mindestrenditen bei einem steigenden Aktienanteil entwickeln. Ausgangspunkt am jeweils linken Rand ist ein Depot, das nur deutsche Staatsanleihen enthält.

Durchschnittliche Rendite (Prozent pro Jahr) bei einer Anlagedauer von ... Jahren

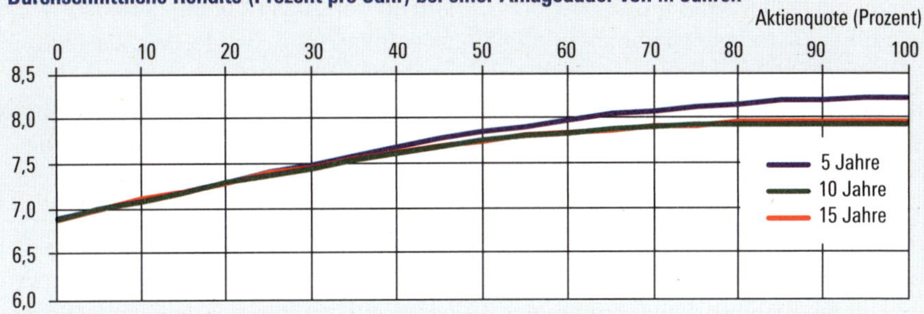

Mindestrendite (Prozent pro Jahr) bei einer Anlagedauer von ... Jahren

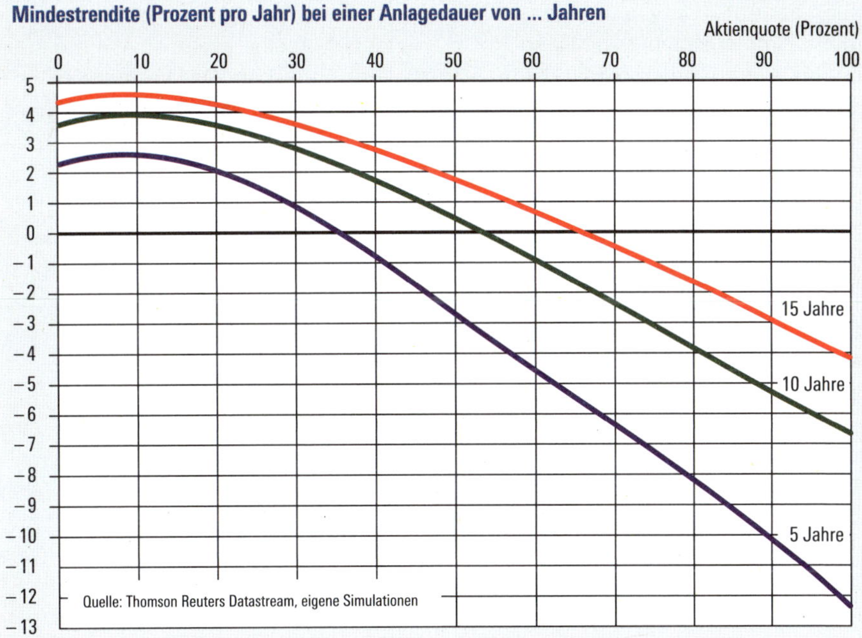

Die Lebens- und Vermögenssituation

Bei der Einschätzung seiner Risikobereitschaft darf der Anleger allerdings nicht nur seine „gefühlte" Einstellung berücksichtigen. Er sollte auch noch andere Kriterien mit ins Kalkül ziehen. Dazu gehört als wichtiger Faktor seine Lebens- und Vermögenssituation.

Zwar kommt der „klassische" Lebenslauf (Ausbildung, Berufseinstieg, Familiengründung, Karriere, Eintrittszeitpunkt in die Rente) angesichts des wirtschaftlichen sowie demografischen Wandels – der Anteil der älteren Bevölkerungsschichten wächst in den kommenden Jahren rapide, während der Anteil der jungen Menschen abnimmt – immer seltener vor. Dennoch ändert das in der Tendenz wenig daran, dass sich mit steigendem Lebensalter die Familien-, Arbeits- und Einkommenssituation verändert – und damit auch der monatliche Finanzbedarf. Das heißt in puncto Risiko: Wie viel Geld ein Sparer aufs Spiel setzen kann, ohne seine Existenz zu gefährden, ist keine statische Größe, sondern muss an die individuelle Lebenslage laufend angepasst und bei der Vermögensplanung berücksichtigt werden.

Die Anlagedauer

Die Erfahrung der letzten Jahrzehnte zeigt, dass das Verlustrisiko bei einer Fondsanlage ganz entscheidend von der Anlagedauer abhängt. Selbst wenn der Anleger sein Geld ausschließlich in Aktienfonds investiert, steigt die Mindestrendite deutlich, wenn er einen längeren Anlagehorizont wählt. Zwischenzeitliche Verluste machen sich dann immer weniger im Endergebnis bemerkbar. Eine Garantie gibt es dafür freilich nicht. Aber es ist fraglich, ob die kommenden Jahre vor allem an den Aktienbörsen genauso wechselhaft verlaufen werden wie das zurückliegende Jahrzehnt.

Unter diesem Gesichtspunkt sollten es daher auch vorsichtige Anleger mit der Risikoscheu nicht übertreiben und komplett auf Aktienfonds verzichten – vor allem wenn sie, etwa für die Altersvorsorge, sehr langfristig Geld anlegen wollen. Wer gar nichts wagt, muss sich schließlich mit vergleichsweise niedrigen Renditen zufriedengeben – selbst wenn er zwanzig oder dreißig Jahre spart. Das setzt allerdings voraus, Fonds zu kaufen, deren Anlagestrategie darauf ausgerichtet ist, die zweifellos vorhandenen Risiken an den Börsen durch eine möglichst breite Streuung zu mindern (siehe Seiten 64 und 82). Ausgesprochene Spezialitätenfonds wie Aktienländer- oder Hochzinsfonds kommen deshalb in diesem Fall kaum infrage.

TIPP: EINE ZU HOHE AKTIENQUOTE RENTIERT SICH NICHT

Für den, der sein Geld 15 Jahre und mehr anlegen will, ist eine Aktienquote von maximal 60 bis 65 Prozent ein guter Referenzpunkt. In dem Fall kann er davon ausgehen, dass die zu erwartende Mindestrendite bei einer Anlagedauer von 15 Jahren in 99 Prozent aller Fälle positiv ist. Die obere Grafik auf Seite 155 zeigt, dass die Durchschnittsrendite überproportional ansteigt, solange die Aktienquote von null Prozent beginnend bis auf rund 60 Prozent angehoben wird. Eine Erhöhung darüber „lohnt“ sich für den Anleger meist nicht. Denn die in diesem Bereich abflachende Kurve ist ein Hinweis darauf, dass die nur noch wenig ansteigende Durchschnittsrendite einhergeht mit vergleichsweise immer größeren Verlustrisiken.

Die Bequemlichkeit

Schließlich sollten sich Anleger auch genau überlegen, welchen Aufwand sie in Sachen Geldanlage betreiben möchten. So mancher hat keine Zeit und Lust, auf Dauer das Geschehen an den Kapitalmärkten zu verfolgen und laufend nach seinem Fondsdepot zu schauen. Andere wiederum sind bereit, sich intensiver mit Fonds zu beschäftigen. Für sie kommen andere Möglichkeiten infrage als für bequeme Sparer, für die vor allem Mischfonds (siehe Seite 65) gute Anlagealternativen sind. Denn bei ihnen übernimmt der Fondsmanager die laufende Umschichtung des Geldes von sicheren Zinspapieren in chancenreiche, aber riskante Aktien. Die Alternative ist, durch die Kombination unterschiedlicher ETFs (siehe Seite 46) mit vergleichsweise einfachen Mitteln ein Depot zusammenzustellen, bei dem alle wichtigen Märkte abgedeckt werden, ohne dass man sich Gedanken darüber machen muss, ob einzelne Fonds qualitativ besser oder schlechter als der Markt sind. Bei der Wahl eines entsprechenden Index lässt sich mit einem einzigen Fonds sogar die gesamte Anlageklasse, also etwa der Aktienanteil im Depot, abdecken.

BEISPIELE FÜR VERSCHIEDENE ANLAGESITUATIONEN

Und wie lassen sich nun all diese Punkte ganz konkret unter einen Hut bringen, wenn es darum geht, ein Fondsdepot zusammenzustellen? Patentrezepte gibt es dafür leider nicht. Aber es gibt Depotkombinationen, die aufgrund ihres Chance-Risiko-Profils für bestimmte Anlagesituationen und Anlegertypen besser geeignet sind als andere. Sie bieten Anlegern die Chance, gemessen an ihrer Risikoneigung und gemessen am Aufwand, den sie betreiben, eine vergleichsweise hohe Rendite zu erzielen. Die nachfolgenden Depotvorschläge sind nach dem Pyramidenprinzip aufgebaut, das bereits auf Seite 54 vorgestellt wurde:

- Basis-Fondsgruppen, die das stabile Fundament bilden, sind grundsätzlich für jeden Anlegertyp geeignet. Basis-Fondsgruppen sind Aktien Welt (siehe Seite 82), Aktien Europa (siehe Seite 84), Aktien Euroland (siehe Seite 84), Renten Euro (siehe Seite 95) und Mischfonds (siehe Seite 65).

- Je nach Anlagesituation und individueller Risikoneigung lassen sich Basisfonds um einzelne Fondsbausteine erweitern. Diese Bausteine sind: Aktien regional (siehe Seite 84) einschließlich der Emerging Markets (siehe Seite 86). Durch Kombination mehrerer Fondsbausteine lassen sich Basisfonds auch ersetzen – etwa indem mit Regionenfonds die Aktienmärkte Nordamerika, Europa und Asien abgedeckt werden und so einen Fonds ersetzen, der in die Aktienmärkte weltweit investiert. Dies erfordert dann aber schon eine gehörige Portion Eigeninitiative.
- Erfahrene Anleger können sich überlegen, gezielt auf einzelne Märkte zu setzen und dazu ihrem Depot spezielle Fonds beizumischen. Diese Beimischungen bilden architektonisch gesehen die Spitze des Fondsdepots. Solche Fondsbeimischungen können bei Aktien einzelne Ländermärkte (siehe Seite 88) sein, bei Anleihen Rentenfonds Welt (siehe Seite 98) oder Hochzinsanleihen (siehe Seite 99), oder es kann sich um Immobilien handeln (siehe Seite 71).

Die Beispiele auf den folgenden Seiten zeigen, welche Kriterien für die einzelnen Depotmischungen in der Anlagepraxis entscheidend sind.

So lassen sich Fondsgruppen einordnen

Beimischung	■ Branchen- und Themenfonds ■ Aktienfonds Emerging Markets ■ High-Yield-Rentenfonds ■ Rentenfonds mit Laufzeitbeschränkung ■ Rentenfonds Welt ■ Rentenfonds Fremdwährung ■ Offene Immobilienfonds
Fondsbausteine	■ Aktienfonds sonstige Regionen ■ Länder-Aktienfonds (ohne Emerging-Markets-Länderfonds)
Basisfonds	■ Aktienfonds Welt ■ Aktienfonds Europa ■ Aktienfonds Euroland ■ Rentenfonds Euro ■ Mischfonds

Der erste Teil verschafft einen Überblick darüber, welche Fondskombinationen, aber auch welche Anlagealternativen infrage kommen, wenn ein Anleger regelmäßig sparen möchte. Denn Fonds sind für die meisten Anlagesituationen geeignet, aber eben nicht für alle. Dies machen die Beispiele ebenfalls überaus deutlich.

Danach folgen Anlagebeispiele für die Phase, in der ein nennenswertes Vermögen zusammengespart wurde, oder wenn der Sparer bereits über eine größere Summe verfügt, die er in einem Betrag oder in mehreren Teilbeträgen anlegen möchte.

Wer nicht allzu viel Zeit in seine Geldangelegenheiten investieren möchte, wird sich in den ersten Beispielen im nachfolgenden Abschnitt und auf Seite 170 wiederfinden.

Dagegen sind für Anleger, die bereit sind, sich für eine optimale Rendite etwas mehr Zeit zu nehmen, die Beispiele ab der Seite 164 interessant.

Und Renditejäger, die sich ausführlicher mit den Möglichkeiten von Fonds beschäftigen möchten und die zudem das Geschehen an den Finanzmärkten verfolgen und nutzen wollen, werden insbesondere ab Seite 174 fündig.

REGELMÄSSIG SPAREN

Wer irgendwann über ein kleineres oder größeres Vermögen verfügen will, sollte zweifellos möglichst früh damit beginnen, regelmäßig zu sparen. Die Anlageziele, die hinter solch einem langfristigen Vermögensaufbau stehen, können dabei ganz unterschiedlich sein. Das Spektrum reicht vom Ansparen des Eigenkapitals für den Erwerb einer Immobilie über die finanzielle Absicherung der Ausbildung der Kinder, eine größere Anschaffung (Auto, längere Urlaubsreise etc.) bis hin zum Wunsch, für das Alter privat vorzusorgen. Je nach Anlageziel und Anlegertypus eignen sich dafür unterschiedliche Fondsmischungen.

Entscheidend dabei ist, ob der Anleger das angesparte Kapital schon in ein paar Jahren benötigt oder erst zu einem viel späteren Zeitpunkt – oder ob sich der Zeitpunkt vielleicht noch gar nicht so genau festlegen lässt. Der erste Punkt, über den sich Fondssparer Gedanken machen sollten, ist also: „Wann möchte ich über das Geld, das ich regelmäßig anlege, verfügen können?"

Anlageziel: Immer flüssig sein

„Ich will jederzeit an mein Geld herankommen" – ein Anleger, der diese Maxime verfolgt, sollte dies vernünftigerweise nur aus zwei Gründen tun:

- Entweder weil er flexibel bleiben und in der Lage sein will, auch kurzfristig auf sein Geld zurückgreifen zu können – beispielsweise, weil er überhaupt noch keine Vorstellung davon hat, wie er sein Geld auf Dauer anlegen will,

- oder er steht am Anfang seines Vermögensaufbaus. Dann kommt es zuerst darauf an, eine finanzielle Reserve für Notfälle zu bilden. Deren Höhe, so die Faustregel, sollte in etwa zwei bis drei Nettogehälter betragen. Auch hier ist es wichtig, im Fall der Fälle kurzfristig an das Geld herankommen zu können.

Beispiel: Anja Schulte ist 20 Jahre alt und hat gerade ihre Ausbildung zur Zahnarzthelferin erfolgreich beendet. Größere finanzielle Reserven konnte sie während der Ausbildung aufgrund ihres geringen Einkommens nicht bilden, abgesehen von einem Bausparvertrag, in dem sie ihre Vermögenswirksamen Leistungen (siehe Seite 37) anlegt. Da sie von der Gemeinschaftspraxis, in der sie ihre Ausbildung absolviert hat, übernommen wird und zukünftig ein höheres Einkommen bezieht, will sie nun beginnen, etwas Geld beiseitezulegen – in erster Linie, um finanziell gewappnet zu sein, sollte an ihrem Auto, auf das sie wegen ihres langen Arbeitsweges angewiesen ist, eine größere Reparatur anfallen. Aber auch weil sie über kurz oder lang eine eigene Wohnung beziehen möchte. Dann benötigt sie Geld für ihren eigenen Hausstand. Entscheidend für Anja Schulte ist, dass sie zunächst keinen konkreten Zeitpunkt im Auge hat, zu dem sie über ihr Geld verfügen will oder muss. Gleichzeitig will sie im Fall der Fälle schnell an ihr Geld herankommen. Daher hat das Kriterium Verfügbarkeit Priorität bei der Auswahl.

Geht es allein nach diesem Kriterium, scheint ein Fonds für Anja Schultes Anlageziele prinzipiell geeignet zu sein. Denn dessen Anteile kann sie von einem auf den anderen Tag an die Fondsgesellschaft zurückgeben und so zu Geld machen – was wichtig ist, sollte beispielsweise ihr Wagen von heute auf morgen seinen Dienst verweigern oder eine größere Anschaffung anstehen.

Da die frischgebackene Zahnarzthelferin im Ernstfall darauf angewiesen ist, dass sie über ihr Geld ohne Verlustrisiko verfügen kann, sind irgendwelche spekulativen Experimente von vornherein tabu – unabhängig davon, welche Risikoneigung sie hat. Genau aus diesem Grund ist es jedoch fraglich, ob ein Fonds für die Anlegerin geeignet ist. Denn auch bei den vergleichsweise sicheren Rentenfonds sind Verluste zumindest kurzfristig möglich.

ANLAGEDAUER: MINDESTENS FÜNF JAHRE

Als Faustregel gilt, dass ein Fondsinvestment mindestens auf fünf Jahre ausgerichtet sein sollte. Bei dieser Anlagedauer sind Verluste, zumindest wenn es sich um Renten-Basisfonds handelt, nahezu ausgeschlossen. Gleichzeitig machen sich die einmaligen Kosten für Kauf und Verkauf nicht mehr so stark in der Endrendite bemerkbar wie bei kürzeren Laufzeiten.

Auf Anlagealternativen ausweichen

Im Fall von Anja Schulte gibt es also gute Gründe gegen ein Fondsinvestment. Bei ihrem Anlagebedürfnis ist sie daher gut damit beraten, nach Anlageangeboten abseits des Fondsbereichs Ausschau zu halten, bei denen sie jederzeit und ohne Kursrisiko über ihr Geld verfügen kann. Die einfachste Möglichkeit dazu ist ein Tagesgeldkonto, auf das sie ihre monatlichen Sparraten überweist. Diese Konten werden vor allem von den Direktbanken (siehe Seite 126) angeboten. Die Eröffnung und Verwaltung ist ebenso unkompliziert wie bei einem Girokonto, und genauso wie dort kann der Anleger ohne Einhaltung einer Kündigungsfrist tagtäglich über sein Geld verfügen. Das macht das Konto zu einem Angebot für Anleger, die nicht nur flüssig bleiben wollen, sondern sich auch nur wenig um ihr Geld kümmern möchten. Viele Tagesgeldkonten setzen keine bestimmte Mindesteinzahlung voraus. So kann sie ihr Geld zunächst dort ansparen und später dann in andere Anlageformen umschichten, wenn sich ihre Anlageziele ändern.

Arbeit erfordern unter Umständen allein der regelmäßige Vergleich der Marktkonditionen und die damit verbundene Frage, ob das gewählte Geldinstitut noch gute Zinsen zahlt. Denn gerade bei den Tagesgeldkonten locken viele Banken immer wieder mit – meist befristeten – Sonderangeboten. Wer sich auch diesen Aufwand ersparen und es einfach haben

TIPP **Tipp für Vorsorgesparer**

Das Thema private Altersvorsorge rückt für immer mehr Menschen ins Blickfeld. Selbstverständlich lässt sich dieser Anlagewunsch auch mit Investmentfonds abdecken. Allerdings sind das nur zwei unter vielen Anlageprodukten, die für diesen Zweck infrage kommen. Das fängt an bei Riester-Sparplänen (siehe Seite 32), geht über betriebliche Angebote wie Pensionsfonds und -kassen und reicht bis zu privaten Vorsorgeprodukten wie Lebens- und Rentenversicherungen. Dieses breite Spektrum an Möglichkeiten darzustellen, würde jedoch über den Rahmen für dieses Buch weit hinausgehen. Eine umfassende Information zu diesem Thema liefert der Ratgeber „Private Altersvorsorge" der Stiftung Warentest. Er verschafft einen Überblick über alle Formen des staatlich geförderten, des betrieblichen und des individuellen Vorsorgesparens.

Erhältlich ist das Buch für 16,90 Euro im Buchhandel oder direkt bei der Stiftung Warentest.
Bestell-Hotline: 01805/0024 67
oder im Online-Shop der Stiftung Warentest unter www.test.de/shop.

möchte, greift am besten von vornherein zu einem Tagesgeldanbieter, dessen Zinssätze in der Vergangenheit stabil waren. In jedem Finanztest-Heft gibt es die Rubrik „Dauerhaft gut". Dort werden die Angebote gelistet, die seit mindestens zwei Jahren unter den Top 20 der Finanztest-Wertung sind.

Sparen ohne konkretes Ziel

Beispiel: Christoph Urban ist 31 Jahre, hat vor kurzem sein Studium beendet und arbeitet seit sechs Monaten als Bauingenieur. Seine Frau ist ebenfalls berufstätig. Die beiden haben noch keine konkreten Pläne gemacht, ob und wann sie Kinder haben wollen. Das junge Ehepaar verfügt bereits über eine finanzielle Notreserve, die auf einem Tagesgeldkonto liegt. Auf diese Weise können sie im Ernstfall schnell auf das Geld zugreifen. Zusätzlich zu seinem Vertrag über Vermögenswirksame Leistungen, die in einen Bausparvertrag fließen, will Christoph Urban von nun an monatlich 250 Euro langfristig sparen, ohne dass er bereits eine Vorstellung davon hat, wofür er das Geld verwenden möchte. Auch der Zeitpunkt, wann er das auf diese Weise angesparte Kapital benötigt, steht noch nicht fest. Doch auch wenn er sich über Anlagedauer und Anlagezweck unschlüssig ist, so weiß er, dass er auf keinen Fall irgendein Risiko eingehen, sondern bei der Anlage ganz auf Nummer sicher gehen will.

In Christoph Urbans Anlagesituation ist ein Fondssparplan eine geradezu ideale Wahl. Denn nicht nur, dass der Berufseinsteiger noch keine genauen Vorstellungen davon hat, zu welchem Zweck und Zeitpunkt er über sein Sparvermögen verfügen will, er weiß auch noch nicht, wie schnell er im konkreten Fall an sein Geld herankommen will. In dieser Situation hat ein Fondssparplan Vorteile gegenüber vielen Bankangeboten. Denn mit ihm ist Sparer Urban an keine bestimmte Laufzeit gebunden. Eine komplette Entnahme des angesparten Kapitals oder eine Teilverfügung ist ohne Einhaltung bestimmter Kündigungsfristen jederzeit möglich. Und nicht zuletzt kann er, ohne eine Frist einhalten zu müssen, zu einem anderen Anbieter wechseln und seinen ursprünglichen Vertrag ruhen lassen oder beenden.

Für ein Fondsinvestment spricht also vieles. Aber auf welchen Fonds soll Christoph Urban setzen? Ein Kriterium, das für seine Wahl entscheidend sein sollte, ist, dass er abgesehen von seiner Notreserve noch nicht über nennenswertes Anlagekapital verfügt und erst am Anfang seines Vermögensaufbaus steht. Nach dem Pyramidenprinzip (siehe Seite 54) kommen für ihn daher zunächst nur Basisfonds in Betracht. Schließlich gilt es, bei seinen Vermögensanlagen im Allgemeinen und seinen Wertpapierinvestments im Speziellen zuerst eine solide Grundlage zu legen.

Er hat damit die Wahl zwischen Basisaktienfonds, das heißt Aktienfonds Welt oder Aktienfonds Europa, und Basisrentenfonds, also Rentenfonds Euro, beziehungsweise einer Mischung aus diesen Fondstypen. Da der Ingenieur nichts riskieren will, scheint es sinnvoll, die gesamte Sparrate in Rentenfonds anzulegen. Doch die Analyse der Stiftung Warentest zeigt, dass dieser Fondstyp nicht per se ein vollkommen risikoloses Investment ist. Würde er ganz auf Rentenfonds setzen, müsste er es verkraften können, dass das zwischenzeitliche Minus 10 Prozent betragen kann.

Bei einer von den Experten der Stiftung Warentest empfohlenen Quote von 85 Prozent Rentenfonds und 15 Prozent Aktienfonds machen sich die Vorteile einer systematischen Depotmischung (Asset Allocation) bemerkbar. Diese Depotkombination bietet höhere Renditechancen als ein reines Rentendepot, sowohl was die Durchschnitts- als auch was die Mindestrendite angeht (siehe Grafiken Seiten 150 und 155). Gleichzeitig rutscht dieses Depot im ungünstigsten Fall weniger stark ins Minus als ein reiner Rentenfonds.

Die Alternative wäre, zu einem Rentenfonds zu greifen, der sein Geld schwerpunktmäßig in Anleihen mit kurzer bis mittlerer Laufzeit anlegt, um das Verlustrisiko zu senken. Dann muss Sparer Urban allerdings auf der anderen Seite damit rechnen, dass er am Ende mit seinem Sparplan nur eine vergleichsweise niedrige Rendite erzielt.

Die Frage für jeden Anleger, der sein Geld in einen Sparplan steckt, ist: Wie teile ich vor allem betragsmäßig kleinere Raten zwischen Aktien- und Rentenfondssparplan auf?

Viele Fondsgesellschaften bieten Sparpläne bereits ab 50 oder 100 Euro an. Bei manchen Direktbanken gibt es ETF-Sparpläne sogar schon ab 25 Euro monatlich. Beispielanleger Christoph Urban möchte aber bei seiner Hausbank bleiben, bei der die Mindestrate 50 Euro im Monat beträgt. In diesem Fall kann er sein Anlagedilemma zumindest teilweise lösen, indem er die monatliche Rate auf zwei Sparpläne verteilt. Die einfache und vor allem praktikable Möglichkeit ist, 50 Euro in einen Aktienfonds und 200 Euro in einen Rentenfonds zu investieren. Allerdings entspricht das einer Aufteilung von 20 zu 80 und weicht dementsprechend vom Modelldepot für vorsichtige Anleger ab. Mit monatlich 200 Euro in den Rentensparplan und vierteljährlich 100 Euro in den Aktienfondssparplan könnte er die Quote fast exakt abbilden.

Seine Hausbank bietet wie die meisten Filialbanken keine Sparpläne auf ETFs an. Wenn er sich für die pflegeleichteren und kostengünstigeren ETF-Sparpläne entscheidet, muss er in den sauren Apfel beißen und zu einer anderen (Direkt-)Bank wechseln.

Wenn es etwas mehr Risiko sein darf

Nicht jeder Sparer wird allerdings in Sachen Geldanlage so vorsichtig sein wie Christoph Urban.

Beispiel: Klaus Reiter, 35 Jahre alt und Bürokollege von Christoph Urban, hat in seiner gut fünfjährigen Berufstätigkeit bereits rund 10 000 Euro angespart, die er in sicheren Sparbriefen, Bundeswertpapieren und auf einem Tagesgeldkonto angelegt hat. Da der Single damit über eine finanzielle Basis verfügt, will er nun 200 Euro monatlich ansparen, bei denen er bereit ist, ein höheres Risiko einzugehen. Ebenso wie sein Kollege hat Klaus Reiter noch keine konkreten Vorstellungen davon, was er später mit dem Geld machen und wann er darüber verfügen will. Er hat jedoch vor, über einen längeren Zeitraum hinweg zu sparen.

Wer wie Klaus Reiter risikobereit ist und bereits über eine finanzielle Basis verfügt, kann ohne Bedenken einen größeren Anteil als ein vorsichtiger Anleger in Aktienfonds investieren. Rechnet er sich einem ausgewogenen Anlegertypus zu, kann er 40 Prozent der Rate in Aktien- und 60 Prozent in Rentenfonds anlegen.

Auch wer bereit ist, etwas mehr zu riskieren, wird nicht durch Leichtsinn oder mangelnde Planung sein Geld aufs Spiel setzen und einen Verlust provozieren wol-

TIPP **Tipp für Renditejäger**

Die Suche nach einem qualitativ guten Fonds ebenso nach rentablen Zinsanlagen bei Banken ist aufgrund der großen Auswahl mit Mühe und Zeit verbunden. Als interessierter Anleger müssen Sie sich aber nicht alle Informationen selbst zusammensuchen.

Die Stiftung Warentest stellt die aktuellen Konditionen von Tages- und Festgeldkonten regelmäßig zusammen und veröffentlicht sie in Finanztest und unter www.test.de/zinsen.

Dazu liefert sie auf ihrer Homepage mit dem Fondsfinder ein präzises Werkzeug, mit dem sich die jeweils besten Fonds einer bestimmten Gruppe finden lassen (siehe Seite 109).

Die Suche kann individuell zusammengestellt und eingegrenzt werden – je nach persönlichem Anlagezweck. Die besten jeweils dazu passenden Fonds, deren Anlageergebnisse und viele zusätzliche Daten können gebührenpflichtig von der Homepage der Stiftung Warentest heruntergeladen werden (www.test.de/fonds).

TIPP **Splitten erhöht die Flexibilität**

Wenn Sie mehr als 100 Euro im Monat sparen möchten, sollten Sie grundsätzlich überlegen, die Raten auch auf verschiedene Fondssparpläne beziehungsweise Fonds zu verteilen. Das Splitten erhöht die Flexibilität. Und Flexibilität ist besonders wichtig, wenn Sie noch nicht wissen, wann Sie das angesparte Kapital benötigen.

len. Wichtig ist daher, dass Klaus Reiter die Bereitschaft mitbringt, seinen Sparplan mindestens fünf Jahre, besser zehn Jahre lang anzusparen, bevor er über das Kapital verfügt. Im letzteren Fall kann er auch unter ungünstigen Umständen damit rechnen, dass er nach der jüngsten Simulationsrechnung der Stiftung Warentest mit 99-prozentiger Wahrscheinlichkeit eine positive Rendite von 1,6 Prozent erzielt, die zumindest die Inflationsrate ausgleicht – Steuern (siehe Seite 135) mal nicht berücksichtigt. Grundsätzlich gilt: Plant der Sparer von vornherein eine Zeitreserve ein, kann er eine zwischenzeitliche Börsenflaute gelassen aussitzen und die nachfolgende Aufschwungphase abwarten, um dann zu verkaufen.

Umgekehrt gilt: Ist sich Klaus Reiter schon beim Abschluss relativ sicher, dass er sein Geld beispielsweise in weniger als fünf Jahren benötigt, sollte er von Aktienfonds lieber die Finger lassen – trotz seiner großen Risikoneigung. Das Verlustrisiko ist in diesem Fall auch für einen ausgewogenen Anleger einfach zu hoch.

Auf den Anlagehorizont kommt es an

Durch die Konstruktion Dutzender weiterer Beispiele ließen sich viele verschiedene Anlagesituationen, mit unterschiedlichen Anlagezielen, -zeiträumen und Risikoneigungen durchspielen. Sie können in diesem Buch nicht alle behandelt werden. Das Spektrum reicht über die genannten Fälle hinaus von einem Anleger, der nur mit einem Bruchteil seines Geldes etwas riskieren, ansonsten aber ganz auf Nummer sicher gehen will, bis hin zu jemandem, der zwar risikobereit ist, aber dennoch einen (kleinen) Teil seiner Sparrate nicht so riskant anlegen will.

Als Faustregel gilt für Einsteiger in einen Fondssparplan: Je kürzer die Anlagedauer und je geringer die Risikobereitschaft, desto geringer sollte der Aktienfondsanteil ausfallen. Anderenfalls wird die Gefahr zu groß, am Ende im Minus zu landen. Je länger der Anlagehorizont ist und je flexibler der Sparer bei dem von ihm ins Auge gefassten Auszahlungstermin, desto eher können auch vorsichtige Anleger daran denken, die Rate zwischen Renten- und Aktienfonds zu splitten – im einfachsten Fall jeweils zur Hälfte, wenn es die Ratenhöhe nicht anders zulässt und diese Aufteilung der eigenen Anlagementalität entspricht.

Wer nur wenig Geld auf die hohe Kante legen kann, kann zum Beispiel alle drei

Monate 50 Euro ansparen. Ein Splitten ist dann häufig nur schwer möglich, allerdings kann der Sparer auf einen Mischfonds ausweichen, in den die gesamte Sparrate angelegt wird. Dabei muss er aber darauf achten, dass das Anlagekonzept des Fonds zur eigenen Risikoeinstellung und zum Anlagehorizont passt, also ob der Fonds seine Gelder schwerpunktmäßig eher in Rentenpapieren oder eher in Aktien investiert (siehe Seite 65).

Sparen mit konkretem Ziel – auf Alternativen ausweichen

Einfach damit anzufangen, etwas Geld auf die Seite zu legen – das ist sicherlich das häufigste Motiv für den Abschluss eines Fondssparplans. Es gibt jedoch auch viele Sparer, die von Anfang an ein konkretes Ziel und einen konkreten Zeitraum vor Augen haben und dafür die passenden Anlagemöglichkeiten suchen.

Beispiel: Susanne und Jan Conradi arbeiten beide als kaufmännische Angestellte. Das kinderlose Ehepaar hat vor kurzem eine kleinere Erbschaft gemacht, die zum Erwerb einer Immobilie verwendet werden soll. Allerdings reicht dieses Geld einschließlich eines bereits vorhandenen Bausparvertrags nicht, um den Kauf solide finanzieren zu können. Jan Conradi hat daher ausgerechnet, dass sie etwa sechs Jahre zusätzlich sparen müssen, um die notwendigen Eigenmittel zusammenzubekommen. Für die monatliche Sparrate suchen die Conradis nun die passende Anlagemöglichkeit.

Anders als im vorangegangenen Beispiel trifft das Ehepaar mit einem Fondssparplan nicht unbedingt die beste Wahl. Ein Aktienfonds kommt wegen der kurzen Anlagedauer erst gar nicht infrage, bei einem Rentenfonds ist – abgesehen vom (geringen) Kursrisiko – nicht absehbar,

TIPP **An die VL denken!**

Auch wenn Sie zu den vorsichtigen Anlegern gehören und Ihr Geld vorzugsweise in sichere Rentenfonds Euro investieren, sollten Sie nicht ganz auf Aktienfonds verzichten.
Eine einfache Möglichkeit, in Unternehmenspapiere zu investieren, bietet sich bei der Anlage der Vermögenswirksamen Leistungen (siehe Seite 37). In fast allen Tarifverträgen ist geregelt, dass Ihnen Ihr Arbeitgeber dieses Geld zusätzlich zu Ihrem Bruttogehalt zahlen muss, sodass Sie Ihr monatliches Sparbudget nicht zusätzlich belasten und mit diesem Geld leichteren Herzens etwas riskieren können. Wenn Sie zudem von Anfang an nicht fest damit rechnen, fällt es Ihnen nicht so schwer, am Ende des Sparplans, nach bis zu sieben Jahren, eine eventuelle Börsenkrise auszusitzen und das Geld einfach „stehen" zu lassen.

was er am Ende tatsächlich bringt. Denn die Rendite des Fonds hängt bei einem aktiv verwalteten Fonds vom Anlagegeschick des Fondsmanagers ab. Was ein ETF-Sparplan abwirft, ist davon abhängig, wie sich die entsprechenden Kapitalmärkte beziehungsweise Indizes entwickeln.

In der Anlagesituation, in der sich die künftigen Eigenheimbesitzer befinden – konkretes Anlageziel in nicht allzu ferner Zukunft –, geht jedoch Verlässlichkeit vor Rendite. Ein Banksparplan als Anlagealternative ist in diesem Fall vorteilhafter. Er garantiert den Conradis bei der Wahl eines entsprechenden Angebotes einen gleichbleibend festen oder über die Laufzeit steigenden Zins. Daher wissen sie genau, welchen Betrag sie am Ende der Laufzeit zur Verfügung haben.

So können sie entweder die Höhe der monatlichen Sparrate an die benötigte Sparsumme anpassen oder für eine bestimmte Sparrate den Auszahlungsbetrag kalkulieren und auf diese Weise ein zuverlässiges Finanzierungskonzept auf die Beine stellen. Auch die Vorteile eines Fonds hinsichtlich der Verfügbarkeit stechen in diesem Fall nicht, denn die Conradis legen keinen Wert darauf, ihr Geld vor Ablauf der geplanten Anlagedauer auszugeben. Sollten sie hingegen durch unerwartete Umstände ihr Kapital erst zu einem späteren Zeitpunkt benötigen als ursprünglich geplant, ist das kein Beinbruch. Die meisten Sparpläne lassen sich problemlos verlängern, oder aber Familie Conradi zahlt das Geld nach Fälligkeit nebst weiteren Sparraten auf ein Tagesgeldkonto ein und parkt es dort so lange, bis sie es benötigt.

Zielsparen mit (sehr) langem Anlagehorizont

Der Ratschlag, dass ein Fondssparplan für Zielsparer keine gute Wahl ist, gilt jedoch nicht pauschal.

Beispiel: Regina Bauer ist Mitte dreißig und arbeitet als angestellte Rechtsanwältin in einer großen Kanzlei. Ihr Wunsch und Ziel ist es, sich so schnell wie möglich in die Selbstständigkeit zu begeben. In ihrer bislang dreijährigen Berufstätigkeit hat sie ungefähr 10 000 Euro gespart, die sie als vorsichtige Anlegerin zum Teil auf einem Tagesgeldkonto als Notreserve, zum anderen Teil in einem Sparbrief längerfristig festgelegt hat. Aufgrund ihrer bisherigen Sparleistung rechnet die Rechtsanwältin damit, dass sie mindestens zwölf Jahre sparen muss, bis sie genügend Geld für eine eigene Kanzlei zur Verfügung hat. Ganz genau hat sie den Termin noch nicht festgelegt, da dabei unter anderem auch ihre Familienplanung eine Rolle spielt.

Auch hier scheint wie im vorangegangenen Beispiel der Banksparplan das passende Produkt zu sein. Doch das täuscht. Denn Regina Bauer hat sich noch nicht festgelegt, wann genau sie ihre Kanzlei eröffnen möchte. Der veranschlagte Ansparzeitraum von zwölf Jahren ist zwar eine realistische, aber dennoch zunächst grobe Planung. Doch selbst wenn der Termin bereits ganz konkret feststünde, könnte sich im Beispiel von Regina Bauer der Vorteil des Bankprodukts, die kalkulierbare Rendite, umkehren: In einer Niedrigzinsphase, wie sie seit ein paar Jahren am deutschen Kapitalmarkt herrscht, kauft sie sich bei einem Sparplan mit Festkonditionen einen sehr mageren Zinssatz für einen langen Zeitraum ein. Steigen die Marktzinsen in ein paar Jahren kräftig an, würde sie davon nicht profitieren.

Ein Fondssparplan bietet auf die Dauer von fünfzehn Jahren die Chance auf eine deutlich höhere Rendite gegenüber dem Bankprodukt. Selbst wenn sie auf Nummer sicher geht und eine Aufteilung von 15 zu 85 vornimmt, so wie es dem Sicherheitsdepot entspricht, kann sie bei dieser vergleichsweise langen Ansparzeit nach den Daten von Finanztest auch im ungünstigsten Fall mit einer Rendite von mindestens etwa 3 Prozent rechnen. Nach den Erfahrungen der Vergangenheit sind ihre Chancen jedoch groß, dass das Anlageergebnis höher ausfallen wird. So wahrt sie die Chance, ihr Sparziel früher zu erreichen als kalkuliert, auch wenn dies nicht hundertprozentig sicher ist und man den genauen Zeitpunkt dafür nicht festlegen kann. Das stellt für Regina Bauer allerdings kein Problem dar, schließlich hat sie selbst noch keinen konkreten Termin festgelegt, wann sie den Sprung in die Selbstständigkeit wagen will.

Doch wie sieht es nun im Beispielfall für einen Sparer aus, der sich, anders als Regina Bauer, einem ausgewogenen oder renditeorientierten Anlegertypus zurech-

TIPP **Fondssparpläne: Die Anlagekosten drücken**

Wer einen Fondssparplan über einen Fondsvermittler (siehe Seite 128) oder eine Direktbank (siehe Seite 126) abschließt, kann beim Ausgabeaufschlag häufig sparen. Das lohnt sich, kommt aber nur für Anleger infrage, die wissen, in welchen Fonds sie investieren möchten, oder die keine Beratung brauchen (ausführlich dazu Seite 113). Eine Reihe von Direktbanken und Discountbrokern bietet Sparpläne auf Indexfonds (ETFs) an. Sie sind für Einsteiger erste Wahl. Der Vorteil dabei: Der Kauf wird zu einem vergleichsweise geringen Pauschalsatz abgewickelt, im günstigsten Fall sind es nur 2 bis 3 Euro. Aufgrund der hohen Mindestgebühren lohnt sich ansonsten die Anlage kleinerer Beträge im Normalfall nicht. Wegen der Pauschalregelung fließt in den meisten Fällen ein relativ hoher Anteil in den Fonds, während bei aktiv gemanagten Fonds ein relativ gesehen höherer Teil der Sparrate für den Ausgabeaufschlag abgezweigt wird. Da ETFs zudem sehr geringe laufende Kosten haben, wird über die Laufzeit des Sparplans gesehen effektiv mehr Geld angelegt, was sich vorteilhaft in der Netto-Rendite bemerkbar macht.

net? Im Prinzip nicht anders als im Abschnitt „Sparen ohne konkretes Ziel“ (siehe Seite 162) beschrieben. Angesichts des langen Anlagezeitraums ergibt sich für diese Fondssparer der Spielraum, den Aktienfondsanteil entsprechend den modellhaften Empfehlungen von Finanztest höher anzusetzen und sich damit zusätzliche Renditechancen zu eröffnen, ohne Gefahr zu laufen, am Ende des geplanten Anlagezeitraums im Minus zu landen.

Ergebnisse überprüfen

Unabhängig davon, wie der Sparer seine Rate aufgrund seines Anlegertypus aufteilt, ist es sinnvoll, die einzelnen Sparverträge und vor allem das gesamte Fondsdepot ein- bis zweimal pro Jahr zu überprüfen und gegebenenfalls eine Korrektur vorzunehmen. Das empfiehlt sich bei aktiv gemanagten Fonds auch deshalb, weil die Leistungen der meisten Fondsverwalter erfahrungsgemäß im Zeitablauf qualitativ deutlich schwanken. Bei einem ETF reicht es hingegen, die Entwicklung des entsprechenden Index im Auge zu behalten und einmal pro Jahr – etwa am Jahresende – mit der Wertentwicklung des ETF zu vergleichen.

Liegt der Aktienfondssparplan beispielsweise stark im Plus, bietet es sich an, weitere Einzahlungen zunächst auszusetzen und die Rate, die in den Rentenfonds fließt, hochzusetzen oder zumindest die Aufteilung des gesamten monatlichen Betrages, gegebenenfalls auch die bereits angesparten Fondsguthaben, neu zu justieren. Auf diese Weise wird verhindert, dass der Aktienanteil im Depot zu stark anwächst und das Geld riskanter angelegt ist, als es der Risikoneigung des Sparers entspricht. So beugt er dem Risiko vor, dass ein Kurssturz an der Börse das Fondsdepot stärker als im schlechtesten Fall kalkuliert nach unten drückt.

Wer ganz auf Nummer sicher gehen will, kann sich außerdem überlegen, auch das Geld, das in den Rentenfonds fließt, zum Ende der geplanten Anlagedauer hin auf ein Tagesgeldkonto umzuschichten. Je nach Anlagestrategie besteht schließlich auch bei einem Rentenfonds das Risiko, dass bis zum Verfügungszeitpunkt ein Anstieg des allgemeinen Zinsniveaus zu Kursverlusten führt, die die aufgelaufenen Gewinne schmälern würden (siehe Seite 61).

Die Umschichtung in eine alternative Anlage bietet sich auch noch aus einem anderen Grund an: Zahlt der Fondssparer für seine Anteile den regulären Ausgabeaufschlag (siehe Seite 120), ist es sinnvoll, die Einzahlungen spätestens ein Jahr, bevor er das Kapital benötigt, einzustellen. Denn bei den zuletzt gekauften Fondsanteilen erwirtschaftet er anderenfalls mit hoher Wahrscheinlichkeit ein Minus, da die verbleibende Anlagedauer kaum ausreicht, um die Kaufkosten wieder hereinzuholen.

VERMÖGEN SYSTEMATISCH ANLEGEN

In den vorangegangenen Beispielen stand der Vermögensaufbau im Rahmen von Ansparmodellen im Mittelpunkt. Ihre Stärken richtig ausspielen können Fonds aber vor allem dann, wenn es darum geht, ein bereits vorhandenes Vermögen zu mehren und dazu auf verschiedene Anlageklassen zu verteilen.

Anlageziel: Bequem soll es sein

Fondsprospekte sowie Jahresberichte studieren, Ergebnisse vergleichen, Anlagestrategien nachverfolgen – so manchem Sparer ist so viel Aufwand zu viel des Guten, um einen passenden Fonds herauszusuchen, oder er hat keine Zeit, sich so intensiv mit seinem Geld zu beschäftigen.

Beispiel: Claudia Berger, Lehrerin an einer Realschule, hat über Jahre hinweg Monat für Monat Geld zurückgelegt und auf diese Weise 30 000 Euro angespart, die sie zur Hälfte langfristig anlegen will. Einen genauen Fälligkeitszeitpunkt hat sie noch nicht ins Auge gefasst, sie geht aber von mindestens zehn Jahren aus. Die Lehrerin kennt sich zwar mit Gelddingen grundsätzlich aus und hat auch ihre persönlichen Finanzen im Griff, dennoch fehlt ihr das Interesse, sich ausführlich über alle möglichen Anlageformen zu informieren und die jeweils besten Angebote zu recherchieren. Wichtig ist ihr, dass ihr Geld sicher angelegt wird, ohne dass sie sich großartig darum kümmern muss. Aber sie möchte auch nicht Renditechancen verschenken und auf Möglichkeiten verzichten, ihr Kapital zu vermehren.

Für Sparer wie Claudia Berger bietet sich unabhängig von der individuellen Risikoeinstellung grundsätzlich die Möglichkeit an, das Geld in einen oder mehrere Mischfonds (siehe Seite 65) zu investieren. Mit diesem Fondstyp deckt sie ein Renten- und Aktieninvestment in einem Papier ab. Da die Sparerin kein unnötiges Risiko eingehen will, sollte sie dabei zu einem Mischfonds mit defensiver Ausrichtung greifen. Der hohe Rentenanteil im Fonds sorgt für Sicherheit und laufende Erträge. Die Aktien im Fondsdepot bringen auf Sicht von zehn Jahren mit hoher Wahrscheinlichkeit den Renditekick. Eine nicht ganz so bequeme, dafür sehr kostengünstige und transparente Alternative besteht darin, dass Anlegerin Berger einen breit streuenden Aktien-ETF – etwa auf den MSCI World Index – mit einem Renten-ETF – zum Beispiel auf deutsche Staatsanleihen – kombiniert, so wie es die Musterdepots der Stiftung Warentest vorsehen (siehe Seite 152). Der Vorteil: Die Höhe der Aktienquote kann Frau Berger individueller an ihre Risikobereitschaft und den von ihr gewünschten Anlagehorizont anpassen.

Wenn es etwas mehr Risiko sein darf

Freilich ist nicht jeder Sparer, der eine bequeme Geldanlage sucht, automatisch auch ein vorsichtiger Anleger.

Beispiel: Michael Jung, 47, arbeitet als Techniker bei einem Stromkonzern. Der Ehemann und Vater eines Kindes hat seine Familie und sich über mehrere Versicherungen und erhebliches Sparvermögen gut abgefedert. In den vergangenen Jahren hat er begonnen, sich mehr und mehr für die Anlage in Wertpapieren zu interessieren. Als ausgewogener Anleger ist er bereit, die Risiken, die damit verbunden sind, in Kauf zu nehmen. Für die Anlagedauer hat er sich keinen festen Zeitraum gesetzt, sondern will dies von der Entwicklung der Börsen abhängig machen. Allerdings ist der Familienvater beruflich und privat so stark eingespannt, dass er kaum Zeit hat, sich intensiv mit seinen Geldanlagen zu beschäftigen. Er sucht daher eine Anlage, mit der er einfachen Zugang zur Welt der Börse findet, ohne dass er sich laufend darum kümmern oder mit Details beschäftigen muss.

Auch wenn Michael Jung eine deutlich höhere Risikoneigung besitzt als im vorangegangenen Beispiel Claudia Berger, so unterscheidet sich sein Anlagebedürfnis nicht so stark von ihrem, wie es auf den ersten Blick aussieht. Auch für den Familienvater ist ein Mischfonds, der ihm Aktien- und Zinsanlage in einem Papier anbietet, grundsätzlich eine Möglichkeit. Da er eine deutlich höhere Risikobereitschaft mitbringt, kommt für ihn anders als für Claudia Berger allerdings ein Mischfonds mit eher offensiver Ausrichtung infrage, bei dem Aktien im Fondsdepot das Übergewicht besitzen.

Doch ebenso wie bei Sparerin Berger kann auch er sein Depot mit ETFs zusammenstellen und individuell mischen. In der einfachsten Variante baut Anleger Jung ein ausgewogenes Depot mit zwei Indexfonds nach: Für 60 Prozent des Anlagebetrages kauft er einen ETF auf einen Index, der den Rentenmarkt Euro abdeckt. Das wäre zum Beispiel ein ETF, der sich auf den iboxx Sovereigns Eurozone bezieht. 40 Prozent des Anlagebetrages investiert Michael Jung per ETF in einen Weltaktienindex wie etwa den MSCI-World.

Jung kann sein Depot aber auch noch etwas feiner justieren, indem er nur 36 Prozent in Aktien weltweit anlegt und für 4 Prozent seines Geldes einen Indexfonds zumischt, der die Emerging Markets (siehe Seite 86) abdeckt – etwa mit dem MSCI-Emerging-Markets-Index. Auf diese Weise verbessert er seine Renditechance und streut sein Depot noch etwas breiter und gezielter. Einmal pro Jahr sollte er darüber hinaus wie bei einem Sparplan sein Depot überprüfen und durch Umschichtungen die Struktur wieder an die ursprünglichen Zielwerte des Modelldepots anpassen.

Anlageziel: Sicher und kostengünstig soll es sein

Es ist eine Binsenweisheit an der Börse, dass Bequemlichkeit ihren Preis hat. Den Komfort, den die Mischfonds bieten, müssen die Anleger erfahrungsgemäß mit einer recht niedrigen Rendite „bezahlen". Anleger, für die Bequemlichkeit bei einer Geldanlage einen hohen Stellenwert einnimmt, sollten sich daher darüber im Klaren sein, dass es mit nur ein wenig mehr Aufwand und etwas Initiative möglich ist, in Eigenregie ein einfaches, aber dennoch ebenso chancenträchtiges wie sicheres Fondsdepot zusammenzustellen.

Beispiel: Annette Christ möchte 10 000 Euro sicher, aber dennoch rentabel in Fonds anlegen. Die 41-jährige Textilingenieurin hat sich bereits eingehend über die einzelnen Fondstypen informiert und sucht nach einer vielversprechenden Möglichkeit, geringes Risiko und hohe Rendite unter einen Hut zu bekommen, ohne dass sie sich andauernd um ihr Fondsdepot kümmern muss. Sie ist allerdings durchaus bereit, sich gerade am Anfang sehr sorgfältig mit der Zusammenstellung ihres Fondsdepots zu beschäftigen.

Anlegerinnen wie Annette Christ können mithilfe der Berechnungen der Stiftung Warentest ein Depot aufbauen, das ihnen aufgrund der Erfahrungen der Vergangenheit mit hoher Wahrscheinlichkeit eine bestimmte Mindestrendite bietet. Gleichzeitig wahren sie die Chance auf eine wesentlich höhere Durchschnittsrendite. Dazu muss Anlegerin Christ jedoch zuerst ihre gewünschte Mindestrendite festlegen. Angenommen, sie beabsichtigt, am Ende der Laufzeit zumindest wieder ihren Einsatz zurückzubekommen, das heißt, die Mindestrendite, die sie erzielen will, ist null. Zwei Methoden sind nun möglich:

1. Variante: Sie legt zuerst das Verhältnis von Aktien und Renten im Depot anhand ihrer Risikoeinstellung fest und ermittelt anhand der Grafik auf Seite 155 die Laufzeit, bei der sie mit der anvisierten Mindestrendite rechnen kann. Bei einem ausgewogenen Depot sind das fünf Jahre. Bei einer Anlagedauer von zehn Jahren kann sie dagegen schon davon ausgehen, dass sie in etwa einen Inflationsausgleich erzielt. Beim Renditedepot muss sie hingegen mindestens 15 Jahre ihr Geld anlegen, damit sie mit sehr großer Wahrscheinlichkeit ohne Verlust aus ihrem Investment kommt. Bei einem Sicherheitsdepot ist die Gefahr, selbst nach nur fünf Jahren eine Negativrendite zu erzielen, gleich null.

2. Variante: Anlegerin Christ legt die geplante Anlagedauer fest und ermittelt anhand der dazu passenden Kurve genau die Aktienquote, bei der die Mindestrendite

null ist. Bei einer Anlagedauer von angenommen 15 Jahren kann Frau Christ 35 Prozent des Anlagebetrages in Aktien investieren. Damit wahrt sie die Aussicht auf eine Durchschnittsrendite von mehr als 7 Prozent und kann dennoch davon ausgehen, dass sie am Ende der Anlagefrist im ungünstigsten Fall ohne Verlust das Investment abschließt. Unter diesem Blickwinkel kann sie bei einer längeren Anlagedauer höhere Aktienquoten wählen – mit der Aussicht auf höhere Renditechancen.

Sämtliche Berechnungen setzen jedoch voraus, dass die Ingenieurin mit Sicherheit bis zum Ende durchhält und jährlich die Fondsquoten im Depot an die Ursprungswerte anpasst. Heikel wird es hingegen, wenn sie vorzeitig an ihr Geld heran will. Dann gerät die sorgfältige Kalkulation ins Wanken, und sie muss unter Umständen einen Verlust in Kauf nehmen, sollte die allgemeine Börsensituation gerade ungünstig sein. Das heißt nicht, dass es dann so kommen muss. Aber wer sein Depot so konstruiert, dass er sich vor allem auf das Ende der geplanten Anlagedauer fokussiert, sollte für diesen Fall gedanklich gewappnet sein. Und man muss auch damit leben können, dass das Depot über die Anlagedauer hinweg tief in die roten Zahlen rutschen kann. Je nach Höhe der Aktienquote bis zu 55 Prozent.

Im Grunde braucht einen das nicht zu kümmern, denn entscheidend ist nur, dass am Ende der Verlust des Aktienfonds nicht größer ist als ursprünglich angenommen. Ängstlichen Anlegernaturen wird dieser Zustand dennoch unter Umständen schlaflose Nächte bereiten. Wer allein den Gedanken an einen Verlust – der im Endeffekt lediglich auf dem Papier steht – jedoch nicht ertragen kann, der sollte auch von dieser Art der Depotkonzeption besser die Finger lassen. Der Stress, den ihm diese an sich durchdachte Depotkonstruktion beschert, ist durch die Aussicht auf eine gute Rendite nicht wettzumachen.

Wenn ein größerer Betrag investiert wird

Mancher Anleger wird sich mit einer einfachen Standardlösung zufriedengeben, bei der einzig zu überlegen ist, in welchem Verhältnis Aktien- und Rentenfonds gemischt werden sollen. Vor allem wer bereits über nennenswertes Vermögen verfügt und einen größeren Betrag anlegen will, kann daran denken, die Vielfalt der Fondsanlage auszunutzen und die Basisfonds mit einzelnen Fondsbausteinen zu ergänzen.

Beispiel: Peter Neumann hat bereits ein größeres Vermögen angespart, das er außer auf diversen Konten unter anderem in einer ausgewogenen Mischung aus Aktienfonds Welt und Rentenfonds Euro angelegt hat. Nach dem Tod seiner Eltern erbt er 50 000 Euro, die er nun passend dazu in Fonds anlegen will, ohne dass er dabei einen größeren Aufwand betreiben möchte.

Da Peter Neumanns Depot bereits in größerem Umfang Basisfonds enthält, kann er daran denken, den Betrag in Fondsbausteinen anzulegen, ohne jedoch an dem generellen Mischungsverhältnis aus jeweils 40 Prozent Aktien- und 60 Prozent Rentenfonds etwas zu ändern. Als ausgewogener Anleger kann er zum Beispiel 20 000 Euro auf einzelne Regionen- und Länderaktienfonds (siehe Seite 84) verteilen – entweder in aktiv gemanagte Fonds oder Indexfonds. Genauso gut kann er aber auch beide Fondskonzepte miteinander mischen.

Je „feiner" er durch die Zusammenstellung von immer mehr Fonds mit unterschiedlichem Anlageschwerpunkt sein Depot austariert, desto eher ist Anleger Neumann in der Lage, die Chancen einzelner Märkte gezielter wahrzunehmen beziehungsweise in seinem Depot individuell stärker zu gewichten, als es ein marktbreit anlegender Basisfonds tut. Und auf der Zinsseite hat er die Möglichkeit, durch den Kauf von Hochzins-Rentenfonds (siehe Seite 99) seine Rendite aufzupolieren.

Bei hohen Anlagebeträgen bietet es sich darüber hinaus an, die Summe auf drei verschiedene Fonds innerhalb einer Gruppe, etwa Aktienfonds Welt, zu verteilen. Das bedeutet zwar etwas mehr Arbeit bei der Auswahl und beim Kauf. Wer jedoch nicht alles auf eine Karte setzt, senkt das Risiko, dass ein Fehlgriff die gesamte Rendite zu stark drückt.

Ganz ohne Nachteile ist eine solch breite Streuung indes nicht, denn sie erfordert, dass sich Peter Neumann von nun an intensiver um sein Fondsdepot kümmern muss. Vor allem bei Aktienfonds, die sich auf Regionen oder einzelne Ländermärkte beziehen, sollte er spätestens nach einem Jahr überlegen, ob die Märkte, in die er investiert hat, weiter attraktiv sind. Und bei den Rentenfonds sollte er einen Blick auf die Entwicklung an den internationalen Zins- und Devisenmärkten (siehe nachfolgender Abschnitt) haben.

Anlageziel: Die höchsten Renditen rausholen

Basisfonds sind, wie der Name bereits sagt, in jedem Fall eine solide Wahl. Wenn der Anleger jedoch über ein hohes Anlagekapital verfügt und zudem ausreichend Zeit und Engagement mitbringt, um sich angemessen um die laufende Verwaltung seines Geldes zu kümmern, gibt es durchaus Alternativen.

Beispiel: Ulrich Förster, 65 Jahre, ist Inhaber eines mittelständischen Unternehmens. Er will sich langsam aus dem Betrieb zurückziehen – unter anderem, um mehr Zeit für die Verwaltung seines vor kurzem ausgezahlten Lebensversicherungsvertrages über 250 000 Euro zu haben. Ungefähr die Hälfte des Geldes will er auf Anlagekonten und in Sparbriefen anlegen, die verbleibende Summe jedoch aktiv über Fonds verwalten und einen Teil davon sogar direkt in einzelne Aktien investieren.

Auch wenn Ulrich Förster bereits über ein ansehnliches Vermögen verfügt, so empfiehlt es sich doch für ihn, sich bei der Konzeption seines Fondsdepots am Pyramidenprinzip zu orientieren. Das heißt, soweit noch nicht vorhanden, sollte er zuerst mit Basisaktienfonds und Basisrentenfonds eine Grundlage schaffen. Angesichts des vorhandenen Vermögens und seiner Bereitschaft, aktiv Anlageverantwortung zu übernehmen, kann er dann sein Depot ohne weiteres mit Fondsbausteinen und Fondsbeimischungen ausbauen. Möglichkeiten dazu bietet die Fondsanlage viele. Im Kern geht es für Förster darum, das Auf und Ab der Kurse an den einzelnen Kapitalmärkten, also den Aktien-, Anleihe- und Devisenbörsen, aktiv auszunutzen. So kann er durch den Kauf eines Rentenfonds mit klarem Laufzeitenprofil (siehe Seite 63) gezielt auf den Auf- oder Abwärtstrend bei den Zinsen spekulieren. Die Wahl entsprechender Aktienländer-(index-)fonds (siehe Seite 88) bietet ihm die Möglichkeit, auf den Aufschwung an einzelnen Aktienmärkten zu setzen.

Natürlich kommt es dabei in allen Fällen auf die Wahl der richtigen Ein- und Ausstiegszeitpunkte, das Timing, an. Will Ulrich Förster aktiv auf die zukünftige Marktentwicklung spekulieren, ist er wie jeder Anleger gut beraten, sich zunächst einmal eine Meinung dazu zu bilden, in welche Richtung die jeweiligen Märkte, also Zinsen und Aktienkurse, in naher Zukunft aller Wahrscheinlichkeit nach tendieren werden. Erst dann kann er die dazu passenden Anlageentscheidungen treffen. Dem steht nicht entgegen, dass er sich dabei in erster Linie auf Fonds konzentrieren will. Denn wenn der allgemeine Trend an den internationalen Aktienbörsen bergab zeigt, schlägt sich dies auch in den Anlageergebnissen der entsprechenden Fonds nieder.

Börsengehandelte Indexfonds bieten in diesem Zusammenhang den Vorteil, dass er mit diesen Fondsprodukten sehr flexibel auf aktuelle Ereignisse reagieren kann. Er sucht einfach einen Index, der zu seiner Anlagemeinung passt, und kauft dann den entsprechenden Indexfonds. Indexfonds lassen sich zudem auch sehr schnell – im Extremfall sogar untertägig – wieder zu Geld machen. Das kurzfristige Umschichten von einem Fonds in einen anderen sollte zwar die Ausnahme sein, kann sich aber als sinnvoll erweisen, wenn Teilbeträge eines größeren Depots in sehr spekulative Spezialitätenfonds investiert werden. Vorteilhaft ist es dann, wenn das Fondsdepot bei einer Direktbank oder einem Discountbroker (siehe Seite 126) geführt wird, denn diese Finanzdienstleister verlangen für Wertpapiergeschäfte vergleichsweise geringe Provisionen. Auf diese Weise wird ein schneller Handel auch unter Kostengesichtspunkten nicht zwangsläufig zu einem Minusgeschäft. Denn anders als bei einem aktiv verwalteten Fonds muss der Anleger nicht darauf warten, dass die Wertentwicklung des Fonds den beim Kauf gezahlten Ausgabeaufschlag ausgeglichen hat.

Die Marktanalyse: Das A und O für renditeorientierte Anleger

Das Auf und Ab der Zinsen und Aktienkurse resultiert aus dem tagtäglichen Spiel zwischen Angebot und Nachfrage. Diese beiden Größen spiegeln wiederum die Reaktion der Anleger auf Meldungen und Ereignisse aus Wirtschaft und Politik. Denn auch wenn es an den Börsen immer wieder zu irrationalen Übertreibungen sowohl nach oben als auch nach unten kommt, so sind doch für den Kurstrend bei Aktien und Anleihen letztlich harte wirtschaftliche Größen maßgebend – in erster Linie die Wirtschaftsentwicklung eines Landes mit all ihren Facetten: Investition, Konsum, Inflation und Wechselkurse.

All das schlägt sich in den Unternehmensgewinnen nieder, die ihrerseits der wichtigste Maßstab für die Aktienkurse sind. Zudem sind dies maßgebliche Faktoren für die Zinsentwicklung, die wiederum den Kurstrend am Anleihemarkt bestimmen. Bei der Marktanalyse geht es darum, aus der Vielzahl solcher Zahlen und Faktoren ein Gesamtbild zu entwerfen. Dazu kommt als zusätzliche Schwierigkeit, dass vor allem an den Aktienbörsen nicht die Gegenwart, sondern die Zukunft gehandelt wird. Ein Anleger, der heute kauft, geht schließlich davon aus, dass die nahe Zukunft bessere Zeiten und damit höhere Kurse bringen wird – und umgekehrt. Die Folge ist, dass die Entwicklung der Aktienbörsen der realen Wirtschaftsentwicklung um sechs bis zwölf Monate vorauseilt.

So wird Anleger Ulrich Förster nicht umhinkommen, sich mit den wichtigsten volkswirtschaftlichen Zusammenhängen zu beschäftigen. Eine fundamentale Analyse der Börsensituation ist zwar kein sicherer Weg zum Reichwerden, denn

es gibt auch noch andere Analysemethoden. Doch wer an den Börsen erfolgreich anlegen will, sollte die fundamentale Wechselwirkung kennen, in der Aktien- und Anleihekurse zueinander stehen.

Bei einem Zinsanstieg werden Anleihen gegenüber den schwankungsanfälligen Aktien attraktiver. Mit jedem Prozent Zinsen mehr verkaufen die Anleger ihre Aktienpositionen und schichten ihr Geld in festverzinsliche Wertpapiere um. Konsequenz: Die Aktienkurse geraten unter Druck. Fallen die Zinsen dagegen, überlegen die Anleger angesichts der niedrigen Renditen, verstärkt Aktien zu kaufen. Bei den Dividendenpapieren besteht zwar ein Kursrisiko, dafür versprechen sie auf der anderen Seite überdurchschnittlich große Kurschancen. Folglich schichten die Anleger ihr Depot wieder um.

Konjunktur

Dass die Wechselwirkung zwischen Zinsen und Aktienkursen die Anlegerüberlegungen bestimmt, hat eine ökonomische Grundlage. Denn sinkende Zinsen machen nicht nur Anleihen weniger attraktiv, sie beeinflussen gleichzeitig auch die allgemeine Wirtschaftsentwicklung positiv. So wird zum Beispiel für die Unternehmen die Finanzierung neuer Investitionen günstiger. Gleichzeitig wird auch das Konsumverhalten der privaten Haushalte angekurbelt, da neue Anschaffungen billig auf Pump getätigt werden können. Und auch der Staat nutzt oft das günstige Zinsniveau, um eigene Investitionen, mit denen die Wirtschaft auf Trab gebracht werden soll, zumindest teilweise über Schulden zu finanzieren. Alles in allem: Die Konjunktur, also das Entwicklungstempo einer Volkswirtschaft, wird in Schwung gebracht.

Ein Zinstief gilt daher an der Börse oftmals als Startschuss für einen Kursaufschwung am Aktienmarkt. Denn kommt nach einer Flaute die Wirtschaft auf Touren, ist das nichts anderes als ein Signal dafür, dass die Geschäfte der Unternehmen immer besser florieren. Steigende Umsätze schlagen sich wiederum in steigenden Unternehmensgewinnen nieder, wovon die Aktionäre in Form von Kurssteigerungen und höheren Dividenden direkt profitieren. Denn mit jedem Euro, der am Ende des Geschäftsjahres übrig bleibt, ist ihre Firma – ganz einfach gesagt – mehr wert (siehe Seite 55), was dem Aktienkurs einen Schub nach oben verschafft. Dabei treten im Allgemeinen die höchsten Gewinnsteigerungen im Frühstadium eines Konjunkturaufschwungs auf und flachen danach ab. Dabei spielt der sogenannte Basiseffekt eine Rolle. Einen bescheidenen Gewinn zu verdoppeln oder zu verdreifachen, ist relativ einfach möglich. Doch auf ein Rekordergebnis noch etwas draufzupacken, wird auch für ein gutes Unternehmen auf Dauer schwierig. Ein Nachlassen der Steigerungsraten bei den Unternehmensgewinnen deutet darauf hin, dass sich die Konjunktur ihrem zyklischen Hoch nähert, und wird oft als Warnsignal für den Aktienmarkt verstanden.

Neben einem Zinstief gelten auch stärker anziehende Zinsen als Zeichen dafür,

INFO

Infos im Netz in Sachen Konjunktur

- www.bundesbank.de: Unabhängige Berichte zu Konjunktur, Währung, Zinsen und Aktien. In Auszügen deutsche Übersetzungen des EZB-Monatsberichts, umfangreiche Link-Liste.
- www.destatis.de: Die Seite des Statistischen Bundesamts bietet Daten zur volkswirtschaftlichen Gesamtrechnung, Produktion, Auftragseingängen, Preisen etc.
- www.census.gov: Seite des US-amerikanischen Pendants zum Statistischen Bundesamt.
- www.dbresearch.com: Hauseigenes „Wirtschaftsforschungsinstitut" der Deutschen Bank mit Analysen zu Branchen, Ländern, Zinsen und Kursen.
- www.economy.com/dismal/: Aufbereitung und Analyse überwiegend US-amerikanischer, aber auch internationaler Wirtschaftsindikatoren. Eine der umfangreichsten Seiten zu diesem Thema, von Ökonomen gemacht (in englischer Sprache).
- www.ecb.int: Seite der Europäischen Zentralbank mit zahlreichen Statistiken und Berichten, nur teilweise in deutscher Sprache.
- www.federalreserve.gov: Seite der US-Notenbank Federal Reserve mit vergleichbar umfangreichem Angebot wie die Seite der EZB.
- www.markt-daten.de: Umfangreiche deutschsprachige Seite zu fast allen US-Konjunkturdaten mit Veröffentlichungskalender.
- www.diw.de, www.hwwi.de, www.ifo.de, www.iwh-halle.de, www.rwi-essen.de, www.ifw-kiel.de: Internetseiten der sechs führenden deutschen Wirtschaftsforschungsinstitute, bekannt vor allem durch die Frühjahrs- und Herbstgutachten zur Konjunktur. Jedes Institut setzt eigene Schwerpunkte, daher alle empfehlenswert, jedoch eher für Nutzer mit fortgeschrittenen wirtschaftlichen Kenntnissen geeignet.

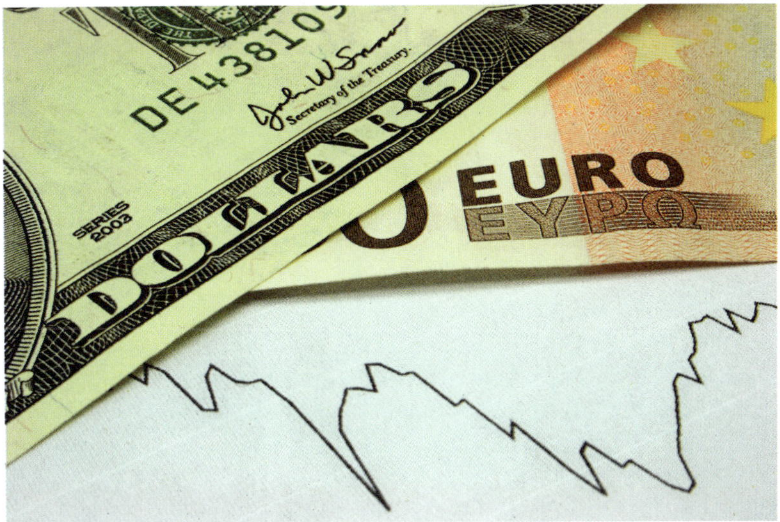

dass die Konjunktur mehr und mehr in Fahrt kommt. Der Grund: Die allgemein gute Stimmung sorgt bei den Verbrauchern dafür, dass sie eher mehr konsumieren und weniger sparen. Das Angebot an Kapital sinkt also. Gleichzeitig steigt die Nachfrage, weil die Unternehmen in neue Anlagen investieren. So steigt der Preis für Kapital, sprich der Zins, und damit die Finanzierungskosten. Folge: Die Unternehmensgewinne steigen nur noch langsam, die Aktienkurse treten auf der Stelle – ehe sie dann sinken, wenn sich eine deutliche Abkühlung des Wirtschaftstempos abzeichnet, was wiederum sinkende Zinsen nach sich zieht, da in der Abschwungphase weniger Kapital nachgefragt wird. Was diese Wirtschaftsentwicklung vermeintlich kalkulierbar macht, ist die Erfahrung, dass sie in den meisten Industrieländern in Wellen verläuft.
Auf mehr oder minder ausgeprägte Aufschwungphasen folgen Perioden, in denen sich das wirtschaftliche Klima abkühlt. Niemand kann jedoch mit Sicherheit sagen, wie lange diese einzelnen Phasen anhalten und wann eine Trendwende in Sicht ist. Professionelle Anleger schauen deshalb zusätzlich auf eine Reihe von Indikatoren wie zum Beispiel die Auftragseingänge in der Industrie oder die Arbeitslosenzahlen. Von ihnen erhoffen sie sich Rückschlüsse auf den Konjunkturtrend. Doch diese Daten liefern nur Anhaltspunkte und lassen keine sichere Prognose zu.

Inflation

Große Aufmerksamkeit widmen viele Börsianer auch dem Tempo der Preissteigerungen, also der Inflation. Wenn die Konjunktur anzieht, fällt es den Unternehmen zunehmend leichter, höhere Kosten in Form von Preiserhöhungen weiterzugeben. Eine andere Sorge ist, dass viele Staaten die hohen Schulden, die sie im Zuge der Finanzkrise etwa zur Rettung ihrer Banken gemacht haben, nicht zurückzahlen können. Die Folge daraus: Der Druck auf den Wert der entsprechenden Währung steigt, weil die Investoren fürchten, dass diese Länder ihren Kapitalbedarf über neu gedrucktes Geld decken könnten. Eine andere Gefahr ist, dass die Arbeitnehmer in wirtschaftlich guten Zeiten höhere Lohnzuschläge fordern. Für die Unternehmen bedeutet das steigende Kosten, die sie versuchen, an ihre Kunden weiterzugeben. Damit nicht eine laufende

Spirale aus höheren Löhnen und daraus folgend steigenden Preisen in Gang kommt, schreitet die Notenbank meist frühzeitig ein und erhöht die Leitzinsen.

Für die Währungshüter der Europäischen Zentralbank (EZB) hat die Bekämpfung der Inflation absolute Priorität, denn sie wollen verhindern, dass das Vertrauen in den Euro erschüttert wird. Auf dem Höhepunkt der Finanzkrise haben die EZB und andere Notenbanker jedoch reichlich Geld in das Finanzsystem gepumpt, um den ins Straucheln geratenen Banken unter die Arme zu greifen. Das Ziel der Preisstabilität ist in dieser Phase etwas in den Hintergrund gerückt. Dennoch lag die Inflationsrate in Deutschland in den vergangenen Jahren meist nahe der Marke von 2 Prozent oder sogar deutlich darunter.

Langfristig gesehen sind solche Phasen allerdings die Ausnahme: Im Normalfall tut die EZB alles, um die Preisentwicklung in Schach zu halten – zum Beispiel, indem sie die Leitzinsen erhöht. Zu diesem Zinssatz können, vereinfacht gesagt, die Geschäftsbanken bei der Notenbank Kredite aufnehmen. Steigen die Sätze, geben die Geldhäuser dies normalerweise fast umgehend an ihre Kunden weiter – beispielsweise in Form höherer Zinsen für Dispositionskredite –, und umgekehrt. Im Zuge der Finanzkrise ist dieser Wirkungsmechanismus jedoch ins Stocken geraten. Die Leitzinsen sind zwar niedrig, doch die Zinsen für Raten und Dispositionskredite sind annähernd gleich hoch geblieben. Auf diese Weise haben die Geldhäuser ihre Gewinnmargen ausgeweitet, um so die Löcher in ihrer Bilanz zu stopfen.

Verteuern sich die Kreditkosten, macht das viele Investitionen zunächst unrentabel. Das bremst das Konjunkturtempo. Umgekehrt versucht die Notenbank in wirtschaftlichen Schwächephasen, die meist von geringen Inflationsraten begleitet werden, mit niedrigen Zinsen die Wirtschaft wieder anzukurbeln. Die Zinspolitik der Notenbanken ist erfahrungsgemäß sehr langfristig ausgerichtet. Das heißt, bei einem Trendwechsel, etwa einer Zinserhöhung nach einer Phase kontinuierlicher Zinssenkungen, können sich die Anleger in der Regel auf weiter steigende Zinsen einstellen. Mit den Leitzinsen können die Notenbanken allerdings lediglich das kurzfristige Zinsniveau direkt beeinflussen.

Politik

An der Börse gilt die Regel, dass politisch beeinflusste Börsen „kurze" Börsen sind. Soll heißen: Der Effekt einzelner politischer Ereignisse, wie zum Beispiel Regierungskrisen oder Wahlen, ist im Allgemeinen nur von kurzfristiger Natur. Selbst nach dem Ausbruch von Kriegen, soweit sie nicht in den Industrieländern selbst, sondern in entfernten Erdregionen stattfinden, gehen die Märkte, so zynisch es auch klingt, sehr oft schnell wieder zur Tagesordnung über. Dennoch darf die Wirkung vor allem ganz alltäglicher politischer Entscheidungsprozesse nicht unterschätzt werden. Dazu gehören insbesondere fiskalpolitische Maßnahmen wie etwa umfassende Steuerreformen. Steuersenkungen wirken sich auf lange Sicht konjunkturfördernd aus, Steuererhöhungen dämpfen dagegen eher die Wirtschaftsentwicklung. Langfristige positive Effekte ergeben sich in der Regel auch aus politischen Liberalisierungsentscheidungen, das heißt, wenn sich der Staat aus bestimmten Wirtschaftsbereichen zurückzieht und Wettbewerb zulässt. In diesen Branchen kommt es dann oft zu einer Belebung der wirtschaftlichen Aktivität. Positiv wirken sich auch Deregulierungen aus. Umgekehrt hemmen neu geschaffene Vorschriften und Regeln des Staates erfahrungsgemäß eher die Wirtschaftsdynamik.

Nicht zuletzt spielt auch noch die finanzielle Situation des Staates vor allem in Sachen Zinsen eine Rolle. Ein maroder Haushalt und eine überbordende Verschuldung führen dazu, dass der Staat regelmäßig durch die Ausgabe von Staatsanleihen neue Finanzmittel aufnehmen muss. Diese zusätzliche Nachfrage nach Kapital wirkt sich zinstreibend aus. Umgekehrt muss ein solide wirtschaftender Finanzminister kaum den Druck des Kapitalmarkts fürchten.

ADRESSEN

BÖRSEN- UND BANKENAUFSICHT

Bundesanstalt für Finanzdienstleistungsaufsicht (Bafin), Abteilung Wertpapieraufsicht
Lurgiallee 12
60439 Frankfurt/Main
und
Abteilung Banken- und Versicherungsaufsicht
Graurheindorfer Straße 108
53117 Bonn
Tel. 02 28/41 08-0
www.bafin.de

Links zu den Aufsichtsbehörden der Bundesländer:
www.boersenaufsicht.de

BÖRSENPLÄTZE IN DEUTSCHLAND

BÖAG Börsen AG (Hamburg/Hannover)
Kleine Johannisstraße 4
20457 Hamburg
Tel. 0 40/36 13 02-0
und
An der Börse 2
30159 Hannover
Tel. 05 11/32 76 61
www.boersenag.de

Börse Berlin-Bremen, Berliner Börse AG
Fasanenstraße 85
10623 Berlin
Tel. 0 30/31 10 91-0
www.boerse-berlin.de

Börse Düsseldorf AG
Ernst-Schneider-Platz 1
40215 Düsseldorf
Tel. 02 11/13 89-0
www.boerse-duesseldorf.de

Börse München, Bayerische Börse AG
Karolinenplatz 6
80333 München
Tel. 0 89/54 90 45-0
www.boerse-muenchen.de

Börse Stuttgart AG (inkl. Euwax)
Baden-Württembergische Wertpapierbörse
Börsenstraße 4
70174 Stuttgart
Tel. 07 11/22 29 85-0
www.boerse-stuttgart.de
www.euwax.de

Deutsche Börse AG
Neue Börsenstraße 1
60487 Frankfurt/Main
Tel. 0 69/21 1-0
www.deutsche-boerse.com

BANK-ZENTRALORGANISATIONEN

Deutscher Sparkassen- und Giroverband
Charlottenstraße 47
10117 Berlin
Tel. 0 30/2 02 25-0
www.dsgv.de

Bundesverband der Deutschen Volksbanken und Raiffeisenbanken e. V. (BVR)
Schellingstraße 4
10785 Berlin
Tel. 0 30/20 21-0
www.bvr.de

Bundesverband deutscher Banken
Burgstraße 28
10178 Berlin
Tel. 0 30/16 63-0
www.bankenverband.de

INTERNETADRESSEN FÜR FONDS-INTERESSENTEN

www.fondscheck.de
www.fondsweb.de
www.onvista.de, Menüpunkt „Fonds" und „ETF"
www.vwd.de, Menüpunkt „vwd Fonds Service"

Fondsanalysen im Internet
Feri Trust:
www.feri-trust.de
Morningstar:
www.morningstar.com
Standard & Poor's:
www.funds-sp.com
Stiftung Warentest:
www.test.de/fonds

FREIE FONDSVERMITTLER – SURFTIPPS

www.4free-ag.de
www.aad-fondsdiscount.de
www.avl-investmentfonds.de
www.best-in-fonds.de
www.deutsche-direktanlage.de
www.direktfonds24.de
www.discount-fonds-service.de
www.finanzpartner.de
www.fit4fonds.de
www.fonds.net
www.fonds4you.de
www.fondsclever.de
www.fondsdiscount.com
www.fondsdiscount.de
www.fonds-for-less.de
www.fonds-im-netz.de
www.fondspower.de
www.fondsrabatt-mainz.de
www.fonds-sparkauf.de
www.fonds-super-markt.de
www.fondsvermittlung.de
www.fondsvermittlung24.de
www.freier-fondsvermittler.de
www.fund-discount.de
www.investmentfondsdirekt.de
www.netfonds24.de
www.profinance-direkt.de
www.trigonus.de

DAS BEDEUTEN DIE PFEILE

In diesem Buch werden die wichtigsten Fondstypen hinsichtlich folgender Aspekte eingeordnet:

- Anlageziel
- Renditechancen
- Sicherheit

Für die Einordnung wurden folgende Kriterien zugrunde gelegt:

Anlageziel

Lang: Anlage sollte möglichst länger als sieben Jahre erfolgen.
Mittel: Fondstyp eignet sich für eine Anlage von drei bis sieben Jahren.
Kurz: Geeignet für eine Anlage bis zu drei Jahren.

Renditechancen

↑ Der Fondstyp wirft im Schnitt eine wesentlich höhere Rendite ab als eine Mischung aus 50 % festverzinslichen Wertpapieren und 50 % Aktien Welt.

↗ Die Renditechance ist höher als der genannte Vermögensmix.

→ Die Renditechance ist ähnlich hoch.

↘ Die Renditechance ist niedriger.

↓ Die Renditechance ist wesentlich niedriger als der Vergleichsmaßstab.

Sicherheit

↑ Der Fondstyp besitzt eine wesentlich höhere Sicherheit vor Kursverlusten als eine Mischung aus 50 % festverzinslichen Wertpapieren und 50 % Aktien Welt.

↗ Die Sicherheit ist höher als der genannte Vermögensmix.

→ Die Sicherheit ist ähnlich hoch.

↘ Die Sicherheit ist niedriger.

↓ Die Sicherheit ist wesentlich niedriger als der Vergleichsmaßstab.

FACHBEGRIFFE ERKLÄRT

Aktiv gemanagter Fonds: Anlagestil, bei dem der Fondsmanager die Titel im Depot im Gegensatz zu einem **passiven Management** aufgrund eigener Einschätzung zusammenstellt. Durch seine Auswahl, die er immer wieder überprüft und der Marktsituation anpasst, versucht der Fondsmanager eine höhere Rendite zu erzielen als die der Benchmark beziehungsweise des gesamten Marktes.

Anlagestil: Bezeichnung für die Art und Weise, wie der Fondsverwalter das Depot managt. Siehe dazu auch **Aktiv gemanagter Fonds**, **passiv gemanagter Fonds**, **Top-down-Ansatz**, **Bottom-up-Ansatz**.

Assetklasse: Jede Anlageform lässt sich einer Vermögensklasse zuordnen („asset", engl.: Vermögensgegenstand). Zu den wichtigsten Assetklassen zählen Aktien, Anleihen und andere Zinsanlagen, Währungsinvestments, Immobilien sowie Bargeld.

Ausschüttung: Beteiligung der Fondsanleger an den Erträgen, die ihr Fonds über das Jahr hinweg erzielt. Ausschüttende Fonds zahlen die angefallenen Erträge aus, thesaurierende behalten sie ein und legen sie wieder an. Dabei unterscheidet man zwischen ordentlichen Erträgen (Dividenden, Zinsen) und außerordentlichen Erträgen (realisierte Kursgewinne). Ein Fonds, der Ausschüttungen vornimmt, muss die ordentlichen Erträge ausschütten. Die außerordentlichen Erträge hingegen kann er ausschütten.

Benchmark: Eine Art Richtgröße, aber auch Vergleichsmaßstab, meist ein Index (siehe Seite 42), mit dessen Hilfe sich der Anlageerfolg eines Fonds messen lässt.

Bottom-up-Ansatz: Wörtlich übersetzt: „von unten nach oben". Strategieform bei **aktiv gemanagten Fonds**, bei der sich der Fondsmanager in erster Linie auf die Auswahl chancenreicher Einzeltitel konzentriert, bevor er die volkswirtschaftlichen Rahmenbedingungen der Länder beziehungsweise Branchen, aus denen diese Aktien stammen, untersucht. Diese Rahmenbedingungen sind für ihn ebenso zweitrangig wie die allgemeine Börsensituation. Ziel des Ansatzes ist es, durch sorgfältige Analyse systematisch unterbewertete Titel aufzustöbern. Siehe auch: **Top-down-Ansatz**.

Cap: Vom Herausgeber eines Zertifikats festgesetzter Höchstbetrag, bis zu dem der Anleger an einem Wertzuwachs partizipiert (siehe **Partizipationsrate**).

Cost-Average-Effekt: Bei Anlageplänen mit regelmäßigen Einzahlungen kauft der Anleger bei fallenden Kursen automatisch mehr, bei steigenden Kursen entsprechend weniger Fondsanteile. Folge: Dadurch ergibt sich rein rechnerisch ein günstigerer

Durchschnittspreis als beim regelmäßigen Kauf einer gleichbleibenden Anzahl von Fondsanteilen.

Diversifikation: Fachausdruck für die Streuung eines Vermögens beziehungsweise Wertpapierdepots auf viele verschiedene Anlageformen (Assetklassen), Märkte und einzelne Herausgeber beziehungsweise Papiere.

Effektive Stücke: Bezeichnung für eine physische Wertpapierurkunde. Ein effektiver Fondsanteil besteht aus zwei Teilen: dem Mantel, der das (Mit-)Eigentum des Anlegers am Fondsvermögen verbrieft, sowie dem Bogen, der die Ertragsscheine zusammenfasst. Die Auslieferung effektiver Stücke ist jederzeit möglich, aber mit hohen Kosten verbunden.

Emission: Bezeichnung für die Ausgabe eines Wertpapiers. Fondsanteile werden als Daueremission begeben, das heißt, es werden so viele Anteile aufgelegt und verkauft, wie nachgefragt werden. Umgekehrt werden Anteile aus dem Verkehr gezogen, wenn an einem Tag mehr Anleger Anteile zurückgeben, als neue verkauft werden.

Exchange Traded Funds (ETF): Börsengehandelte Fonds. Gemeint sind damit in aller Regel nur Indexfonds, die speziell für den Börsenhandel gedacht sind.

Fondsbank: Spezialinstitut, das die Verwahrung und Verwaltung von Fonds verschiedener Anbieter, nicht aber den Verkauf oder eine Anlageberatung anbietet. Der Kontakt wird in der Regel über **Fondsvermittler** hergestellt, der Endkunde kann sich nicht direkt an die Fondsbank wenden.

Fondsvermittler: Eine Art freier Handelsvertreter für Fonds, der seine Kunden anbieterunabhängig berät und Fonds lediglich vermittelt, nicht aber selbst initiiert und auf eigene Rechnung verkauft.

Growth-Ansatz: Spezielle Anlagestrategie, bei der der Fondsmanager vorzugsweise Aktien auswählt, die sich durch ein überdurchschnittlich hohes Umsatz- und Gewinnwachstum auszeichnen, meist aus High-Tech-Bereichen wie Internet, Informationstechnik und Biotechnologie. Dabei wird eine bestimmte Aktie auch dann gekauft, wenn sie bereits nach gängigen Kriterien als „teuer" gilt. Die Überlegung dahinter ist, dass der Markt das Kurspotenzial noch nicht ausreichend erkannt beziehungsweise bewertet hat.

Isin: Abkürzung für International Securities Identification Number, eine Art Bestellnummer für Wertpapiere. Damit die Bank angesichts Zehntausender von Wertpapieren auch die von ihren Kunden gewünschten Aktien, Anleihen oder eben Fondsanteile besorgt, bekommt jedes Wertpapier eine Art Ordnungsnummer. Anhand dieser Nummer lässt es sich zweifelsfrei identifizieren und zuordnen. Die Isin wird auf jedem Kauf- und Verkaufsauftrag vermerkt.

Kursindex: Bei einem Kursindex gehen nur die reinen Kursveränderungen der im Index (siehe Seite 42) enthaltenen Titel in die Indexberechnung ein. Mit anderen Worten: Die laufenden Erträge, also Zins- und Dividendenzahlungen, bleiben unberücksichtigt. Wer aber den Anlageerfolg eines Investments realistisch mit der allgemeinen Marktentwicklung vergleichen will, muss diesen Faktor in die Rechnung einbeziehen. Indizes neueren Datums sind daher oftmals als **Performanceindizes** konstruiert. In diesem Fall wird bei der Berechnung so getan, als würden sämtliche Erträge sofort wieder mit angelegt – und zwar rein rechnerisch in dasselbe Papier, aus dem die Erträge stammen. So berücksichtigen Performanceindizes den Zinseszinseffekt. Sie haben daher eine bessere Wertentwicklung als reine Kursindizes.

Marktzinsniveau: Der Zinssatz, der für eine bestimmte Laufzeit zu einem bestimmten Zeitpunkt als marktüblich gilt. Durch Zusammenstellung der marktüblichen Zinsen für alle wichtigen Laufzeiten ergibt sich die Zinsstruktur eines Marktes. Das Marktzinsniveau bildet die Grundlage für das Anlageergebnis eines entsprechenden Rentenfonds.

Nachhaltige Kapitalanlagen: Sammelbegriff für ethische, ökologische und sozial korrekte Anlagen. Nachhaltig heißt, dass sich der Herausgeber zu verantwortungsbewusstem, ressourcenschonendem Wirtschaften verpflichtet fühlt.

Net Asset Value: Englische Bezeichnung für den Nettoinventarwert, das heißt den rechnerischen Wert eines Fondsanteils (siehe Seite 19).

Passiv gemanagter Fonds: Anlagestil, bei dem der Fondsmanager keine eigenen Anlageentscheidungen trifft (siehe **aktiv gemanagter Fonds**), sondern die Zusammensetzung des Fondsdepots an einem bestimmten Index (siehe Seite 42) orientiert. Vorteil: Das Anlageergebnis entspricht stets in etwa der allgemeinen Marktentwicklung (abgesehen von den laufenden Fondskosten, die die Rendite mindern).

Performancegebühr: Erfolgsabhängige Gebühr des Fondsmanagers.

Performanceindex siehe **Kursindex**.

Pfandbriefe: Durch Hypotheken oder Grundschulden gesicherte, festverzinsliche Anleihen von Hypothekenbanken.

Pro-Kopf-Investmentvermögen: Statistische Größe, die sich ergibt, wenn man das gesamte Investmentvermögen eines Landes durch die Anzahl seiner Einwohner teilt.

Spezialfonds: Während die Anlage in Publikumsfonds für jeden Anleger möglich ist, steht die Anlage in Spezialfonds nur institutionellen Anlegern in einer begrenzten Anzahl (Versicherungsgesellschaften, Pensionsfonds und Sozialversicherungsträgern) offen.

Spezialitätenfonds: Fonds, die im Gegensatz zu breit streuenden Basisfonds (Aktienfonds Welt, Aktienfonds Europa etc.) das Fondsvermögen nicht breit streuen, sondern auf ein bestimmtes Land, eine bestimmte Region oder auf eine bestimmte Branche konzentrieren. Das Anlagerisiko ist daher ungleich höher als bei einem Basisfonds.

Top-down-Ansatz: Wörtlich übersetzt: „von oben nach unten". Strategieform bei **aktiv gemanagten Fonds**, bei der der Fondsmanager zum Beispiel eines weltweit anlegenden Aktienfonds nach sorgfältiger Analyse zuerst die Regionen festlegt, die er innerhalb des Fonds übergewichten will – etwa Nordamerika, Europa oder Asien. Danach bestimmt er diejenigen Länder, die innerhalb der Region aufgrund der wirtschaftlichen Perspektiven am attraktivsten erscheinen. Und erst im letzten Schritt wählt er aus den jeweiligen Ländern die Aktien aus, die er für besonders lukrativ hält. Siehe auch: **Bottom-up-Ansatz**.

Total Expense Ratio (TER): Gibt die internen Gesamtkosten eines Fonds an. Diese Kosten bestehen aus der Verwaltungsvergütung (Managementvergütung) und den Depotkosten; dazu kommen Fixkosten für Prospektgestaltung und Wirtschaftsprüfung.

Tracking Error: Der Tracking Error zeigt, wie nah die Wertentwicklung eines Fonds bei der durchschnittlichen Wertentwicklung der entsprechenden Vergleichsgruppe liegt. Je niedriger diese Zahl ist, umso ähnlicher verläuft die Wertentwicklung des Fonds zu der des Referenzindex (siehe Seite 42) beziehungsweise zum Ergebnis der Vergleichsgruppe.

Umlaufrendite: Regelmäßig von der Bundesbank berechnete Durchschnittsrendite aller in Umlauf befindlichen festverzinslichen Wertpapiere.

Umlaufrendite öffentlicher Anleihen: Eine Art Durchschnittszins, der aus über hundert Anleihen öffentlicher Herausgeber mit unterschiedlichen Restlaufzeiten errechnet wird.

Wertpapier-Kenn-Nummer (WKN): Numerischer oder alphanumerischer sechsstelliger Code zur Identifizierung eines jeden Wertpapiers; deutscher Vorläufer der Isin, die die WKN zunehmend ablöst.

Wiederanlagerabatt: Rabatt, der bei ausschüttenden Fonds bei der Wiederanlage des Ausschüttungsbetrags in demselben Fonds gewährt wird. Der Anleger muss dabei häufig keinen oder nur einen rabattierten Ausgabeaufschlag (siehe Seite 120) bezahlen. Die Höhe des Wiederanlagerabatts wird mit der Ausschüttungsbekanntmachung veröffentlicht.

XTF: Spezielles Marktsegment an der Frankfurter Börse, an dem **Exchange Traded Funds (ETF)** und **aktiv gemanagte Fonds** gehandelt werden.

REGISTER

A

Abgeltungsteuer 135
Absolute-Return-Fonds 77
Aktienfonds 53, 55, 82
Aktienfonds Welt 82
Aktienfondsquoten 149, 152, 156
Aktiengesellschaft (AG) 55
Aktienmärkte, regionale 84
Altersvorsorge, private 32, 161
Anlage KAP 137
Anlageberatung 113
Anlagedauer 22, 28, 156
Anlagementalität 147
Anlagemodelle 106
Anlagestrategie 47, 82, 93
Anlagesumme 9
Anlagewährung 20
Anlageziel 119, 159
Anlegerinformationen 114
Anlegerrechte 118
Anlegertyp 151
Anleihen 61
Anteilseigner 10
Arbeitnehmersparzulage 37
Asset-Allocation 24
Assetklasse 185
Ausgabeaufschlag 22, 120
Auslandserträge 141
Auslandsfonds, thesaurierender 137, 141
Ausschüttung 185

B

Bafin 15
Banken 125
Banksparpläne 31
Basisdepot 102
Basisfonds 54, 157
Benchmark 43
Bequemlichkeit 25, 157, 170
Beratungsgespräch 119
Beratungsprotokoll 114
Bestandsprovision 129
Bestandsschutz 138
Best-choice-Prinzip 125
Best-in-Class-Ansatz 69
Bluechips 92
Bonds 100
Bonitätseinschätzung 100
Bonitätsrisiko 59
Bonuszinsen 31
Börsenwert 87
Bottom-up-Ansatz 185
Branchenfonds 90
Bric-Staaten 86
Bruttorendite 22

C

Cap 185
Corporate Bonds 100
Cost-Average-Effekt 185

D

Dachfonds 74
Dax (Deutscher Aktienindex) 42
Depot, ausgewogenes 152
Depotaufteilung 24, 148
Depotbank 13, 14
Depotkosten 122, 129
Depotstruktur 117
Developed Countries 86
Direktbanken 118, 126
Discountbroker 126
Diversifikation 58, 186
Dividenden 22, 55, 84
Doppelbesteuerung 144
Dow Jones 42

E

Effektive Stücke 186
Einzelaktien 94
Einzelanlage 9
Emerging Markets 86
Emission 186
Emittentenrisiko 64
Erfolgsbeteiligung 123
ETF (Exchange Traded Funds) 46
Ethische Fonds 68
Euro Stoxx 50 47
Europäischen Zentralbank (EZB) 180
EUROSIF 68
EU-Zinsrichtlinie 142
EU-Zinssteuer 138

F

Flexibilität 30, 165
Folgekosten 123

Fonds
– Bewertungen 113
– Kosten beim Kauf 120
– mit Sitz im Ausland 143
–, aktiv gemanagter 41
–, ausländischer 15, 141
–, geschlossener 11
–, offener 11
–, passiv gemanagter 41
–, thesaurierender 25
Fondsanbieter 125
Fondsbank 186
Fondsbausteine 54
Fondsbeimischungen 54
Fondseinlagen 13
Fondsgesellschaften 9, 127
Fondsgruppen 53, 158
Fondspolice 78
Fondsprospekt 15
Fondsschließung 57
Fondssparpläne 29, 168
Fondsstrategien, spezielle 70
Fondsvermittler 128, 186
Fondsvermögen 9
Fondsverwalter 65
Fondswährung 20
Freibeträge 23, 138
Freistellungsauftrag 139

G
Garantiefonds 75
Geldmarktfonds 75
Glücksrendite 111
Growth-Ansatz 186
„Grüne" Geldanlage 68

H
Handelskurse 14
Hedgefonds 77
High-Yield-Fonds 101
Hochzinsmärkte 99

I
Immobilienfonds
–, geschlossener 73
–, offener 71
Index 42
Indexfonds 41, 50
Indexzertifikate 60
Inflation 179
Investment Grade 98, 99
Investmentgesellschaft 9
Investmentgesetz (InvG) 13
Isin (International Securities Identification Number) 126, 186

J
Jahresbericht 15
Jahressteuerbescheinigung 144

K
Kapitalanlagegesellschaft 9
Kapitaleinkünfte 137
Kapitallebensversicherung, fondsgebundene 78
Kennzahlen 108
Key Investor Information Document (KIID) 114
Konjunktur 177
Kurs 62, 107
Kursgewinn 22, 55
Kursindex 187
Kursschwankungen 23
Kursverlust 22, 141
Kurswert 55

L
Länderfonds 88
Large-Caps 92
Laufzeitenprofil 103
Laufzeitstruktur 63
Liquidität 23, 24
Liquiditätsreserven 12

M
Magisches Dreieck 18
Market Maker 47
Marktanalyse 176
Marktdiversifikation 24
Marktorientierung 111
Marktzinsniveau 187
MDax 44
Mid-Caps 44, 92
Mifid 113
Mindestanlagesummen 130
Mischfonds 65
MSCI Emerging Markets 87
MSCI EMU-Index 85
MSCI World 44
Musterdepots 148

N
Nachhaltige Fonds 68
Nennwert 61

Net Asset Value 187
Nettoinventarwert 14
Nettorendite 22
Nichtveranlagungsbescheinigung 137
Nikkei 44
No-Load-Fonds 122
Notenbank 84
NV-Bescheinigung 137

O, P
Öko-Indizes 70
Pechrendite 111
Performance 107
Pfandbriefe 187
Politik 181
Produktinformationsblätter (PIB) 114
Pro-Kopf-Investmentvermögen 187

R
Rabatte 131
Rating 99
Referenzindex 43
Rendite 107
Renditedepot 154
Rentenfonds 53, 61, 95, 102
Rentenfonds Euro 95
Rentenfonds Euroland 95
Rentenfonds, weltweit investierende 97
Rentenindizes 45
Rentenversicherungen, fondsgebundene 78
Riester-Fonds 35
Riester-Rente 32
Risiko 19, 117, 147, 164
Risikotypen 148
Rohstofffonds 90
Rücknahmepreis 14

S
Sachwerte 83
Schwankungsbreite 93
Schwellenländer 86
Schwellenland-Indizes 47
SDax 44
Sicherheit 19
Sicherheitsdepot 152
Small-Caps 44, 92
Socially Responsible Investments (SRI) 68
Solidaritätszuschlag 135
Sondervermögen 13
Sparbriefe 23
Sparbuch 22
Sparerpauschbetrag 138
Sparkassen 27, 125
Spezialfonds 187
Spezialitätenfonds 188
Spread 130
Staatsbankrott 87
Steuern 117, 136
Stock-Picking 50
Stoxx 45
Suitability-Test 116
Swaps 48

T
TecDax 44
Themenfonds 90
Titeldiversifikation 24
Top-down-Ansatz 188
Total Expense Ratio (TER) 188
Total-Return-Fonds 76
Totalverlust 19
Tracking Error 188

U, V
Umlaufrendite 188
Vergleichsindex 43, 44
Verkaufsprospekt 15
Vermögenssituation 26, 156
Vermögenswerte 26, 55
Vermögenswirksame Leistungen 37, 166
VL-Fonds 38
Volatilität 93, 108

W
Währungsanlagen 64
Währungsrisiko 20, 64, 91
Wertentwicklung 107, 117
Wertpapiere, festverzinsliche 95
Wertpapierhandelsgesetzes (WpHG) 113
Wertpapierkennnummer (WKN) 126
Wertpapierleihe 49
Wiederanlagerabatt 188

X, Z
XTF 188
Zertifikate 59
Zinsänderungsrisiko 20
Zinseszinseffekt 108

IMPRESSUM

4., aktualisierte Auflage

Stiftung Warentest
Lützowplatz 11–13
10785 Berlin
Telefon 0 30/26 31–0
Fax 0 30/26 31–25 25
www.test.de
email@stiftung-warentest.de

USt.-IdNr.: DE136725570

Vorstand: Hubertus Primus
Weitere Mitglieder der Geschäftsleitung:
Dr. Holger Brackemann, Daniel Gläser

Programmleitung: Niclas Dewitz

Autor: Thomas Luther
Projektleitung/Lektorat: Ursula Rieth
Mitarbeit: Veronika Schuster, Karsten Treber
Korrektorat: Christoph Nettersheim
Fachliche Unterstützung: Karin Baur, Thomas Krüger, Stephan Kühnlenz, Yann Stoffel, Stephanie Zipp
Titelentwurf: Susann Unger, Berlin
Layout: Pauline Schimmelpenninck Büro für Gestaltung, Berlin
Bildredaktion: Nadine Rennert, Sylvia Heisler
Bildnachweis: plainpicture (Titel); istock (S. 5, 6, 16, 27, 40, 63, 67, 69, 71, 80, 88, 91, 110, 122, 143, 144, 146, 162, 171, 175, 180); thinkstock (S. 29, 33, 39); shutterstock (S. 51, 58, 77, 78); Caro (S. 71); Vario (S. 35, 134); Bildagentur-online (S. 74); gettyimages (S. 47, 173); Fotolia (S. 104), f1-online (S. 138); T. Willemsen (S. 52); Bernd Classen (S. 136); Deutsche Börse (S. 43); Siemens (S. 177)
Produktion: Sylvia Heisler, Vera Göring
Verlagsherstellung: Rita Brosius (Ltg.), Susanne Beeh
Litho: tiff.any, Berlin
Druck: AZ Druck und Datentechnik GmbH, Berlin/Kempten

ISBN: 978-3-86851-358-5